VIE DE LA MÈRE
SAINTE CLAIRE

URSULINE

DU MONASTÈRE DE BLOIS

PAR

M. ABEL GAVEAU

PRÊTRE

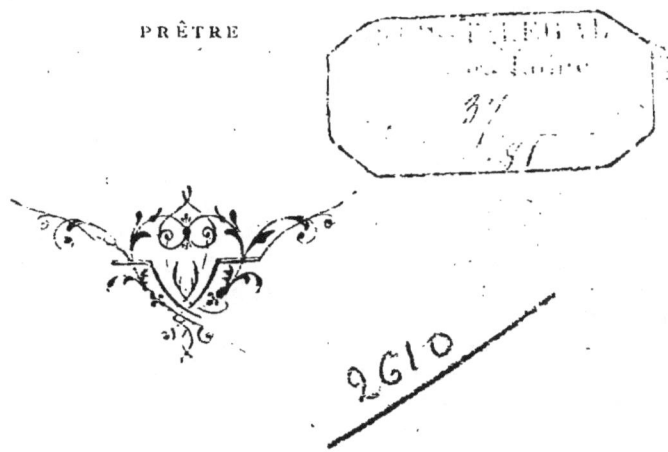

LE PUY

TYPOGRAPHIE ET LITHOGRAPHIE MARCHESSOU FILS

23, BOULEVARD SAINT-LAURENT, 23

—

1881

Tous droits réservés.

VIE DE LA MÈRE

SAINTE CLAIRE

TYPOGRAPHIE ET LITHOGRAPHIE MARCHESSOU FILS

VIE DE LA MÈRE
SAINTE CLAIRE

URSULINE

DU MONASTÈRE DE BLOIS

PAR

M. ABEL GAVEAU

PRÊTRE

LE PUY
TYPOGRAPHIE ET LITHOGRAPHIE MARCHESSOU FILS
23, BOULEVARD SAINT-LAURENT, 23

1881

Tous droits réservés.

DÉCLARATION

Je soumets cet humble écrit au jugement du Saint-Siège, et je désavoue à l'avance ce qui, contre ma volonté, ne serait pas entièrement conforme à la doctrine de l'Église. Vivre et mourir dans la plus filiale obéissance à cette auguste Mère et à son Chef suprême infaillible, est ma seule et très-douce ambition.

PRÉFACE

Voici quelle a été l'humble tâche du narrateur de cette vie. Il a religieusement écouté les filles spirituelles de la mère Sainte Claire ; puis, ses élèves si nombreuses ; enfin, les personnages considérables qui ont eu avec elle des rapports. L'harmonieux accord de tant de témoignages fournissait un fond précieux. Une main habile travaillant sur ce fond eût rendu vivante la mère Sainte Claire, et l'eût fait respirer dans ces pages. L'auteur, faute d'art, s'est ingénié à rendre ce qu'il a entendu, avec *simplicité* et *vérité*. Eclairé de ces deux flambeaux, un saint est beau encore. D'ailleurs, ceux qui ont connu cette grande Ursuline sauront bien donner d'eux-mêmes une teinte plus chaude et plus radieuse à sa physionomie si vénérable et si attachante. Ceux-là seuls qui n'ont pas conversé avec elle, qui ne l'ont pas vue, perdront. Notre consolation est de penser qu'ils savent parfaitement que la grandeur d'un caractère ne se juge pas d'après une vie plus ou moins mouvementée, mais par les œuvres; et que l'intérêt réel d'une histoire, pour quiconque est sérieux, se trouve, avant tout, dans la noblesse d'un but poursuivi et atteint supérieurement.

Au reste, nous ne nous le dissimulons pas, nous qui avons connu si longtemps la mère Sainte Claire ; cette exquisse, tout en pouvant plaire par la naïveté de la ressemblance, est infiniment incomplète. En donnant le dernier coup de crayon, peut-être l'eussions-nous brisée, mû par le regret d'avoir fait si peu et si mal, lorsqu'une pensée de saint Ignace de Loyola nous arrêta tout-à-coup. Cet homme si grave disait « que ce qui *domine* dans les biographies des saints, c'est *la partie la plus faible* des grâces que ceux-ci ont reçues de Dieu; et que ce qu'on apprend de leurs perfections par les actes extérieurs doit être compté pour peu de chose ». Le lecteur, ainsi averti, suppléera, se rappelant l'impuissance des biographes en face des grâces accordées par Dieu à ses serviteurs.

PRÉFACE

Le décret qui octroie à l'univers catholique la faveur de réciter l'office de sainte Angèle commence par ces mots : « Riche des vertus et de la beauté des anges, sainte Angèle Merici, pendant son séjour sur la terre, comme un lis au milieu des épines, répandit partout une merveilleuse et suave odeur de sainteté. » Avant que les anges coupent ce lis pour le déposer en paradis, les vents du ciel l'ont effleuré, et en ont emporté avec leurs ailes la semence sur tous les rivages; et le lis de sainte Angèle, depuis ce temps, fleurit dans le vieux et le nouveau monde; et les douces et blanches fleurs s'envoient mutuellement leur parfum de pureté. Maisons de France, de Pologne, de Belgique, de Hollande, d'Allemagne; couvent béni de Rome; maisons d'Italie, d'Espagne, d'Angleterre, d'Irlande; monastères d'Amérique; et toi, cher couvent de Québec, et toi, Lutra, petite cité grecque! la communauté de Blois vous envoie aujourd'hui sa fleur. Vos élèves l'aimeront comme vous. La chère fleur a pour elle cela de particulièrement sympathique, que les élèves de la mère Sainte Claire l'esx PRÉFACE

cortent de tout leur amour, après avoir contribué à la composition du livre par leurs souvenirs qu'elles ont mis gracieusement à la disposition de l'auteur, par les vœux qu'elles n'ont cessé de faire pour que l'œuvre fût belle, touchante, c'est-à-dire ressemblante, et par le soin pieux avec lequel toujours elles veulent garder ce volume, pauvre petit écrin d'un trésor.

VIE

DE

LA MÈRE SAINTE CLAIRE

CHAPITRE PREMIER

Famille de la Mère sainte Claire. — Angélique piété de Mme Boutros. — Mélanie perd sa mère à l'âge de deux ans. — Immense désolation du pauvre père. — Les petits orphelins sont abandonnés aux mains d'une gouvernante qui les fait cruellement souffrir. — Ils pleurent tous les jours leur mère. — Mélanie malheureuse. — Son portrait. — Vive affection que ses frères et ses sœurs ont pour elle. — Mélanie et ses deux tantes religieuses. — Elle passe quelque temps à Ernée. — Restauration du couvent du Calvaire à Angers. — Aimée, Mélanie et Claire auprès de leur tante au pensionnat. — Amour de Mélanie pour le travail. — Qualités de son esprit. — Quelques petites fautes. — Sa grande générosité. — Ses succès. — Notre-Seigneur la convie à la lutte le jour de sa première Communion. — Elle s'attache le cœur de ses compagnes par sa bonté et son aimable enjouement. — Premier appel de Dieu à la vie religieuse. — Son père la retire du Calvaire d'Angers.

LA Mère sainte Claire, durant toute sa vie, ne pensa jamais sans une vive émotion à la grâce de son baptême. Voici l'acte qui constate sa dignité d'enfant de Dieu, et qu'elle appelait avec un bonheur visible ses lettres de noblesse :

« Le vingt-cinq septembre mil huit cent onze ont été suppléées les cérémonies du baptême, par moi curé de cette paroisse soussigné, à Marie-Mélanie, née le vingt-neuf juillet dernier et ondoyée par moi le même jour, d'après la permission accordée par Mgr l'Evêque du Mans, issue du légitime mariage du sieur Pierre-François-Marie Boutros, propriétaire, et de Dame Florence-Aimée Gougis. Le parrain a été M. Germain Gougis, prêtre, professeur de théologie au grand séminaire de Nantes, oncle de l'enfant, et la marraine a été dame Jeanne Griffaton, épouse de M. Gougis, avocat, tante maternelle. »

Cet acte nous met de suite sous les yeux un groupe de la famille de Mélanie Boutros. Il y a là un membre de la magistrature, un prêtre distingué appartenant à la vénérable société de Saint-Sulpice ; M. et Mme Boutros, son père et sa mère. Deux saintes femmes devaient se trouver aussi près des fonts baptismaux, du moins par le cœur : la tante et la grand'tante de l'enfant, auxquelles la révolution de 93 avait arraché leur voile de religieuses, et qui demandaient tous les jours à Dieu de ne pas mourir avant d'avoir pu reprendre ce voile sacré. Elles vivaient pieusement dans une maison voisine de M. Boutros.

Ce n'était pas la première fois que la bénédiction de Dieu descendait sous la forme d'une douce enfant dans la maison de M. et de Mme Boutros.

CHAPITRE PREMIER

Quand Mélanie leur arriva, ces parents chrétiens avaient déjà trois berceaux où Elisée, Félix, Aimée grandissaient à peu d'années de distance les uns des autres.

Le digne père de cette jeune famille était un homme d'honneur dans toute l'acception du mot. Officier, il avait fait noblement son devoir durant la campagne de Russie. Il ne s'était pas enrichi en se dévouant, et, pour rendre un peu plus considérable sa pension de retraite, on lui avait donné une perception.

Quant à Mme Boutros, c'était une angélique personne. Elle avait une beauté remarquable, mais plus de piété encore que de beauté. Le monde l'appelait « la belle dévote », laissant ainsi percer son regret de ne pouvoir l'attirer que bien rarement à ses fêtes ; car cette jeune femme, convaincue qu'elle avait toute autre chose à faire que de plaire dans les réunions choisies, employait son intelligence et ses charmes célestes à rendre son mari heureux, à élever ses quatre petits anges et à aimer Dieu.

Il est certain qu'elle aima Dieu avec ce grand cœur qu'ont pour lui les saints. On savait que quand elle n'était pas avec M. Boutros, ou près de ses enfants, on pouvait compter la trouver à l'église devant l'autel du saint-Sacrement. Et comme la mère de famille active, qui aime son devoir et le remplit avec beaucoup d'ordre, a le secret de trouver du temps là où il en manque à plus d'une femme du monde : sans que jamais rien ne souffrît chez elle, ni que M. Boutros y trouvât à redire, elle passait auprès du Tabernacle parfois de longues heures. On se demandait ce qu'elle pouvait ainsi faire au pied des autels. Dans les commencements, quelques-unes de ses parentes vinrent l'y surprendre. Mais elle, à genoux, recueillie en Dieu, dans une pose angélique dont elle n'avait pas conscience, ne les vit jamais l'épier. Un jour une de ses belles-sœurs lui dit : « Vous abrégez votre vie en restant ainsi prosternée des heures entières. » Mme Boutros fut bien surprise qu'on s'étonnât d'une chose si simple pour son âme candide ; mais il lui fallut se résigner à entendre souvent de la bouche de ses parentes des réflexions de ce genre. Et quand on lui disait parfois avec humeur : « Vous vous suicidez, » elle accueillait ces paroles avec un sourire plein de douceur qui demandait humblement grâce, et voulait dire : « Je resterai comme cela ! » Voilà bien la fermeté des saints. « C'est que, » nous dit une de ses pieuses parentes qui, elle, sut toujours la comprendre, « toute sa joie et toute sa force était auprès de l'Eucharistie. » Une autre ajoute avec un sens infiniment chrétien : « Peut-être aussi que, sentant déjà le germe de la phthisie pulmonaire qui devait l'emporter, elle voulait se hâter d'accumuler les trésors de grâce et de bénédictions qu'elle avait à cœur de laisser à ses jeunes enfants comme le plus précieux héritage. »

Outre les parents, le monde, dans la ville de Mayenne, s'occupait aussi de la piété de Mme Boutros et avait l'œil sur elle. On se révoltait à la pensée du temps qu'elle donnait à Dieu. « Ne ferait-elle pas mieux, » s'écriait-on en la voyant passer, « de mener une vie moins sauvage. Dans nos réunions elle serait mieux que là où elle va. Quand on a tout reçu du ciel pour embellir les fêtes de la terre, pourquoi vivre ainsi enfouie? » Mme Boutros avait fini par prendre des chemins détournés pour se rendre à l'église, pensant ainsi, naïve et simple, échapper à cette surveillance importune. Il n'est pas difficile de le deviner, ces pieux manèges ne la mirent que pour peu de temps à l'abri de l'ennui de voir ainsi le public s'occuper d'elle ; car on ne tarda pas à tout découvrir.

Il faut se hâter d'ajouter que le monde ne lui garda jamais rancune de le fuir. Et toutes les fois que, pour plaire à son mari que sa grande piété était bien loin d'attrister, Mme Boutros allait à quelques soirées, elle se voyait entourée et recherchée. Tous les succès étaient pour elle. En voyant cette jeune femme gracieuse, pleine d'esprit et d'amabilité, on était bien près de lui pardonner son amour pour Dieu. On lui eût moins passé les austérités qu'elle pratiquait. Frêle et délicate, elle avait le courage et l'attrait des disciplines et des cilices.

Avec une pareille mère les enfants grandissaient heureux, et bien heureux était aussi l'excellent père. Mais le jour approchait où cette maison si bénie devait voir s'en aller en un instant tout son bonheur. Mme Boutros mourut quelques semaines après la naissance de son cinquième enfant, une petite fille qui fut appelée Claire. Mélanie n'avait que deux ans.

Autant la présence de cet ange de douceur, de cet esprit charmant avait rendu beau cet intérieur de famille, autant sa disparition en fit un lieu véritablement désolé. M. Boutros fut brisé par cette perte, et il ne prit jamais le dessus. N'ayant plus près de lui cette femme aux qualités souverainement attachantes qu'il aimait plus que sa vie, son caractère s'affaissa tristement; le courage lui manqua, et ses petits enfants sans mère ne purent trouver en lui aucun appui. Leurs larmes, leurs caresses, leur immense infortune ne parvinrent jamais à le tirer de cet état de morne et sombre tristesse, qui touchait à un désespoir irrémédiable.

CHAPITRE PREMIER

Mélanie, ses frères et ses sœurs orphelins de mère, et presque de père, tombèrent entre les mains d'une personne difficile, négligente, sans la moindre compassion, qui allait les faire souffrir dans tous leurs besoins, les rudoyer et leur rendre la vie très amère. M. Boutros, en abdiquant en faveur de cette femme de service toute son autorité, afin de vivre dans un effacement total, crut bien faire. « Dieu sait, » nous dit-on, « jusqu'à quel point la confiance du malheureux père fut trompée. » L'épreuve pour les pauvres enfants ne pouvait pas être plus grande. On se demande ce que faisait au ciel leur sainte mère, prévoyant qu'ils allaient être si malheureux.

Elle pensait sans doute qu'en passant de bonne heure par la souffrance, sa petite famille y trouverait la vertu. Il est certain que placer la croix sur un berceau, c'est une manière divine de protéger toute une vie; et la vraie tendresse est loin de consister à mettre ceux qu'on aime à l'abri des douleurs. Mme Boutros, ce nous semble, avait au ciel ces pensées, et la croix vue dans ce jour dut lui sourire, surtout pour sa petite Mélanie. Oh ! cette croix lui porta bonheur.

L'enfance de Mélanie fut courte. La souffrance avec le sérieux qui l'accompagne vint jeter un voile de deuil sur toutes ces charmantes et fraîches choses qui enchantent le premier âge, et en prolongent comme à plaisir la durée. Pour elle aucun sourire, aucune tendresse, pas un mot partant du cœur. A la place, les brusqueries de la femme de service, ses remontrances brutales et sans motif. Les premiers soins mêmes lui manquent. Aussi, à cinq ans, nous lui trouvons déjà un air de gravité touchante. Elle est familiarisée avec les mauvais traitements, et semble avoir pris son parti de la souffrance. On est attristé de voir à quel point cette nature si expansive devient de jour en jour plus craintive. Elle n'ose se plaindre, même par un soupir, de ce qu'on lui fait endurer. Toujours le plus complet silence. C'est une raison pour la femme de service de ne la point ménager. Cette méchante personne n'avait pas aussi beau jeu avec ses frères et ses sœurs; surtout avec Aimée qui était l'aînée, et dont le caractère énergique finissait par être poussé à bout. Mais la malheureuse petite Mélanie, toujours si douce, si bonne et si patiente, essuyait toute la mauvaise humeur de la gouvernante.

M. Boutros voyait grandir ses enfants sans pouvoir prendre sur lui-même de leur procurer cette vie de famille si douce, si désirable. Son chagrin l'accablait. Il se montrait froid, et ne parlait que pour des choses nécessaires. Son bonheur était d'être seul. La gouvernante profitait de cet état per-

manent de profonde désolation pour exercer dans sa maison une véritable tyrannie. Les deux jeunes garçons échappèrent un peu à ces vexations ; mais Aimée, Mélanie et Claire, constamment près d'elle, souffraient cruellement. Ce que c'est, hélas! que de n'avoir plus de mère! Ces pauvres petites filles avaient souvent les larmes aux yeux. Voici ce qu'on leur a entendu raconter plus tard bien des fois :
« Nous avions une gouvernante sans pitié pour nous. Afin de se délivrer le plus possible de toute surveillance à notre égard, comme des soins qu'exigent les enfants, cette impitoyable femme nous confinait dans nos petits lits dès cinq heures du soir dans les plus longs jours... Le temps était si beau, et le jour si brillant encore... Dès le matin, prévoyant bien notre sort pour le soir, nous faisions, selon la saison, une ample provision de groseilles, de pommes vertes et autres petits fruits à moitié mûrs; et, quand nous étions au lit, nous grignotions tout cela, pour charmer les ennuis de ces soirées si longues, si tristes, surtout quand les derniers rayons du beau soleil d'été semblaient vouloir insulter à notre réclusion. »

Ces choses les faisaient penser à leur mère. Si elle était là, disaient-elles. Et les sanglots étouffaient leur voix. Plus tard, Mélanie racontait qu'il lui était arrivé à elle et à ses deux sœurs de passer des jours entiers à pleurer la perte de leur mère. Dans un âge si tendre, elle savait déjà apprécier ce vide auquel son cœur ne s'habitua jamais.

Mélanie se distinguait au milieu de ses frères et de ses sœurs par son charmant caractère qui consistait en un fond de douceur mêlée à beaucoup de vivacité et de grâce. Elle était très aimante, avait de la fougue et une extrême générosité de cœur. Mince et de petite taille, sous des dehors frêles, elle cachait une force et une énergie rares. Ses yeux pétillaient d'intelligence. Rarement enfant fut aussi aimé de ses frères et de ses sœurs que Mélanie. C'était plaisir de les voir tous l'entourer, et jouir de la regarder et de l'entendre.

On sait que l'amour fraternel si vrai, si ardent, n'est pas pourtant sans orage. Les frères et les sœurs les plus unis se fâchent à certaines heures et ont ensemble de petits débats. Voici un trait raconté par Mélanie avec des couleurs que son humilité profonde a peut-être un peu forcées. En tout cas, il révélera la sincérité de la narratrice qui ne veut rien taire. Dans ce récit, on trouvera la peinture au vif de l'une de ces petites scènes fraternelles dont aucun lecteur ayant des frères ou des sœurs ne se scandalisera au reste, car des souvenirs plus ou moins analogues se présentent aussitôt à l'esprit et font doucement sourire. « J'aimais tendrement mes sœurs, disait-elle; mais une grande conformité de sentiments, d'idées, de goûts et d'aptitudes, me donnait une préférence plus marquée pour ma chère Claire, dont l'âge aussi se rapprochait davantage du mien. Cependant, je ne puis me rappeler sans confusion qu'un jour je faillis en faire la victime d'un mouvement de colère. Une discussion s'était élevée entre nous; et, à bout d'arguments, je saisis ma boîte à ouvrage et la lançai avec force dans la direction où se trouvait ma jeune sœur. Heureusement celle-ci prévint le coup et, par un mouvement de tête, évita le projectile qui pouvait lui faire une sérieuse blessure. Aussitôt je compris quel avenir je me préparais. Si semblables scènes se passent au sein de ma famille, pensai-je intérieurement, si l'affection que je porte aux miens n'oppose qu'une digue insuffisante aux entraînements de ma nature, que serai-je dans le monde vis-à-vis des indifférents ou des étrangers? Les lois de la simple convenance ne compteront pour rien, et alors!.. De ce jour, je me résolus à ne me plus passer ces impatiences qui pouvaient me coûter si cher, et que ma seule raison réprouvait. »

Tout près de M. Boutros demeurait, comme on l'a dit, sa sœur, la mère Boutros de Saint-Bernard, avec une de ses tantes, la mère Sainte-Julie, religieuses avant la Révolution dans le couvent du

Calvaire de Mayenne. Elles attendaient, au sein de la retraite et de la prière, qu'il plût à Dieu de restaurer leur chère communauté pour reprendre la vie du cloître. Mélanie venait souvent voir ses tantes qui aimaient à s'occuper d'elle et de ses sœurs. Son cœur alors se dilatait et la semence de la piété y entrait peu à peu. Elle apprenait à se combattre et à faire grand cas des souffrances que Dieu envoie. Les deux tantes étaient charmées du sérieux de cette enfant. Son esprit précoce les frappait, et elles s'ingéniaient pour lui faire passer auprès d'elles d'agréables moments.

A cette époque, Mélanie n'a que neuf ans. Elle montre déjà un goût prononcé pour la prière, et réprime avec énergie sa vive nature. On peut dire que son enfance est passée ; et rien de puéril ne va plus maintenant paraître en elle. Une de ses amies intimes d'alors nous assure que, à partir de cet âge, on ne l'a jamais vue faire de ces espiègleries si naturelles à une enfant. « Je ne puis, » dit-elle, « me rappeler d'elle un seul trait d'étourderie à cet âge. Toutes ses amies s'accordaient à dire avec moi qu'elle a été plus raisonnable que les enfants ne le sont ordinairement. Cela tenait sans doute à son esprit précoce, et aussi à ce qu'ayant perdu sa mère si jeune, elle eut beaucoup à souffrir des peines de famille ; ce qui la rendit très sérieuse. »

CHAPITRE PREMIER

Cette enfant inspirait à tous de l'intérêt. Une sœur de son père qui habitait Ernée, la voyant si malheureuse, pensa à la faire venir près d'elle. La bonne tante lui désirait une vie plus douce. Mais la pensée de Dieu était toute différente ; et avec une persistance d'amour dont on est frappé, il ne voulait pour cette enfant que la croix. A Ernée, elle eut encore à souffrir. Ce n'étaient plus des mauvais traitements; c'était excès de travail. L'austère tante, voyant le courage de la petite fille, augmentait chaque jour sa tâche ; et Mélanie avec son bon cœur, son vif désir de faire plaisir, s'exténuait à travailler. Son oncle voyait avec chagrin sa santé s'altérer ; les fraîches couleurs de ses joues s'en allaient. Il dit un jour à sa femme : « Notre Mélanie est trop assidue au travail, les tâches que vous lui donnez sont bien longues. » La femme répondit : « Vous ne voyez pas comme elle est joyeuse... En lui retirant du travail, on la fera pleurer. » Elle ne comprenait pas que l'enfant, réellement accablée, prenait héroïquement sur elle-même. Mais l'œil plus clairvoyant de son mari l'avait découvert. Ne pouvant rien gagner sur sa femme, il préféra rendre Mélanie à son père.

Les deux tantes de Mélanie soupiraient toujours après le moment où elles pourraient rentrer dans leur couvent. La mère Sainte-Julie n'eut pas cette consolation. Dieu lui donna le ciel à la place. Au moment suprême, elle fit promettre à la mère Boutros de Saint-Bernard, sa nièce, qu'elle laissait seule sur la terre, de ne rien négliger pour rejoindre sa communauté en quelque lieu qu'elle vînt à se reconstituer. Cet engagement était trop doux à la mère de Saint-Bernard, pour qu'elle ne le prît pas; et peu après les plus anciennes mères du Calvaire d'Angers s'étant réunies dans le monastère d'où on les avait autrefois expulsées, elle alla se joindre à ces religieuses.

Cependant les enfants souffraient toujours beaucoup des mauvais traitements de leur gouvernante. L'aînée, que ses procédés avaient souvent exaspérée, se révoltait de plus en plus contre ce joug tyrannique. Mais Mélanie et Claire restaient constamment douces et résignées. La pensée de ses jeunes nièces qu'elle laissait si malheureuses, accompagna donc la mère Boutros de Saint-Bernard à Angers. Et, aussitôt que cela lui fut possible, elle les fit venir toutes les trois près d'elle au pensionnat du Calvaire, se chargeant ainsi de leur éducation.

« Le séjour du pensionnat, » nous écrit-on, « parut aux trois sœurs un véritable paradis après les dures épreuves de leur enfance. La bonne mère Saint-Bernard gâtait même passablement ses nièces... « Si l'on veut vous punir, » répétait-elle souvent, « dites-le moi, mes chères enfants, je me charge de faire lever toutes les pénitences ; je ne veux pas qu'il vous soit fait de la peine. » Ces paroles imprudentes auraient pu porter un regrettable préjudice à l'éducation des trois sœurs ; mais celles-ci n'abusèrent jamais de l'indulgence de leur trop débonnaire tante. »

Auprès de Mélanie la tâche des maîtresses fut facile et consolante. Son esprit vif, son rare jugement furent merveilleusement servis par un grand amour du travail. « Il fallait lui arracher, » nous dit-on, « livres et cahiers pour obtenir qu'elle prît part aux jeux des récréations. » Ayant le goût du sérieux, des choses solides, s'y appliquant de toutes ses forces, elle fut en peu de temps capable de suivre les élèves les plus avancées, et, au bout de quelques années, elle brilla parmi les plus remarquables du pensionnat.

Notre jeune fille, dans un milieu joyeux où sa nature expansive si longtemps comprimée eût été sujette à plus d'un écart d'écolière, fut constamment appliquée et ne donna aucune peine aux pieuses religieuses. C'est tout au plus si on peut trouver dans ces trois ou quatre années quelques traits qui révèlent l'étourderie. Il va sans dire qu'il serait impossible de relever la moindre malice sérieuse.

On a mille fois raison, dans les maisons d'éducation chrétiennes, de traiter les dortoirs comme une sorte de sanctuaire. Le sommeil de l'adolescent demande un œil maternel comme celui de l'enfant au berceau. Les excellentes religieuses du Calvaire le savaient bien ; mais, trop confiantes en leurs élèves qu'elles pensaient sans doute bonnes comme elles-mêmes, elles abandonnaient trop aux saints anges la vigilance. On parlait au dortoir. Mélanie reconnaît humblement qu'elle ne s'en privait pas assez ; et avec le ton enjoué et digne qui ne la quitta jamais, devenue plus tard la Mère Sainte Claire, elle racontait ceci : « Nous avions des rideaux à nos lits, et quelles bonnes parties nous faisions derrière ces rideaux, quand une fois les maîtresses avaient disparu ; je n'ai jamais rien dit, ni fait de répréhensible ; mais nous tenions quelquefois conversation jusqu'à une heure très avancée. »

Mélanie se rendit aussi coupable de curiosité. C'était à la fin d'une année scolaire. Les enfants se préoccupaient de la distribution des prix, et la jeune Mélanie sentait son cœur battre dans l'espérance des couronnes qu'elle croyait avoir méritées. A l'heure du goûter, les élèves ayant l'habitude de parler, chacune exprimait son opinion, et nommait celles qui lui paraissaient devoir obtenir le plus de récompenses. « Pour moi, » s'écria Mélanie, de manière à être entendue de la maîtresse, « j'ai rêvé qu'une telle aurait le prix de grammaire, telle autre le prix d'histoire, etc., etc. » Faisant ainsi la revue de toutes les facultés, elle adjugeait à chacune les couronnes avec une exactitude si frappante que l'attention de la maîtresse fut éveillée. On voulut avoir le secret de ce don d'intuition que possédait ainsi Mélanie, et voici ce qu'on découvrit : Passant, quelques heures auparavant, avec une grande élève, devant la chambre entr'ouverte de la maîtresse générale, elle avait aperçu sur la table la liste des prix laissée là imprudemment par le maître d'écriture. Mélanie l'avait parcourue à l'instigation de sa compagne. Interrogée par sa maîtresse, elle avoua tout avec sa franchise habituelle, se gardant bien toutefois de laisser entrevoir qu'une autre avait eu à cette faute une plus large part qu'elle.

Cette grave affaire fut soumise au conseil des maîtresses, et l'on décida que la jeune espiègle serait privée de ses prix. Mais, comme la distribution était publique, on voulut éviter de dévoiler la légèreté de l'enfant; on la prévint donc qu'elle recevrait ses prix selon que le palmarès les indiquait, mais qu'aussitôt après elle devrait les rendre. Il y avait un examen à passer avant la distribution.

Pour cette circonstance, la salle se trouvait décorée par les travaux les plus remarquables de chaque élève : dessins, pages d'écriture, cartes de géographie. Le maître d'écriture, qui s'occupait alors à disposer ces petits chefs-d'œuvre de manière à les mettre en relief, venant à apprendre l'indiscrétion de Mélanie, saisit avec un mouvement de colère la page de la jeune fille et la mit en morceaux sous ses yeux. Cet ensemble de circonstances faisait craindre aux religieuses une attitude peu satisfaisante de leur élève à l'examen. Mais la parfaite possession d'elle-même et la fermeté de caractère qui plus tard distinguèrent constamment la mère Sainte Claire se révélaient déjà dans cette enfant ; et, avec calme et sang-froid, elle répondit à toutes les questions de manière à mériter les applaudissements des examinateurs.

L'époque de la première communion approchait pour Mélanie. L'enfant comprit qu'un des fruits les plus considérables qu'elle devait en retirer était la résolution de s'armer généreusement contre ses défauts ; et dès lors, cette avidité d'apprendre, cette vive curiosité, cette ardeur impétueuse qu'elle montrait tendirent à la modération par l'énergie de la répression. Le divin Jésus, en l'inondant de douceur, laissa au fond de son cœur ce mot d'ordre dont l'écho se prolongea jusqu'à son dernier soupir : « Le royaume du ciel souffre violence ; et il n'y a que ceux qui se font violence qui l'emportent. »

L'impression de sa première communion lui resta toute sa vie ; et chaque année elle en fit, au mois de février, le touchant anniversaire.

Depuis cette époque, Mélanie se livra de plus en plus à l'étude, avec cet entrain qu'elle apportait à toutes choses, et elle obtint de brillants succès. Son intelligence, ornée d'ailleurs de connaissances très variées, annonçait une rare aptitude pour les sciences exactes. A cause de cela, M. Boutros, qui rappela Aimée et Claire auprès de lui, laissa encore quelque temps Mélanie au pensionnat. Les maîtresses voyant poindre en elle le talent de communiquer aux autres ce qu'elle savait, lui donnèrent à instruire ses plus jeunes compagnes. Agée seulement de treize ans, elle remplit cette mission avec un zèle, une charité infatigables. « Grâce à sa grande affabilité, » nous dit-on, « à son caractère enjoué et prévenant, elle captive l'attention des élèves, et s'attache leur cœur. » — « Elle était, » ajoute-t-on, « à cette époque au pensionnat, comme autrefois à la maison paternelle, un sujet d'édification, à cause de ses charmantes qualités et de son bon cœur. »

C'est durant cette dernière année de pensionnat

que Dieu lui fit entendre son premier appel à la vie religieuse. Mélanie en parla à M. Boutros. La pauvre enfant reçut l'ordre de ne jamais penser au cloître. Ne sachant pas résister à son père, elle fit des efforts pour oublier cette grâce du ciel, et, sans l'insistance de ce Dieu de miséricorde infinie, c'eût été à jamais fini. M. Boutros, quelque temps après cette ouverture, retira sa fille des mains des religieuses du Calvaire.

CHAPITRE DEUXIEME

Mélanie de retour à la maison paternelle en 1826. — Sa tendre amitié pour son frère Félix. — Elle étudie avec lui. — Sa mortification. — Vie laborieuse de Mélanie. — Son amabilité lui crée de nombreuses relations. — Sa douleur quand son frère part pour les Indes. — Mélanie au milieu des plaisirs du monde. — Encore la voix de Dieu. — Elle y cède en partie. — Il n'y a pas d'esprit sans malice. — Mélanie à Saint-Georges avec son père en 1831. — Elle y vit en vraie sœur de charité. — Sa piété. — Elle refuse des partis avantageux.

MÉLANIE quitta Angers en 1826 avec tous les succès de l'éducation à cette époque. Elle avait quinze ans.

La jeune fille reprit donc sa place au foyer domestique, toujours attristé par l'absence de celle qui en avait été le doux ange gardien. Ses sœurs et ses frères, si heureux de l'avoir maintenant auprès d'eux, et portés singulièrement à la gâter, secondèrent peut-être un peu trop la propension qu'éprouvent les pensionnaires rentrant dans leur famille à se reposer, au sein de loisirs agréables, de la contrainte imposée par la règle. Mélanie ressentait un grand contentement de ne plus se lever si matin, et elle négligea, pendant quelque temps, d'aller tous les jours à la messe. Mais elle reprit bientôt, avec un tendre regret de l'avoir abandonnée, sa vie de piété, sous la conduite de M. Pellier, vicaire de la paroisse, confesseur de ses deux sœurs et ami dévoué de la famille.

Ses journées, dans la maison paternelle, furent remplies par le travail à l'aiguille, les soins du ménage qu'elle partageait avec Aimée et Claire, et enfin par l'étude qu'elle n'abandonna jamais complètement.

Elle avait pour son frère Félix une tendre prédilection. Celui-ci préparait, à cette époque, son baccalauréat. Que d'heureux moments elle passa avec lui, occupée d'algèbre et de géométrie! Après avoir subi un examen brillant, Félix dut, à la grande joie de sa sœur, attendre une année avant d'entrer dans la carrière de son choix. Mélanie le quitta le moins qu'elle put durant ce temps, fit avec lui un petit traité d'astronomie, d'algèbre et apprit l'anglais. Elle le supplia même de l'initier à l'étude du latin, sans se douter qu'un jour elle devait puiser dans cette science, d'ordinaire superflue pour une femme, de suaves et de divines émotions. On nous dit que les leçons du frère étaient comprises et devinées merveilleusement par la sœur. Outre ces travaux, Mélanie aidait activement son père, qui se reposait sur elle d'un grand nombre de détails de sa perception. Déjà elle était très entendue dans la comptabilité.

Au milieu de toutes ces occupations, la jeune

fille se montrait appliquée, économe de son temps, industrieuse pour en trouver. Attentive aux détails, aimant à dissimuler sa peine pour soulager les autres, sans le vouloir, sans même s'en apercevoir, elle était l'âme de la maison. Ajoutez à cela une grande possession d'elle-même, une admirable présence d'esprit pour commander à tous ses mouvements, à toutes ses impressions, et une énergie qui faiblissait rarement quand il s'agissait de les réprimer. La mortification intérieure et la mortification extérieure se donnant la main, Mélanie était sévère pour son corps ; elle ne prenait que très peu à ses repas et évitait avec soin tout ce qui flatte le goût.

Notre jeune fille entretint constamment à l'extérieur des relations fort étendues, qui, du reste, vinrent toujours au devant d'elle. Sa famille était nombreuse. Elle comptait quatre de ses tantes habitant Mayenne, autant d'oncles, et une dizaine de cousines fort pieuses qui l'aimaient beaucoup, surtout les plus âgées, grandes admiratrices de son humeur toujours égale, de son amabilité, de sa gaieté du meilleur goût. Les unes et les autres venaient passer leurs soirées chez M. Boutros, non pour lui dont l'état s'aggravait plutôt de jour en jour, mais afin de jouir de la conversation de Mélanie. Elles y amenaient aussi leurs amies, et la jeune fille devint bientôt un centre de relations agréables que son caractère liant rendit de plus en plus fréquentes. On s'était fait un besoin de se voir réciproquement, et, dans les cas d'absence, on s'écrivait. Mélanie n'était jamais en retard. Elle adressait à ses amies, une ou deux fois par semaine, de longues lettres très affectueuses ; il lui en eût tant coûté de perdre la plus petite occasion de leur faire plaisir !

L'année que son frère devait passer dans sa famille disparut pour elle avec la rapidité de l'éclair ; et rien n'égala sa désolation quand il fut arrêté que le jeune Félix irait dans les Indes. Un des parents de la famille s'y trouvait à la tête d'une plantation d'indigo ; mais M. Boutros s'y rendait dans le but d'embrasser une tout autre carrière. Il était désigné pour remplir à Calcutta les fonctions d'inspecteur général de l'Instruction publique. Mélanie essaya d'être heureuse à la pensée de l'avenir de son cher Félix ; mais, alarmée des dangers qu'il pouvait courir sous tous les rapports dans un pays si éloigné, elle se sentit saisie d'une inquiétude inexprimable que ne parvinrent pas toujours à calmer, dans la suite même, les plus ardentes prières adressées à Dieu pour ce frère bien-aimé. Après son départ qui eut lieu en 1828, Mélanie, âgée de dix-sept ans, fut complètement chargée de la perception.

La grâce n'avait pas encore fait complètement la

conquête de cette jeune fille. Sa prodigieuse activité d'esprit rencontra un écueil dans la lecture. Les romans qui n'étaient pas ouvertement mauvais lui plaisaient beaucoup trop. Elle en lisait un assez grand nombre. Ce genre d'écrits qui ne s'attache qu'à repaître l'imagination de chimères, et paralyse le sentiment du devoir, eut une mauvaise influence sur elle. C'était inévitable. Dieu le permit parce qu'il voulut que plus tard elle pût instruire les autres par sa propre expérience. Il ne laissa, du reste, pénétrer en elle le poison qu'à la plus petite dose possible. On la vit donc alors prendre du plaisir à la toilette. Elle n'était jamais en retard pour les modes permises ; et, sans sortir de son rang, elle se mettait fort bien. Le monde, par suite, lui plut. Elle aimait à prendre part aux soirées qu'on donnait l'hiver. Dans ces réunions de famille et d'amis où présidait toujours la plus parfaite convenance, on dansait parfois; et Mélanie se prêtait non seulement gracieusement, mais fort volontiers, à ce divertissement. Elle y trouvait même un goût assez prononcé pour gémir sur l'heure trop hâtive qui mettait un terme à ces réjouissances. Les regrets finirent par devenir si grands qu'elle avait trouvé un expédient pour prolonger le plus possible les soirées. Voici comment une de ses amies d'alors nous raconte la chose :

« Les heures au bal s'écoulaient trop rapides ; et lorsque, minuit sonnant, la respectable tante qui conduisait les trois sœurs donnait le signal de la retraite, c'était avec un soupir désespéré que Mélanie répondait à ce désolant appel. Aimée et Claire partageaient ses regrets... Mais, hélas ! la bonne tante était inflexible dans ses principes. Passé minuit, une jeune fille bien élevée ne devait plus rester en soirée. Parfois, cependant, il devenait possible de se dérober à la surveillance de ce trop rigide Mentor. On s'en allait docilement à sa suite, mais une fois dans le vestiaire, les sorties de bal se trouvaient singulièrement difficiles à ajuster. Un certain temps s'écoulait, et la bonne tante, entourée du nombreux cortège de ses neveux et de ses nièces, partait sans s'apercevoir que Mélanie et Claire manquaient à l'appel. Celles-ci rentraient au salon, et prenaient leur joyeuse part de la fête, comptant sur la complaisance de leur bon frère, qui leur faisait reprendre, à l'aube naissante, le chemin du logis paternel. »

Mélanie se laissa réellement prendre aux attraits du monde, au milieu duquel on la trouva toujours un modèle de retenue. Visites, conversations prescrites par les bienséances, soirées, elle se plaisait à tout cela ; et plus tard elle racontera que ces joies lui paraissaient toujours trop courtes ; mais il est également certain qu'elle y ressentit cette morsure que les plaisirs de la terre font toujours à toute âme élevée qui les caresse; et, au plus beau moment de la fête, un instant retirée dans l'angle de quelque fenêtre, elle sentait son cœur se gonfler, et les larmes lui venir aux yeux. Plus tard aussi elle écrira : « Combien de fois, au milieu des réunions les plus brillantes, ne me suis-je pas dit : Qu'est-ce que cela en réalité ? » Et malgré tout elle continuait à prendre part à ces fêtes. Il ne lui échappait point qu'elle en était l'ornement, se voyant recherchée de tout le monde, entourée et applaudie. Elle causait, du reste, fort agréablement, et, quoique d'un caractère grave, elle était très rieuse. Enfin, sa physionomie où brillait l'intelligence, embellie par des yeux pleins de vivacité, achevait de donner de la grâce à sa conversation fine et spirituelle. Elle sentait qu'on enviait son prestige; et l'aliment qu'elle trouvait là pour la vanité si naturelle à cet âge, plus que les plaisirs du bal, retenait Mélanie dans ce milieu de réjouissances profanes. Quand son cœur, aspirant à de plus nobles choses, avec un sentiment d'indicible mélancolie, lui criait : « Laisse donc cette vie qui n'est pas pour toi une vie, et donne-toi à Dieu », M. Pellier, son confesseur, pour qui elle n'avait rien de caché, en profitait pour enfoncer le trait divin, et lui disait délicatement : « Non, Jésus ne vous aime pas au sein de ce bruit. » De son côté, Notre-Seigneur ne négligeait pas de lui parler et quelquefois vivement. Cette voix irrésistible à cause de son accent de souveraine suavité qu'il lui fallait contre son gré entendre, au milieu des conversations animées du monde et des fêtes, la bouleversait. Et aussitôt qu'elle se trouvait seule, elle se prosternait aux pieds de son crucifix : « O mon Dieu, » s'écriait-elle, « c'est une grâce sans prix que celle de la vie religieuse... Mais je vous en supplie, ne me l'accordez pas. Elle m'effraye. Je n'aurai pas le courage de m'immoler. Donnez cette faveur à une autre plus digne que moi. » C'est ainsi que Mélanie luttait contre Dieu. Le Seigneur permit qu'il en fût ainsi, afin qu'elle acquît à ses propres dépens ce tact qui plus tard devait lui être si nécessaire dans la direction des jeunes âmes confiées à ses soins.

Mélanie vécut ainsi quatre années, durant lesquelles jamais elle ne manqua d'assister chaque jour à la Messe, et de se préparer avec le plus grand soin à la réception des Sacrements. Au bout de ce temps, on la vit, avec sa sœur Aimée et sa sœur Claire, se détacher peu à peu des plaisirs du monde. Elle ne vint plus que rarement aux réunions, et quand il lui fut impossible de n'y pas paraître sans blesser gravement les convenances, du moins elle ne dansa plus et se retira toujours de bonne heure.

On vit aussi à cette époque s'atténuer en elle, sous l'influence de la grâce, un défaut qui était une sorte d'ombre à son amabilité exquise. Saisissant avec une grande finesse les travers des personnes, elle ne se gardait pas assez des saillies spirituelles que lui inspirait le ridicule. Ses plaisanteries, toujours d'un goût parfait, avaient le tort de prendre en certaines circonstances la nuance de la causticité. La plupart du temps elle s'en tenait à la bonne vieille malice gauloise; mais il lui arrivait parfois de laisser échapper quelques traits acérés. Naïve, elle ne savait pas assez que tous les esprits ne peuvent prendre leur parti des railleries innocentes dont ils sont involontairement le trop légitime objet; et, en ne ménageant pas assez cette classe de personnes, elle leur inspirait une crainte assez vive de ses épigrammes. Mélanie peu à peu s'aperçut que cet esprit légèrement railleur et trop perspicace ne pouvait pas plaire à Dieu, et elle travailla avec énergie à s'en défaire. C'est une erreur de croire que les personnes vertueuses ne retombent plus jamais dans les fautes dont elles ont pris la résolution de se corriger. Mélanie se laissera encore surprendre par ces saillies; mais de jour en jour, l'amélioration sur ce point, comme sur tous les autres qui pouvaient être défectueux en elle, se fera sentir. C'est que la réformation de notre nature, de celle des saints comme de la nôtre, ne s'obtient pas au prix d'un grand coup une fois frappé. Une longue suite d'efforts partiels est nécessaire, et c'est l'œuvre d'une souveraine patience, d'un inébranlable courage. Le temps qu'il faut pour arriver à ce résultat est souvent long. Dieu qui fait de la vie de ses saints une doctrine vivante, semble avoir voulu que la mère Sainte Claire fût par sa vie l'apôtre de cette vérité.

M. Boutros étant appelé à Saint-Georges vers 1831, Mélanie y vint avec lui. Elle fit le plus grand bien dans ce pays. On la vit s'occuper de l'instruction des petites filles, et remplir l'office d'une sœur de charité. Déjà elle montrait ce qu'elle devait faire plus tard. Presque toute la journée occupée à ces bonnes œuvres, quand elle n'était pas absorbée dans la comptabilité, le soir jusqu'à onze heures ou minuit, elle travaillait pour l'entretien de la maison. A quatre heures du matin, elle était debout, toujours active et infatigable. Elle avait alors vingt et un ans, et sa piété devenait de plus en plus grande. Sans doute, elle avait toujours montré à l'église le plus profond recueillement. Mais cette tenue modeste s'accentuait de jour en jour. Elle choisissait, pour y prier, les coins, les endroits retirés où elle pût cacher l'impression de la grâce qui se trahissait à l'extérieur, et les larmes dont ses yeux se remplissaient en méditant nos divins mystères. On remarquait surtout cela après la Communion pour ses actions de grâces, qu'elle prolongeait très longtemps.

C'est alors que se présentèrent plusieurs partis avantageux qu'elle refusa toujours. Jamais son cœur ne put se résoudre à se donner à personne. Elle était pour Notre-Seigneur.

De 1831 à 1837, la vie de Mélanie fut ainsi employée en bonnes œuvres, consacrée à la piété filiale, dans une grande union à Dieu.

CHAPITRE TROISIÈME

Souveraine délicatesse de Dieu par rapport à notre liberté. — Sacrifice de l'amour fraternel. — Mélanie est résolue de se faire religieuse. — Différents motifs la portent à se hâter. — Consolations abondantes. — La vocation sans attrait. — Pensées de la mère Sainte Claire à ce sujet. — M. l'abbé Bouleau et M. Archanger Drouault. — Travail intérieur de l'âme sous l'action de la grâce. — Mélanie se décide à entrer au couvent des Ursulines de Blois. — Derniers mois passés dans sa famille. — Elle part, le 19 octobre 1839.

MÉLANIE était fermement résolue de vivre comme un ange et de ne laisser entrer dans son cœur virginal aucun amour terrestre. Elle venait ainsi peu à peu à ce que Dieu voulait ; mais elle n'y était pas encore arrivée. Ici on ne peut s'empêcher d'être ravi d'admiration à la vue de cette sorte de respect que Notre-Seigneur a pour les âmes, les laissant toujours libres, alors qu'il les presse le plus vivement, ne se rebutant jamais de leurs délais à se rendre aux avances de son amour, et ne se refusant pas d'en passer par où il faut pour leur faire accepter librement le bien souverain que sa main leur présente. Pour la troisième fois il appela donc Mélanie à la vie religieuse, et lui fit en même temps saisir qu'une pareille vocation est un grand signe de l'amour qu'il porte à une âme. Mélanie fut touchée ; mais c'était encore, non plus le combat contre son appel, mais l'hésitation. C'est alors que le divin Maître, par l'effet d'une condescendance ineffable, emprunta à la voix de la nature un concours qui devait donner à la sienne propre une force décisive. Mélanie, qui avait toujours si tendrement aimé son frère Félix, éprouvait, à son sujet, de vives alarmes, maintenant qu'il était si loin d'elle. Plus que jamais le portant dans son cœur, elle craignait qu'il ne fût malheureux. Son salut l'inquiétait. Elle avait peur qu'il ne vînt à se perdre au milieu des protestants et des idolâtres ; puis elle tremblait qu'il n'épousât une femme de ce pays, qui ne fût pas catholique. Enfin, tout ce qu'il y a d'angoisses dans le cœur d'une sœur pieuse qui n'a jamais connu que l'amour de son frère, pour ce frère bien-aimé qu'elle sait exposé de tant de manières, toutes ces cruelles perplexités se trouvaient au fond de l'âme de Mélanie. Elle se dit un jour : « Eh bien, cette vie religieuse que j'appréhende, je l'embrasserai. C'est le plus grand sacrifice que je puisse faire. Ce sacrifice, je l'offrirai à Dieu pour mon frère. Je dirai à Notre-Seigneur : Je me consacre à la vie religieuse pour le salut de mon frère. Et Dieu acceptera mon immolation. »

Ce motif de l'amour fraternel décidant une sœur à entrer en religion est touchant. Il fit répondre Mélanie à l'appel de Dieu. C'était peut-être moins pur que si elle se fût rendue sans que cette corde eût besoin de vibrer ; mais Dieu, en définitive, était obéi, et son indulgence infinie se trouvait satisfaite. Un rhume très grave qu'eut Mélanie durant l'hiver affermit sa résolution, en lui montrant l'éternité peut-être plus proche qu'elle ne pensait d'abord ; et un incident qui prouve la générosité de son âme, la porta à désirer de mettre promptement son projet à exécution. Voici comme elle-même raconte le fait : « Je fus déterminée à accomplir vite la donation de moi-même, par un acte d'inconstance envers Notre-Seigneur, dans une personne de grande piété qui devait entrer à la Visitation de Mayenne, et que toutes les personnes dont elle était connue regardaient comme une sainte. Elle condescendit aux désirs de ses parents, qui la donnèrent en mariage à un officier distingué. Je regardai ce changement avec douleur. Quel outrage, me dis-je, elle fait à Notre-Seigneur ; elle préfère maintenant la créature à lui ! Eh bien, en compensation, pour le dédommager et faire réparation à son Cœur, je vais, moi, me consacrer à lui sans perdre de temps. »

Cette bonne personne perdit son mari après avoir eu de lui un fils qu'elle éleva chrétiennement. Le Seigneur, qui la regardait toujours miséricordieusement, lui permit plus tard, dans son veuvage, d'entrer au couvent où elle avait désiré aller durant sa jeunesse. Elle y devint une sainte religieuse.

Mélanie avait prononcé ce « fiat » qui s'était fait si longtemps attendre. La consolation entra dans son cœur. Elle disait plus tard : « A ce moment, Dieu me combla de douceurs et de grâces abondantes dans la communion, dans les visites au saint Sacrement, et dans l'exercice du chemin de la croix. » Réfléchissant sur la grâce et l'honneur que Dieu lui avait accordés, elle se confondait. Dans une lettre écrite alors, elle s'exprime ainsi : « Par quels secrets ressorts, par quels prodiges de miséricorde m'a-t-il fait connaître ses desseins sur mon âme? Alors même que je l'oubliais et l'offensais, il me poursuivait par les inspirations de sa grâce et les recherches de son amour! Je résistais, je combattais, et il ne se lassait point de frapper à la porte de ce cœur si dur, si misérable... » Et elle ajoute : « O mon Dieu! combien je devrais vous aimer! »

Au premier abord, on serait peut-être porté à croire que l'attrait et le goût sont les seuls mobiles qui conduisent à la vie religieuse. La vocation de Mélanie est bien propre à rectifier cette erreur. « La vérité est, » nous dira plus tard la mère Sainte Claire, « que Dieu, le souverain maître de ses créatures, a le droit d'appeler à lui dans la vie parfaite qui il veut, et en dépit de ses goûts dont il demande par là même un généreux sacrifice, mettant auprès de ce sacrifice toujours sa grâce pour l'accomplir. Dans ces cas, plus communs qu'on ne croit, il faut s'attendre, aux commencements, à des résistances de la part de la créature que son Dieu seul conduira dans ces sentiers âpres au premier aspect, mais bientôt pleins de douceur. » — « La vérité encore, » continue-t-elle, « est que des raisons sérieuses, comme celle du salut à assurer, peuvent aussi décider une âme, malgré les goûts contraires qu'elle sent vivement, à entrer en religion. Quelque difficile que puisse être la vie d'obéissance, de pauvreté et de chasteté, les souffrances passagères qui en résultent ne sont rien auprès des supplices éternels de l'enfer. » Et citant ici l'exemple de sainte Thérèse, elle extrait ces lignes écrites de la main de la séraphique vierge d'Avila : « J'avais un éloignement mortel pour la vie du cloître... une immense répulsion pour la vie religieuse... » J'aurais voulu que « le bon plaisir » de Dieu « n'eût pas été de m'appeler à la vie religieuse »…. « Peu à peu sainte Thérèse s'apprivoisa avec cette pensée, » continue la mère Sainte Claire, « et elle dit : « Je voyais que c'était l'état le plus parfait et le plus sûr ; et ainsi peu à peu je me fortifiai dans la résolution de triompher de toutes mes résistances pour pouvoir l'embrasser... Pendant trois mois, je livrai une bataille opiniâtre à ma volonté rebelle : voici les armes dont je me servais pour la vaincre. Je me disais : Les peines et les souffrances de la vie religieuse ne sauraient dépasser ce qu'on endure en purgatoire ; et moi, je m'étais rendue digne de l'enfer ; je ne me dévouais donc à rien de fort héroïque en acceptant le purgatoire de la vie religieuse jusqu'à mon dernier soupir ; je m'en irais ensuite droit au ciel, terme unique où tendaient tous mes désirs. »

« La question de répugnance, » concluait la mère Sainte Claire, « est tout à fait secondaire et ne mérite une attention sérieuse que quand l'appel de Dieu n'est pas suffisamment caractérisé ; et, en tout cas, il ne faut ni s'étonner, ni trop se scandaliser quand on voit une âme ne pas se rendre de suite ou ne se rendre qu'en luttant. La patience divine est admirable ; et, quand on est enfin tombé dans ses délicieux filets, elle sait vous faire expier en vous comblant de tendresse ces luttes contre son amour. »

Décidée à se donner à Dieu, Mélanie parla de cette sainte résolution à son confesseur. M. l'abbé Pellier ne fut pas étonné, mais il ne montra aucun empressement à accueillir son ouverture, et l'éprouva avec prudence et sagesse. « Il me fit faire, » dit-elle, « de fréquents actes de renoncement à ma volonté, à mes goûts, même dans des choses peu importantes, afin de m'habituer à l'abnégation qui, en religion, est de tous les instants. » M. l'abbé Bouleau, aujourd'hui religieux de l'Ordre de Saint-Benoît, la dirigea après M. Pellier. Enfin, un autre prêtre de valeur, M. Archanger Drouault, de concert avec M. Bouleau, étudia soigneusement son âme, et vit dans une lumière saisissante les desseins de Dieu sur elle.

Des obstacles s'opposant à son départ durant plus d'une année, les deux directeurs eurent le loisir de l'examiner attentivement. Toute la maturité fut donc mise dans cette question. Eloignée de M. Archanger, Mélanie lui écrivit souvent. Cette correspondance va nous la faire connaître de la manière la plus intime ; et c'est surtout dans les réponses du directeur qu'on saisira la physionomie de cette âme, comme dans un miroir fidèle. Mélanie raconte à M. Archanger que, depuis longtemps, elle avait résolu de n'appartenir à personne sur la terre, et cela bien avant son dessein de se faire religieuse. M. Archanger lui répond : « Cela me paraît providentiel. Oh ! quel bonheur, ma fille, quel bonheur est le vôtre d'avoir à offrir à Notre-Seigneur un cœur vierge de toute affection, de tout amour profane ! Un cœur qui n'a connu que le doux sentiment de l'amitié que vous ont successivement inspiré un frère, une sœur, une amie... Je le répète encore, quel bonheur ! Ce besoin d'aimer que le bon Dieu a mis en vous, c'est à lui que vous le consacrerez. Ma fille, un cœur desséché, flétri par la vanité des amours terrestres, hélas ! nous pouvons encore l'offrir au bon Dieu : témoins Marie Egytienne, La Vallière et tant d'autres ;... Pour vous, c'est un cœur comme celui de sainte Thérèse que vous présentez à votre céleste Epoux. Comme vous, elle avait aussi un peu aimé le monde, les romans ; elle eut à combattre sans doute avant de vaincre... Je veux vous aider à rendre grâces à Dieu de la faveur qu'il vous a accordée ; car c'est là, voyez-vous, un privilège qui n'est pas donné à tous. »

Elle se plaint fréquemment à son directeur du manque de ferveur, de l'insensibilité de sa foi, de sa dissipation intérieure et de ses distractions dans la prière. « Pourquoi, » lui demande-t-elle avec naïveté, « n'ai-je pas pour Dieu une affection semblable à celle que j'ai pour ma sœur, par exemple ? » Le directeur lui répond : « Pourquoi ? Parce que vous ne voyez pas Dieu ; parce que l'amour qui nous porte à Dieu est au-dessus de la nature ; parce que cet amour est une vertu, et, par conséquent, un exercice pénible à la nature ; parce que nous aimons Dieu avec notre intelligence, et non avec nos sens ; et enfin parce que la vie est un temps d'épreuve, et qu'étant séparés du céleste époux de nos âmes, nous ne pouvons goûter les joies de sa présence. »

Mélanie expose à son directeur qu'elle sent de plus en plus le besoin de surveiller son orgueil. Il lui répond : « Oui, l'endroit où vous devez apporter le plus de soin et de vigilance, c'est votre propension à l'orgueil. L'esprit de la vie religieuse n'est-il pas de dompter et d'abattre la liberté de nos pensées, et la facilité de nos jugements. Vos aveux m'ont découvert la plaie. Mais je crains que sur cet objet vous ne portiez votre ambition trop haut. Là encore il faut de la modération. Ce n'est pas en quelques semaines, ni en quelques mois que l'on peut, à moins d'un miracle, parvenir à la conquête de l'humilité. C'est le travail de toute la vie. » Il lui dit encore : « Vous avez raison ; oui, défiez-vous humblement de vos pensées ; n'abondez pas dans votre sens. Ce travail que vous faites pour vous détacher de votre manière de voir est bien précieux. Oui encore, continuez de renoncer à juger par vous-même en toute chose, d'étouffer l'esprit de contradiction ; mon enfant, vous dites vrai, il y a mille fois plus de mérite à tolérer une erreur, d'ailleurs innocente, qu'à démontrer une vérité le plus souvent inutile à la conduite de la vie, au détriment de la charité. Enfin, combien je vous bénis quand je vous vois vous attaquer corps à corps à votre volonté propre, la combattre en tout temps, en tout lieu, en toutes choses, en ce qui vous paraît léger, comme en ce qui vous paraît grave. »

Les distractions après la sainte Communion lui sont très-sensibles. Elle s'en désole et voudrait se les expliquer à elle-même. Son directeur lui répond : « Quant aux distractions en ces pieux moments, j'aurais pensé que vous auriez trouvé facilement le moyen de les expliquer et de vous tranquilliser à ce sujet. Si le démon redouble d'efforts en ces moments-là, c'est parce qu'il redoute la sainte Communion. Chaque fois que vous vous unissez à Jésus, vous portez à l'ennemi un coup mortel, et vous vous étonnez de ses hurlements ! » Comme tous les commençants, Mélanie se décourage après une faute commise. M. Archanger lui répond : « Que vous avez grand tort d'être ainsi ! Sans doute nous devons être fâchés, très fâchés des fautes que nous commettons, mais après tout, la faute une fois faite, il ne faut pas l'aggraver. Désolation excessive après le péché, voilà ce qu'il ne faut pas ; ce chagrin vous est causé par l'humiliation. »

Malgré cela, Mélanie constate la lutte et les progrès en elle. « Je remercie Dieu des victoires que sa grâce vous a fait remporter, » écrit M. Archanger, « mais combattez avec persévérance et croyez bien qu'il n'y a pas de mal à ce que vous me mettiez au courant de vos petits succès. Ce qui serait mal, c'est que vous ne le fissiez pas. Je dois tout savoir. »

A cette époque, Mélanie s'approchait de la table des anges quatre fois chaque semaine. Elle avait peur de ne pas le faire comme il faut, « parce que, » écrit-elle à son directeur, « je ne sais pas si je hais le péché comme la mort. » Son confesseur la rassure par les plus consolantes paroles.

Enfin, souvent une pensée l'agite et la trouble, c'est l'opposition au bien qu'elle sent en elle-même : « Cette peine, » lui écrit M. Archanger, « cette répugnance que vous éprouvez à pratiquer le bien et à faire un acte de vertu, même dans les plus petites choses, vous est utile... Remerciez Dieu qui vous donne cette leçon continuelle d'humilité, en vous faisant sentir presque à tout propos votre néant. » Elle lui fait dans une lettre cette question : « Je ne sais si, en voulant me sauver, je n'ai pas en vue mon avantage propre plutôt que la gloire de Dieu. » M. Archanger lui répond : « Cette question n'est peut-être pas en harmonie avec la simplicité chrétienne. Soyez sans inquiétude sur le genre d'intérêt qui vous porte à agir ; nous ne pouvons travailler à la gloire de Dieu, sans travailler en même temps à notre félicité. » Il lui dit une autre fois : « Continuez à traiter le bon

Dieu avec cette familiarité amoureuse qui lui va si directement au cœur, et ne craignez pas de l'importuner jamais, ni de répéter mille fois chaque jour la même prière, comme : Mon Dieu, je vous aime de tout mon cœur. »

En même temps que Mélanie cherchait à se façonner pour la vie religieuse, elle appelait avec ardeur les lumières de Dieu sur son directeur pour que celui-ci pût donner à sa vocation une approbation décisive. M. Archanger lui écrivit un jour ces lignes qui la comblèrent de joie, et qui étaient un écho de la voix qu'elle avait entendue si distinctement dans son cœur : « Oui, votre vocation est divine... J'oserais affirmer que pour quiconque a tant soit peu d'expérience dans les choses de Dieu, elle est revêtue des signes les plus certains, les plus infaillibles de la volonté du ciel. »

Parlant un jour du bonheur que Dieu lui accordait par cette vocation, elle disait toute triomphante que le monde est incapable de procurer une pareille félicité. Son directeur lui répond : « Oh ! que vous avez raison, mon enfant, et que votre sort est vraiment digne d'envie ! La religieuse de l'ordre le plus austère, celle qui éprouve le plus de peines et de tribulations, a encore, même humainement parlant, un sort bien préférable à celui qui, dans le monde, attend même les plus grandes dames. »

Mélanie sent vivement que pour se rendre digne de cette grâce, elle doit travailler beaucoup à l'amélioration de son caractère ; et elle porte sa sollicitude jusqu'à la réforme de l'extérieur. Elle se demande s'il n'y a rien à changer pour sa mise. Son tact exquis lui dit bien qu'il vaut mieux rester en cela comme elle est ; mais elle veut être rassurée par son directeur qui lui répond : « Vous avez grandement raison de ne rien changer à votre mise, à votre tenue et à vos manières extérieures. Ces changements, je ne vois pas trop sur quoi vous les feriez porter ; et ils auraient l'inconvénient grave, selon moi, d'éveiller l'attention du monde, d'appeler sur vous ses regards. Et sachez-le bien, ma chère enfant, la modestie consiste beaucoup moins dans le retranchement d'un ruban, ou d'une boucle à vos cheveux, que dans le soin à éviter et à fuir tout ce qui pourrait vous signaler à l'attention publique. Et puis, j'en ai la conviction, avec vous surtout, le diable ne perdrait pas son compte ; et pour un colifichet de moins sur le corps, il vous jetterait le poison de la vanité dans le cœur. Vous n'y consentiriez pas, mais ce serait une source de trouble. »

Comme il arrive toujours durant les moments qui s'écoulent entre la décision irrévocablement prise d'entrer en religion, et la réalisation du projet, surtout quand l'affaire languit quelque peu, Mélanie éprouva plus d'une défaillance de cœur. Elle, si délicate, s'en veut à elle-même de sentir des répugnances là où elle ne devrait éprouver qu'une gratitude joyeuse. M. Archanger lui répond ces mots consolants : « Parce que vous sentez la grandeur du sacrifice ; parce que vous sentez votre cœur ému, parce que vous avez pleuré sur des séparations nécessaires, vous vous effrayez, et vous me demandez pourquoi vous éprouvez tant de sentiments naturels, et non pas la joie et la reconnaissance que doit vous inspirer la pensée de votre vocation. Consolez-vous, Notre-Seigneur comprend tout cela ; et il vous en aime davantage parce qu'il sait que vous voulez être fidèle. »

En prévision d'un départ qui ne pourrait pas désormais tarder, elle mit insensiblement sa sœur Aimée au courant de la perception, afin de ne pas laisser son père dans l'embarras. Elle conduisit, au reste, cette affaire avec le plus grand secret. Tout le monde dans la famille ignorait sa pensée. A quoi sert, se disait-elle, de leur causer avant le temps des angoisses qu'ils ressentiront toujours trop tôt ? Et pourquoi m'exposerais-je moi-même à perdre, sous l'influence presque irrésistible de leurs larmes, la fermeté dont j'ai besoin pour conduire à bonne fin mon entreprise ?

Une seule question maintenant restait à résoudre : dans quel institut Mélanie devait-elle aller chercher l'accomplissement de la divine volonté ?

M. Archanger avait à Blois un frère qui s'intéressait vivement aux Ursulines de cette ville. Vicaire de la cathédrale, puis curé de Saint-Saturnin, M. Drouault possédait toutes les vertus qui font l'homme de Dieu. Ayant entendu son frère parler de Mélanie, il pensa de suite que cette personne serait pour la chère communauté une bénédiction. M. Archanger écrivit à sa pénitente : « Dieu vous a distinguée entre tant d'autres... Il vous appelle à la vie religieuse, et c'est chez les Ursulines de Blois qu'il vous veut. Voilà mon avis tel que Dieu me l'inspire. » Apprenant que ces religieuses se dévouaient à l'enseignement, Mélanie se dit à elle-même vivement : « Mais je n'aurai jamais la patience de vivre avec les enfants. » Elle répondit à son directeur que peut-être, comme sœur converse, elle y pourrait réussir ; qu'elle aimait, du reste, grandement les humbles fonctions de ces sœurs-là ; mais que, pour l'éducation, elle ne croyait pas pouvoir donner son consentement. « A quoi pensez-vous ? » lui écrit aussitôt M. Archanger, « vous avez une mission à remplir au couvent des Ursulines de Blois ; vous y êtes vraiment appelée par le ciel. » Et le digne prêtre, plein d'austérité pour elle quand il lui parle, et sobre peut-être plus que de mesure à lui faire

entendre des éloges, croit devoir lui dire cette fois :
« Ce que je connais de vos talents, de la distinction
de vos manières, et de toute votre personne, m'assure que vous rendrez de grands services à la maison. Ne me parlez plus d'être sœur converse. » Il
écrivait en même temps à la Supérieure des Ursulines : « Ma pensée comme celle de M. Bouleau
est depuis longtemps que Dieu qui l'a douée d'une
âme ardente et d'une volonté forte, a voulu par là
la rendre propre à faire beaucoup pour sa gloire et
votre Communauté. »

M. Archanger demanda avec insistance à Mélanie de réfléchir sérieusement sur sa proposition.
« Vous serez plus agréable à Dieu, » lui dit-il dans
une de ses lettres, « étant à Blois que partout ailleurs ;
et ce qui me fait vous engager à y aller, ce sont précisément les raisons que vous m'alléguez, les besoins
de la maison de Blois, les besoins de la ville entière
sous le rapport de l'éducation chrétienne des jeunes personnes. »

Mélanie tenait à être sœur converse, et c'est au
Carmel qu'il lui semblait doux d'aller chercher les
ravissements de l'humilité dans les emplois vulgaires de cette condition. M. Archanger n'entend pas
que sa pénitente préfère même la touchante auréole de l'humilité à la volonté de Dieu qui veut
faire d'elle un instrument de sa gloire. Il voit là une

tentation du démon, du moins si elle s'obstine ; et il lui écrit : « Je suis convaincu que les idées qui vous viennent d'entrer au Carmel sont une suggestion de satan... L'ennemi veut vous faire perdre de vue le but que vous poursuivez depuis si longtemps, et que vous paraissez sur le point d'atteindre... Savez-vous ce qu'il ferait s'il parvenait à vous détourner de Sainte-Ursule ? Il trouverait aussitôt mille prétextes pour vous détourner du Carmel. Cet ordre ne vous convient pas. » Il lui dit encore : « Vous vous effrayez de l'enseignement auquel vous serez appliquée ; et encore là vous avez tort. Vous avez pour l'enseignement plus d'aptitude que vous ne pensez. La patience viendra en son temps ; et vous serez initiée là-bas à des méthodes qui simplifieront ce qui peut vous paraître aujourd'hui embrouillé à faire peur. » En ce dernier point, le vénérable directeur se trompait. Mélanie devait rajeunir les vieilles méthodes loin d'en bénéficier, et donner aux études un élan et une étendue inconnus jusqu'à elle.

M. l'abbé Bouleau, vicaire de Notre-Dame de Mayenne, parlait dans le même sens à Mélanie. Elle prit l'avis de M. Pellier, son premier confesseur, de M. l'abbé Gougis, son parrain, directeur à cette époque au grand séminaire d'Angers, et se résolut, puisque les interprètes de la volonté de Dieu

CHAPITRE TROISIÈME

auprès de son âme le lui demandaient, à entrer au monastère des Ursulines de Blois. Il fut arrêté qu'elle partirait au mois de mars 1839. Elle écrivit aussitôt à la Supérieure qui lui répondit par une lettre assez froide. Mélanie, s'attendant à un accueil aimable fut un peu attristée. M. Archanger s'efforça de la consoler; et, dès que l'occasion se présenta, Mélanie écrivit de nouveau à Blois comme si rien n'était arrivé, avec des termes pleins de politesse et d'affection.

Le moment du départ approchant, Mélanie avertit sa famille. Les larmes coulèrent. C'est ce qu'il y a de plus difficile à vaincre. Les obstacles qu'on oppose, les persécutions mêmes qu'on pourrait subir, ne sont rien en quelque sorte auprès de ces scènes du cœur. On nous écrit à ce sujet : « Pour comprendre avec quelle générosité elle se donnait à Dieu, et quel était l'esprit qui la conduisait, il faudrait savoir la vivacité de l'affection qu'elle portait à sa famille. »

M. Archanger, qui la connaissait, lui adressa souvent pour la fortifier des paroles pleines de sagesse comme celles-ci : « Vous allez avoir à pratiquer chaque jour plusieurs fois le renoncement aux affections les plus douces, vous élever au-dessus de la nature, vous exercer de longue main à rompre quand le temps sera venu... Combats pénibles!...

Prenez la résolution de ne jamais arrêter volontairement votre pensée sur la douleur que la seule idée de la séparation vous fait éprouver par avance; de ne jamais engager la conversation sur cette matière avec vos sœurs, ni personne... Votre cœur parfois sera plein... si plein, qu'il aura besoin de s'épancher... que ce soit à Marie, à Jésus, à votre confesseur. »

Comme si les larmes qui ne cessaient de couler dans l'intérieur de cette famille désolée n'eussent pas torturé suffisamment Mélanie, on lui faisait mille objections. Elle écrit à M. Archanger qui lui répond : « Ç'a été de tout temps notre sort que nos ennemis les plus redoutables, quand nous voulons sérieusement nous donner à Dieu, ont toujours été ceux que la nature et les liens du sang semblent devoir rendre les amis les plus dévoués à nos intérêts. » Et reprenant une à une les objections qu'on avait faites à sa pénitente, il écrit : « On vous dit que celles qui ont commencé et qui sont revenues, comme vous aussi se croyaient certaines. Je réponds : Si elles étaient certaines alors, elles ont encore aujourd'hui une bien triste certitude, celle d'avoir été appelées, et de n'avoir pas obéi à la grâce de leur vocation. Si elles n'étaient pas certaines, qu'en conclure, et que vous fait leur exemple? J'ose assurer que votre vocation a tous les caractères d'une vocation divine. Laissez dire... toutefois tenez-vous sur vos gardes... Allez où Dieu vous appelle; n'écoutez pas la voix de la chair et du sang... Que votre cœur ne s'étonne pas des combats que vous éprouvez. » — « On vous objecte : Vous sentez trop vivement, pour que vous sentiez toujours de même. Et moi aussi je le dis; mais en même temps je crois que vous pensez trop sainement pour ne pas penser toujours de même. Vous voyez que je ne fais pas dépendre votre persévérance des affections de votre cœur, mais des convictions de votre esprit. »

Mélanie devait quitter sa famille au mois de mars. Différents obstacles l'obligèrent à ajourner son départ au mois d'août. C'était un prolongement de souffrance et presque d'agonie. Son directeur s'efforce de la consoler en apprenant ce sursis, et il l'exhorte à être courageuse à mesure que le grand moment approche. « Le temps des épreuves et des combats approche; mais pourquoi dites-vous : et aussi des humiliations ? Ne pouvez-vous pas dire : et aussi du triomphe ? Un combat, quand il est terminé par une défaite, est une source de honte; mais n'est-il pas une source de gloire, quand on en sort victorieux, quelques blessures que l'on ait d'ailleurs reçues ? Ces blessures ne prouvent qu'une chose, l'opiniâtreté de la résistance, et les efforts désespérés de l'ennemi vaincu. »

Le mois d'août arrivé, il lui fallut encore ajourner son départ au mois d'octobre. Des motifs graves l'y obligeaient. Elle en fut un peu consolée à la pensée qu'ainsi M. l'abbé Gougis, son parrain, qui ne serait libre qu'à cette époque, pourrait l'accompagner jusqu'au couvent. Elle tenait à être présentée par lui aux Ursulines. M. Archanger lui écrit, le 7 août 1839 : « Dans six semaines cette épreuve sera passée. » Et, le 23 du même mois : « Je suis avec vous pendant vos préparatifs de départ. J'y serai pendant le voyage. » Et prévoyant tout ce qu'elle va éprouver en arrivant au monastère, il lève un tout petit coin du voile jusque-là abaissé sur cette sainte maison habitée par la vertu, mais austère et très-pauvre : « Au couvent tout ira bien moyennant une condition : être humble... Ce qui vous paraîtra nouveau, étrange, bizarre, ne le condamnez ni dans les personnes, ni dans les choses. Souvenez-vous de la simplicité du petit enfant, et tout ira pour le mieux. »

Quelques jours avant le départ, Mélanie lui déclare avec naïveté combien son cœur est bouleversé. Il répond par ces paroles martiales qui allaient bien au caractère généreux de Mélanie, et qui, sans briser sa vive sensibilité, lui faisaient prendre un autre cours : « Ce n'est pas en pleurant sur ses armes que le soldat se prépare à la bataille ; mais de loin déjà il insulte l'ennemi, et le défie au combat. Faites de même. » Et il ajoutait pour son cœur : « Ne jamais penser volontairement aux jouissances que vous quittez, car ce serait vous exposer à les regretter ; mais dites simplement : Mon Dieu, vous l'avez voulu, et j'ai obéi. »

Le 19 octobre au soir, Mélanie, prétextant un voyage de quelques semaines, partit pour Blois, accompagnée de son oncle. Ni M. Boutros, ni ses deux sœurs, ni elle n'eussent pu supporter la scène des adieux. La mère Sainte Claire, en racontant, dans les dernières années de sa vie, ce voyage dont le souvenir resta toujours si vivement imprimé au fond de son âme, disait : « La pensée d'être sœur converse chez les Ursulines me revint. J'en parlai à mon oncle durant la route ; mais il ne voulut pas m'entendre. Que j'en étais triste! Il me dit qu'il fallait savoir rendre au bon Dieu ce qu'on en avait reçu, et que si je me présentais en qualité de sœur converse, je regretterais peut-être cette démarche quinze jours après l'avoir faite. Je ne répondis rien sur le moment ; mais, en moi-même, je pensais qu'il serait possible de me déguiser en ouvrière et de m'offrir comme telle. Il est vrai que je ne savais guère travailler ; toutefois, il me semblait qu'avec de la bonne volonté j'y arriverais facilement. Je revins donc sur ce sujet, en causant avec mon oncle, et lui parlai de mon idée de changement de costume. Mais il me fut répondu qu'il y aurait là un véritable mensonge d'action, que d'ailleurs la communauté était prévenue de l'arrivée d'une postulante de chœur. Je me résignai. »

Les voyages alors ne se faisaient pas rapidement comme aujourd'hui. Ils n'arrivèrent à Blois qu'au bout de deux jours, le 21 octobre 1839.

CHAPITRE QUATRIÈME

Le monastère des Ursulines se relevait péniblement de ses ruines. — Glorieuse pauvreté et mâle vertu des religieuses. — Le pensionnat est peu fréquenté. — Impression douloureuse de Mélanie. — On l'emploie aux classes pauvres. — Douce fermeté. — Ses premiers succès. — Découragements passagers. — M. de Belot. — Mélanie à l'externat. — Sa retraite de prise d'habit; ses résolutions. — Le 21 novembre 1840. — Ineffables consolations.

La Révolution à Blois expulsa les Ursulines de leur monastère le 1er octobre 1792. Malgré l'admirable courage des mères survivantes qui se réunirent dès l'année 1803, le couvent des filles de Sainte Angèle se releva péniblement de ses ruines. Habitation misérable, pauvreté extrême, élèves rares, et presque point de vocations, tel fut, pendant longtemps, l'état de cette sainte maison. En 1818, il n'y avait que sept religieuses de chœur parmi lesquelles la mère Providence et la mère Sainte Ursule.

Au temps de leur détresse, les Ursulines trouvèrent un affectueux appui dans les différents prêtres qui administrèrent successivement la paroisse de Saint-Louis. Ces vénérables ecclésiastiques leur donnèrent jusqu'à du pain dans des jours de grande disette. Par de généreux sacrifices, ils parvinrent à rendre un peu plus habitable leur malheureux réduit. Cependant ces dispositions meilleures du couvent furent toujours loin d'en faire un château, à moins peut-être que ce ne fût le château de la pauvreté. Les élèves n'y venaient, malgré tout, qu'en très petit nombre. En 1837, on comptait seulement quatre pensionnaires, quelques demi-pensionnaires et externes, en tout dix-huit à vingt enfants.

Il y avait dans ce couvent, on le devine sans peine, de grandes vertus (1). Mais parmi les religieuses qui l'habitaient en 1839, plusieurs n'avaient guère eu ni le temps ni le goût d'apprendre les manières distinguées, et de cultiver beaucoup leur esprit, au milieu des larmes et du sang qui ruisselaient dans toute la France, à l'époque de leur jeunesse. L'atticisme était d'un médiocre intérêt en face de l'échafaud. Plus tard la mère Sainte Claire faisait de l'une d'elles un portrait fort ressemblant, et qui, avec des nuances diverses, peut donner une idée de la physionomie d'un certain nombre : « L'écorce est amère, quelquefois peu agréable, mais le fond est très-religieux et le cœur excellent. » Quant aux plus jeunes sœurs, elles avaient eu à souffrir également dans leur éducation par suite de la désorganisation des congrégations enseignantes. De là

---

(1) Des choses admirables sont racontées à ce sujet par M. l'abbé Richaudeau dans son ouvrage : *Les Ursulines de Blois*.

résultait en ces saintes personnes une austère bonté.

Pour l'enseignement donné aux classes, il n'avait pas une grande étendue. On se bornait à tout ce qu'il y a de plus élémentaire, et encore pour cela on avait recours à deux professeurs. M. Godeau enseignait le calcul et M. Dezairs, par dévouement pour les Ursulines, donnait des leçons d'écriture. Les élèves, comme on l'a déjà dit, avaient été toujours peu nombreuses, sauf dans les classes pauvres. Au moment de l'entrée de Mélanie, on comptait douze pensionnaires. L'année précédente, il n'y en avait pas eu une seule.

Enfin, le petit monastère, loin d'être gâté au point de vue spirituel, n'avait pas même de prêtre qui lui fût spécialement attaché. Les ecclésiastiques de la ville avaient la charité d'entendre les confessions des religieuses, et un vicaire de la paroisse s'occupait des enfants. Il arrivait maintes fois à la communauté d'être privée plusieurs jours dans la semaine de la sainte messe.

Mélanie s'attendait à trouver les choses toutes différentes. Quand elle mit le pied dans cette maison délabrée, son cœur se serra. Ces vieux murs dégradés offraient un aspect presque navrant. On ne pouvait faire, il est vrai, faute de ressources, les réparations nécessaires pour les entretenir dans un état de propreté suffisante. La vue des religieuses l'attrista plus encore peut-être. Ce n'était pas la vertu sous les formes si gracieuses qu'elle avait rêvées. Le petit nombre d'élèves lui fit une fâcheuse expression. Cependant elle sut prendre sur elle-même afin de ne rien laisser voir du trouble qui commençait à agiter son âme.

Elle parla à la mère Supérieure avec beaucoup de calme. Son oncle, également contristé, se contint comme elle. On la mena avec lui voir en détail la maison ; ce qui ne fit qu'ouvrir davantage la plaie de son âme. Elle visita les élèves et conversa avec toutes les religieuses. Sa parfaite distinction, son air affable furent remarqués de tout le monde. On sentit instinctivement que l'entrée de cette novice était pour la maison un précieux événement.

M. l'abbé Gougis prit alors congé de sa nièce. Quand Mélanie vit la porte se refermer et se sentit seule, les larmes la gagnèrent. Pour toute consolation, elle eut ces mots de la mère supérieure qui était une âme forte et ne comprenait pas ces accès de sensibilité : « Mettez donc toutes vos larmes dans votre cabas, et descendez en récréation. » Mélanie s'exécuta, alla sourire à tout le monde, au lieu de pleurer, quand son cœur étouffait d'émotion ; puis, déposant ses habits du monde, sa robe de gros de Naples, son châle de dentelle noire, sa capote de satin rose avec plume blanche, c'était alors le costume à la mode, elle prit des vêtements plus en rapport avec sa qualité de postulante.

Après ce moment si pénible pour Mélanie, on l'appela afin de la faire lire et de lui dicter quelques lignes d'orthographe. On lui demanda aussi un peu d'analyse grammaticale. « Est-il vrai qu'on a besoin de connaître si je sais lire et écrire, » se demandait Mélanie, toute troublée.... « Mais où suis-je ?... Dans quel pays me voilà... » Elle fit, pour l'extérieur du moins, avec la meilleure grâce du monde ce qu'on lui demanda. Mais ce dernier trait mit le comble à sa désolation.

Au bout de quelques jours elle se sentit décidément dépaysée. Ce passage du monde à la vie religieuse est presque toujours rempli d'émotions de ce genre. Mais l'austérité que Mélanie rencontrait dans les choses et dans les personnes, cette mâle vertu sous des dehors peu faits pour séduire, transformait ce trouble en véritables angoisses. Elle n'y tenait plus. Dieu seul put calmer sa peine, et la retenir là où il lui préparait une mission.

Une diversion heureuse lui fut bientôt accordée. On l'employa aux classes gratuites. Le don de réussir auprès des enfants n'est pas accordé à tout le monde, et la plus grande vertu elle-même ne le possède pas toujours. C'était le cas d'uue vénérable mère ancienne qui se donnait une peine extrême, et ne pouvait arriver à tenir la classe des pauvres. A la fin, elle semblait avoir renoncé à obtenir le calme et le silence nécessaires au bon ordre. C'est pour aider cette mère que la postulante fut envoyée. Mélanie trouva, en effet, la classe sens dessus dessous. Chacune s'amusait, causait, riait : on eût dit une véritable récréation. Les enfants, apercevant leur nouvelle maîtresse, se mettent aussitôt à examiner son attitude ; et, pour mieux voir, elles grimpent les unes sur un banc, les autres sur une table. Notre postulante traverse la salle, arrive à sa place et promène un regard étonné sur ce petit monde en émoi ; puis, avisant une petite fille debout sur une table : » « *Mon enfant ?* » lui dit-elle, « *restez là !* » Ces paroles produisirent leur effet ; et chacune, dans la crainte d'un commandement semblable, se hâta de rentrer dans le devoir. Cet acte d'autorité suffit aux enfants pour leur faire connaître à quelle maîtresse on venait de les confier ; aussi tout mouvement et toute agitation cessaient-ils dans la classe dès qu'on apercevait Mlle Boutros. Sa douce fermeté eut rarement besoin de recourir aux punitions. Gagner les cœurs pour les donner à Dieu fut l'idéal qu'elle poursuivit toute sa vie. C'est pourquoi on la vit toujours pleine d'affection pour ces enfants, s'occuper de leurs besoins et de ceux de leur famille avec une sollicitude maternelle. La bonne mère ancienne ne tarda pas à s'apercevoir des succès obtenus par sa jeune adjointe; et, avec une profonde humilité, elle lui exprima son étonnement et son admiration.

Le bien que Mélanie faisait aux classes pauvres était donc une douce diversion à sa peine. Mais il lui fallait la retrouver aux instants de la vie en communauté. Peu à peu cependant elle faisait, sous l'impulsion de la grâce, son sacrifice et s'appliquait presque gaiement à vaincre ses répugnances vis-à-vis de la forme et des manières; mais il lui fallait s'assouplir à la direction austère qui lui était donnée, et cela était pour elle extrêmement difficile. Le grand côté sous lequel il importe de montrer une infinité de petites choses, pour les faire pratiquer, ne lui était pas assez indiqué. Mélanie passait ainsi de temps en temps sur ces points de détail. Elle en était toujours vivement reprise par ces excellentes mères qui ne savaient peut-être pas tenir assez compte des difficultés qu'elle rencontrait dans un milieu si différent du sien. De là pour elle une source de tentations. Habituée à trouver tant de douceur dans sa famille, son cœur faisait souvent le voyage de Mayenne; et ses larmes de chaque instant, se joignant au souvenir de toutes ces tendresses pour elle évanouies, formaient des orages qui éclataient la nuit dans de douloureuses insomnies. Alors la grâce de sa vocation perdait de sa lumière : « Je n'aurai pas le courage de persévérer dans cette voie, » s'écriait-elle souvent. La tentation de quitter le couvent lui vint fréquemment, fortifiée par ce que lui disaient des ecclésiastiques distingués qui ne pouvaient s'empêcher de voir des fondements réels à sa peine, et n'avaient pas reçu de Dieu le don de l'en consoler. Elle raconte elle-même la chose. « L'un d'eux me dit un jour : Ma pauvre enfant, où êtes-vous donc tombée ? Mais vous perdez votre temps ici ! Vous n'aviez pas reçu une si belle éducation pour venir l'enfouir dans cette maison pleine de vertus, mais dénuée de ressources; vous feriez plus de bien ailleurs. Un autre me tenait à peu près le même langage : Mon enfant, vous vous êtes trompée; vous n'étiez pas faite pour ce couvent; vous y êtes tombée comme dans un puits. Mais puisque vous y êtes, il faut y rester... Quelle consolation ! pensais-je. » Rien ne manquait donc aux épreuves de Mélanie.

Un homme de Dieu heureusement dirigeait à cette époque les Ursulines, M. de Belot, de si vénérée mémoire. Comprenant Mélanie et devinant que l'avenir de la communauté était dans les mains de cette personne distinguée et pleine de talents, ce prêtre aux vues élevées ne négligea rien pour la consoler, la calmer, tout en ayant à son égard la main très ferme, et en exigeant d'elle avec une étonnante vigueur l'application des principes de la vie religieuse. Mélanie lui disait tous ses chagrins : « J'ai tant de peine à me faire à ces gros bons cœurs ! » Le confesseur plein de sagesse trouvait toujours le moyen de l'amener à se vaincre en cela comme en toute chose ; et il maniait savamment dans cette âme le ressort de la générosité. La postulante raconte comment, après chaque orage soulevé par des inquiétudes sur sa vocation, elle revenait à son train de vie ordinaire et continuait à espérer d'être Ursuline : « Au milieu de tant de douleurs, » écrit-elle, « je n'avais d'autre ressource que d'attendre la manifestation de la volonté de Dieu par la voix des supérieurs ; j'attendis et je demeurai certaine que Notre-Seigneur me voulait bien là où j'étais, puisque nulle part, peut-être, je n'aurais eu à faire tant de renoncements dont chacun m'attachait davantage à cette chère Communauté. »

Vers le mois de mai de l'année 1840, Mélanie fut appelée à l'externat, où l'on pensait, à juste titre, qu'elle ferait un meilleur emploi de ses talents. La Mère chargée des écoles pauvres en fut attristée.

Elle ne put s'empêcher de témoigner sa peine à la mère supérieure d'une façon assez naïve. Mélanie, qui entendit ses paroles, en rit beaucoup ; et c'est elle-même qui les a racontées. « Vraiment, ma mère, dit la religieuse à sa supérieure, je suis bien mal partagée aux classes ; on me donne une postulante ; je la dégrossis, et elle fait des merveilles ; mais, juste au moment où je vais goûter le fruit de mes peines, on me la retire ! » Les enfants pauvres surtout furent désolées de voir Mélanie les quitter, et elles en versèrent des larmes.

La postulante se distingua dans son nouvel emploi. Elle dut travailler beaucoup, et ne faire que bien peu de chose pour la culture de son âme ; les préoccupations d'une débutante dans la vie si laborieuse de l'enseignement s'y opposaient. Il lui restait donc une foule de choses moins parfaites qui eussent été des vertus dans le monde, et dont elle sentait qu'il lui fallait se dépouiller en religion. C'était sa peine. « Rien ne correspond jusqu'ici, » disait-elle, « à la pensée qui m'a amenée ici. Je ne trouve pas la formation que j'avais attendue ; les secours, les encouragements, les exercices qui répandent l'onction sur la difficile tâche de l'éducation me manquent en partie ; et la déception qui m'est venue dans l'âme à mon entrée ne fait que s'accroître. » Son confesseur lui insinua délicatement que cet

CHAPITRE QUATRIÈME

état de choses était exceptionnel, et tenait à la difficulté des commencements d'une œuvre qui allait finir par prendre son essor. Il lui dit un jour : « Prenez-en donc votre parti une bonne fois et bravement ; Notre-Seigneur suppléera à tout. » Et le mois de novembre arrivé, il lui dit : « On vous invite à vous préparer à recevoir l'habit et à commencer votre noviciat. Obéissez, mon enfant. » Mélanie, attirée secrètement par Dieu, répondit à l'appel qui lui était fait, et entra en retraite le 15 novembre de l'année 1840.

Ce fut une retraite toute de bonheur, de joie, de lumières. La grâce de Dieu y fut très abondante. De longue années après, Mélanie, devenue mère Sainte Claire, s'écriait avec émotion : « J'étais si heureuse, si consolée pendant ma retraite de prise d'habit ! Cette transformation qui allait s'opérer dans mon extérieur était pour moi un vrai ravissement. » Voici, en abrégé, les résolutions qu'elle prit.

« A tout prix, je veux acquérir la pureté d'intention. J'agirai absolument comme si j'étais seule au monde avec Dieu seul. A cette fin :

« Je me surprendrai dans mes pensées, mes paroles, mes études, et je me demanderai quel est mon but en faisant cette étude, en disant cette parole, en ayant cette pensée. Si ce but n'est pas Dieu seul, je le repousserai vigoureusement.

« Je fermerai entièrement les yeux sur la conduite, le caractère, les défauts du prochain; et sur ce que je n'aurai pu m'empêcher de remarquer, je m'interdirai absolument toute réflexion et toute parole.

« J'observerai scrupuleusement le silence, et je ne me passerai pas la plus légère infraction à cette loi.

« Je combattrai avec courage l'orgueil qui me domine, et si je ne suis pas assez généreuse pour désirer les humiliations, du moins je ne les fuirai plus. J'éviterai avec soin tout ce qui peut alimenter l'amour de moi-même, je ne rechercherai ni la louange, ni l'affection des créatures; mais je m'appliquerai à acquérir la vertu de renoncement et d'abnégation... l'esprit de sacrifice et de dépouillement absolu. »

Les traces de la grâce sont ici bien visibles. La postulante pria son confesseur M. de Belot de mettre son sceau à ces résolutions. Et l'homme de Dieu écrivit au bas ces lignes : « Ces résolutions sont réellement le fruit de la grâce. Il vous faudra faire des efforts pour les observer, des efforts généreux pour y revenir quand vous n'aurez pas été fidèle. Attendez-vous à faire des faux pas; mais soyez fortement résolue à vous relever de suite, sans trouble, ni découragement, mais avec une grande défiance de vous-même et une plus grande confiance en Dieu. »

La cérémonie de vêture se fit le 21 novembre, fête de la Présentation de la sainte Vierge. Mélanie passa, on peut le dire, ce jour dans le ciel. Vingt ans après, ce parfum de joie divine était encore intact dans son âme, et elle écrivait au P. Bouleau : « Jamais de ma vie je n'ai été, ni ne pourai être plus heureuse qu'au moment où, dépouillant les livrées du siècle, je me vis enveloppée d'un vêtement consacré par les prières de l'Eglise, et destiné à me rappeler sans cesse ma sublime vocation que j'aime, je crois, de plus en plus. » Sur la fin de sa vie, elle racontait aussi avec candeur que la nuit qui suivit cette fête, pour elle incomparable, où on lui avait donné la belle parure de l'Ursuline, elle attendait bien impatiemment l'heure du lever pour reprendre cet habit bénit par la main de l'Eglise. Et elle assurait que depuis, tous les jours, elle s'en était revêtue avec un nouveau bonheur.

Mélanie demanda à s'appeler Claire, du nom de sa sœur qu'elle aimait si tendrement.

CHAPITRE CINQUIÈME

Le noviciat. — Souffrances de la sœur Sainte Claire. — Les travaux à l'externat. — Bonté pour les enfants. — La sœur Sainte Claire au premier pensionnat. — Tentations. — Elle fait d'elle-même à Notre-Seigneur une donation anticipée. — Résolutions d'abnégation. — Ses mortifications, son obéissance. — La sœur Sainte Claire répand autour d'elle la plus douce allégresse.

Le noviciat est le berceau de l'enfance religieuse. La guerre y est ouverte entre la grâce et la nature ; mais les faveurs du ciel qui pleuvent sur ce lieu y rendent la vie paisible, pleine d'un charme tranquille. Et, sous la main de guides d'une énergie trempée dans la douceur, l'amour du sacrifice fleurit à son aise dans l'âme pour donner plus tard tous les fruits de l'héroïque abnégation.

Dans ce pieux monastère aux prises avec la pauvreté, constamment en souffrance, toujours un peu à l'état de formation, la sœur Sainte Claire ne devait trouver ni cette paix complète, ni cette direction suave. Il est vrai que, au sein du repos, dans le calme de la méditation, et d'une occupation paisible elle eût rencontré auprès de Dieu ce qui pouvait lui manquer du côté de la terre ; mais il ne fallait pas compter sur cela. On sentait au bien déjà opéré par elle durant le postulat, le vide immense qui se produirait, si, pour lui laisser la tranquillité que demande la formation à la vie religieuse, on l'enlevait aux classes. Elle dut reprendre sa tâche à l'externat, quelques jours après sa vêture ; et à mesure qu'elle allait, se rendant de plus en plus utile, elle se trouva accablée de travaux. Cet état mit l'âme de la sœur Sainte Claire dans de grandes souffrances, et ce fut pour elle comme auparavant une source de tentations pénibles contre sa vocation. « Je n'ai pas compris de la sorte la vie religieuse, » se disait-elle, « et, ne trouvant pas ce que j'avais à tort ou à raison espéré, combien je souffre d'être si souvent agitée par la pensée de me retirer. »

La sœur Sainte Claire faisait le plus grand bien à l'externat. En instruisant solidement ses petites filles, elle laissait éclater en toute occasion sa bonté de cœur pour elles. Des traits touchants en grand nombre seraient ici à enregistrer. En voici un. Il se trouvait à la classe une petite fille de cinq ans qui souffrait d'un mal aussi gênant pour les personnes placées près d'elle que pour elle-même. C'était une insupportable odeur que lui faisait exhaler la carie dentaire. Ses compagnes s'éloignaient d'elle, et la pauvre enfant était bien affligée. La sœur Sainte Claire s'attacha de suite à cette petite délaissée. Elle s'en occupait avec une particulière affection, lui prodiguant ses caresses, la prenant sur ses genoux. Les enfants finirent par être touchées de ce que faisait leur maîtresse, et bientôt la pauvre infortunée devint l'objet des égards et des attentions de toutes. Le bon Dieu lui-même en fut touché ; et à son tour, prenant en pitié et cette souffrance et cette douce tendresse, il guérit la petite infirme.

Tandis que la sœur Sainte Claire travaillait au bien des enfants à l'externat, Dieu donna à la Communauté, comme supérieur, M. l'abbé Morisset. Ce fut une de ses plus précieuses bénédictions pour la chère maison. Ce prêtre éminent s'occupa aussitôt d'une chose qui réclamait ses soins. Les Ursulines jusqu'ici avaient divisé leurs classes en deux parties. Dans l'une étaient les enfants pauvres ; dans l'autre se trouvaient mêlées indistinctement les jeunes filles de nobles familles et celles qui appartenaient à des parents d'une condition inférieure. A cause des exigences de la vie pour les unes comme pour les autres, on comprenait qu'une même éducation ne pouvait leur être donnée. Mais on attendait que les circonstances permissent d'obvier à cet inconvénient. M. l'abbé Morisset qui saisissait mieux que personne les avantages de cette mesure, voyant que, en opérant la séparation, on aurait encore de part et d'autre un nombre suffisant d'élèves, se décida à donner suite au projet. Le premier pensionnat compta aussitôt vingt et une élèves. Une maîtresse distinguée était nécessaire. La sœur Sainte Claire fut choisie. Le travail alors augmenta pour elle. Une éducation plus élevée exigeait des leçons préparées avec plus de soin. Elle ne voulut rien négliger. Ayant été élevée au Calvaire d'Angers, elle se rappelait les usages et la direction de cette maison, à laquelle toujours elle conserva un véritable attachement. Sous l'influence de ces souvenirs, elle fit un très beau plan de leçons et de travaux. « Nous avons encore, » dit la Supérieure du couvent, « une prodigieuse quantité de cahiers écrits par elle : leçons de grammaire, qui servirent durant bien des années aux meilleures maîtresses ; devoirs d'instruction religieuse, par demandes et par réponses, qui sont très précieux encore actuellement malgré les ressources qu'on a en ce genre. » Aucune peine ne lui paraissait trop grande pour atteindre le but qu'elle se proposait, et elle donnait ses leçons d'une manière si intéressante qu'on était forcé d'aimer ce qu'elle enseignait, selon l'expression même de l'une de ses premières élèves.

Déjà, à son insu, elle exerçait une influence salutaire sur les religieuses qui partageaient avec elle le pénible labeur de l'enseignement. « Son conseil était le meilleur, » nous disent ses anciennes compagnes ; « sa manière de voir la plus judicieuse ;

son action la plus efficace ; et l'on entendait souvent ces paroles sortir de la bouche des religieuses employées avec elle : Qu'en dit sœur Sainte Claire ? Que fait sœur Sainte Claire ? Je demanderai à sœur Sainte Claire ce qu'elle en pense. »

Insensiblement, le pensionnat reprit la vie. Le nombre des enfants augmenta ; le premier local devint insuffisant, et il fallut consacrer aux pensionnaires la partie réservée aux externes. Celles-ci occupèrent alors la classe des enfants pauvres qui, à leur tour, furent établies dans d'autres pièces.

Sous l'inspiration de la sœur Sainte Claire, différentes petites réformes furent opérées. Des habitudes un peu surannées firent place à quelque chose de plus en harmonie avec les besoins de la nouvelle génération. Mais la sœur Sainte Claire avait surtout en vue une sérieuse éducation. La coutume était, afin d'attirer l'attention des familles, de faire exécuter, pour l'époque de la distribution des prix, des travaux d'aiguille et de calligraphie. Ces ornements, dont l'exécution malheureusement n'était jamais bien parfaite, demandaient un temps considérable pris sur les études, sans enrichir beaucoup l'esprit de connaissances utiles. La sœur Sainte Claire sut habilement retrancher cet usage. « Les enfants, » disait-elle, avec son bon sens supérieur, « par leur tenue et leur esprit cultivé feront infiniment mieux goûter la maison que par ces travaux. » Les études alors devinrent réellement florissantes.

Avec de telles occupations, on le comprend sans peine, la sœur Sainte Claire ne pouvait faire que difficilement son noviciat. Elle le constate dans ses notes ; et plus tard elle le disait avec humilité, et ajoutait : « Tout contribuait à l'ébranlement de cette chère vocation ; notre excellente maîtresse des novices était, de son côté, si absorbée par des soins d'une autre nature, qu'à peine trouvait-elle le temps de nous lire nos saintes règles à de rares intervalles. » Mais la grâce, au défaut des moyens extérieurs, travaillait son âme. Aux prises avec elle-même, on voit qu'elle veut à toute force se défaire de différentes choses qu'elle a apportées du monde : « La répulsion instinctive de ce qui répugne, les vues naturelles, le besoin de parler. » Elle s'y prend à chaque instant ; les insuccès l'attristent ; mais elle tient bon et recommence. Elle se surveille de très près. Nous trouvons dans ses notes des lignes comme celles-ci : « Je veux fuir tout ce qui peut alimenter l'amour de moi-même. » — « Je reconnais en moi quelque chose de trop mondain, même extérieurement ; une gaieté trop enjouée, hélas ! quelquefois piquante ; un je ne sais quoi qui peut passer dans le monde, mais qui est déplacé dans une personne consacrée à Dieu. »

En même temps que Notre-Seigneur, M. de Belot, son vénérable confesseur, l'aidait beaucoup. Il ne la flattait pas; et, tout en embaumant dans la douceur sa sainte sévérité, il lui apprenait, sans précautions oratoires, à mourir à elle-même. Dès le commencement frappé, on l'a déjà dit, de l'intelligence et de la distinction de cette jeune personne, il pensait avec raison que de si belles espérances se réaliseraient d'autant mieux qu'elles seraient alimentées par l'abnégation la plus complète. Il ne négligeait donc aucune occasion de l'exercer dans la pratique dure et âpre de cette vertu. Connaissant l'affection qu'elle avait pour sa famille, un jour il lui demanda des nouvelles de ses sœurs. « Ah! mon Père, » lui fut-il répondu, « je n'y tiens plus; on vient de me remettre une lettre, mais en me défendant de la lire avant ce soir !... » La pauvre enfant s'attendait sans doute à quelques paroles de commisération ; peut-être à un blâme indirect de cette rigueur intempestive. Mais le zélé directeur n'entendait pas que l'on pactisât avec les faiblesses de la nature. Il loua donc hautement la conduite des supérieures, et, trouvant seulement qu'elles avaient été trop indulgentes, il ajourna à huitaine l'ouverture de la lettre. Ce fut pour la novice une peine très vive. Mais elle comprit que cela lui était profitable. Cette grande sensibilité la faisait trop souffrir. Elle sentait qu'il lui fallait aimer ce qu'elle avait laissé dans le monde d'un amour plus calme, moins sujet aux alarmes, plus confiant en Dieu. C'est sous cette inspiration qu'elle écrivit : « Il faut que je travaille à me détacher de cette affection si vive, si tendre, trop naturelle que je conserve encore pour ma famille. » Et il paraît vraiment que la chose ne lui était pas du tout facile, car son confesseur, la rencontrant un autre jour, aperçut auprès du crucifix que l'Ursuline porte sur sa poitrine un papier. « Quel est cet objet, » lui demanda-t-il? — « Mon père, » dit-elle en rougissant, « c'est encore une lettre que j'ai reçue ce matin. » — « Mon enfant, » reprit sévèrement M. de Belot, » vous ne devez plus laisser sur votre cœur que l'image de Jésus! » La sœur Sainte Claire s'exécuta aussitôt, et fit disparaître la trop chère lettre.

Cette vie de travail, de brisement continuel de sa volonté et de son cœur, sans l'adoucissement d'encouragements maternels, comme il lui en eût fallu, continuait de peser beaucoup à la sœur Sainte Claire. De temps en temps Jésus, se voilant à elle, achevait cette sorte de petit martyre. Alors apparaissait à cette âme, avec le découragement, l'image riante de ce qu'elle avait abandonné pour la vie religieuse. C'était sa grande souffrance ; elle savait que Dieu avait marqué là sa place ; mais elle ne comprenait pas comment Dieu pouvait vouloir qu'elle souffrît ainsi. Et la tentation de se retirer revenait toujours. Mais la novice réagit constamment dans ces occasions avec énergie contre elle-même. On le voit à ces notes écrites de sa main : « Je mettrai tous mes soins à oublier tout ce que j'ai laissé dans le monde de consolation et de jouissance. » Et encore : « Il faut que je me renonce entièrement. » Une de ses prières était celle-ci : « Mon Dieu, détachez-moi de tout. Détachez tout de moi. Attachez-vous à moi, et attachez-moi à vous. »

La sœur Sainte Claire n'eût pu tenir ses tentations cachées à son directeur. Elle lui en parlait. A son accent plein de larmes, l'homme de Dieu saisissait bien que, pour tout au monde, elle n'eût voulu renoncer à sa vocation. Il la calmait doucement, et bientôt elle savourait avec une joie plus grande que jamais cette pensée : « Dieu me veut à lui. » Un jour qu'elle lui exposait à son ordinaire ses perplexités, M. de Belot lui dit : « Vous êtes pour Notre-Seigneur, vous le savez bien. » Et la sœur pleurait de joie de ce que Notre-Seigneur voulait bien d'elle. Le directeur poursuivit : « Puisque vous êtes pour lui, ne croyez-vous pas que le plus tôt sera le meilleur? — Mon père, êtes-vous bien sûr que Notre-Seigneur me veut.... Ne me faites-vous pas verser en vain sur une espérance trop belle les larmes les plus douces de mon cœur... — Non, mon enfant... — Mais, mon père, ma répugnance pour la vie que je mène ici n'est-elle pas une preuve que Jésus ne veut pas de moi? Toute ma difficulté est là. — « Cette répugnance se changera en joie ; mon enfant, Notre-Seigneur vous demande. Obéissez. » La sœur Sainte Claire obéit ; et, avançant l'heure de sa donation d'elle-même, elle fit les trois vœux de religion, renouvelables tous les mois. Sa peine disparut et ne revint plus. Elle racontait plus tard qu'il lui en avait coûté beaucoup de croire son directeur, quand il lui avait dit que son extrême répugnance pour la vie qu'elle était obligée de mener alors n'était pas une preuve que Notre-Seigneur ne la voulait pas à lui ; et elle disait : « Malgré toute ma méchanceté, j'étais déjà fanatique de l'obéissance ; et la soumission en cette circonstance me fit croire à mon bonheur : celui d'avoir été choisie par Jésus pour lui appartenir à jamais. Je lui appartins à jamais. »

Dès ce jour, la paix s'établit dans son âme; plus de trouble ; elle devint une novice paisiblement appliquée à sa perfection, au milieu des distractions sans nombre de sa vie parmi des élèves; et elle fit tout constamment pour l'amour et la gloire de Dieu. Ses progrès apparaissent visiblement dans les notes qu'elle écrit à cette époque : « Pour mériter que Notre-Seigneur me donne l'humilité qui est le délicieux abri des vœux de religion, surtout du lis virginal, je ne veux plus fuir les humiliations. Il faut que je sente le prix des humiliations, et que je m'efforce d'en venir à les aimer, à les désirer, à les rechercher. » Elle écrit encore : « Je m'attacherai à dompter mon orgueil, à broyer ma volonté, à m'armer de courage pour faire violence à mes inclinations. » Ces mots respirent l'énergie. En voici d'autres non moins forts : « Je combattrai mes inclinations en tout; et, dès que je me sentirai de la répugnance pour telle personne ou pour telle chose, je m'y porterai avec empressement et générosité, afin d'apprendre à me vaincre, à me dominer entièrement. » C'est avec cette vigueur quelle traitait déjà son âme. Elle n'était pas plus tendre pour son corps. « Mon Dieu, » disait-elle souvent à Notre-Seigneur, « faites-moi donc concevoir une grande haine pour ce misérable corps. » Ici Notre-Seigneur l'exauça avec une extrême bonté.

Ses mortifications peu à peu atteignirent les proportions de celles qu'on voit pratiquer aux plus grands saints. Elle se sert déjà de rudes cilices, de disciplines et de ceintures de fer ; et dans quelques années, ces austérités prendront un accroissement extraordinaire. Il faut observer que, naturellement très impressionnable elle ressentait vivement les plus légères souffrances, et que sa constitution délicate était loin de lui adoucir la rigueur de ces sanglantes flagellations. Elle voulait par là dompter sa nature et attirer sur elle les grâces de Dieu.

La sœur Sainte Claire se disait, on vient de le voir, fanatique de l'obéissance. Nous ne pouvons trouver une autre manière d'exprimer l'ascendant prodigieux de l'obéissance sur son âme qu'en disant que cette vertu exerçait sur elle une sorte de pouvoir magique. C'était merveilleux de voir comme ses répugnances les plus invincibles venaient se briser contre ce mot : obéir ! Dieu le veut, pensait-elle ; il le faut bien ! Et son cœur dût-il éclater, elle se rendait sans hésiter une seule minute. M. Drouault, le frère de M. Archanger, qui l'avait fait venir chez les Ursulines de Blois, la visitait de temps en temps. La sœur Sainte Claire était consolée de s'entretenir un peu avec ce vénérable prêtre ; et la mère Supérieure trouvait bon de lui permettre de n'être pas accompagnée au parloir. Elle avait dit aussi à ce digne ecclésiastique de venir aussi souvent qu'il le souhaiterait, pour le bien de la novice, sans s'inquiéter de la règle dont elle était heureuse d'accorder dispense dans les circonstances présentes. Après un certain temps, M. l'abbé des Essarts, supérieur de la communauté, toucha avec délicatesse quelques mots à la sœur Sainte Claire sur ce privilège. C'était simplement, de la part du vicaire général, une bienveillante insinuation destinée à la préparer à faire, dans un avenir encore éloigné, le sacrifice de la permission qui lui était si chère. La sœur Sainte Claire n'était pas un cœur à se laisser vaincre en délicatesse, quand il s'agissait de l'obéissance. Elle répondit aussitôt à M. des Essarts : « Je saisis ce que l'obéissance me demande à travers votre bonté ; non, je ne verrai plus M. l'abbé Drouault qu'aux intervalles permis par l'usage de la maison, et cela avec une compagne. » La généreuse sœur tint parole. On allait entrer en carême ; elle profita de cette circonstance pour dire à M. Drouault que les usages monastiques interdisant les parloirs pendant ce temps consacré à la pénitence, il lui ferait plaisir de ne pas la venir voir. Elle ajouta qu'à l'avenir il voudrait bien trouver bon qu'elle fût accompagnée pour recevoir ses visites, parce que la règle le demandait.

Obéissance, austérités, peines intérieures, difficultés, tentations, fatigues de l'enseignement, la sœur Sainte Claire voilait tout cela sous les dehors les plus gais. Avec sa nature vive, expansive, généreuse, à la pensée que son entourage ne devait pas souffrir de ses douleurs, elle dominait tout, et ne laissait rien voir que la joie. On nous dit : « Ses peines n'étaient pas connues. Elle les déguisait sous la gaieté. » Et encore : «Le joyeux entrain qu'elle apportait à tout aurait pu faire croire qu'elle ne goûtait que des consolations. » Un jour, entrant à la récréation de la communauté avec une certaine impétuosité, elle annonçait d'une manière risiblement emphatique l'arrivée du noviciat. « Nous sommes l'espoir de la patrie. » Quel bruyant espoir ! lui fut-il répondu ; et chacun rit de bon cœur, la sœur Sainte Claire la première. Un autre jour, on devisait joyeusement dans la chambre du noviciat. La sœur Sainte Claire animait cette conversation charmante de ses traits d'esprit, lorsque tout à coup la porte s'ouvre, et M. de Belot paraît sur le seuil : « Sœur Sainte Claire, vous êtes bien dissipée, » dit-il en souriant à la vue de la figure épanouie de notre novice. Il aimait à arriver ainsi à l'improviste au milieu de ce jeune troupeau, afin de pouvoir se former un jugement sûr en prenant les natures sur le fait. Dans les récréations, il fût venu cent fois qu'il eût trouvé la même chose, toujours la sœur Sainte Claire doucement dissipée pour amuser ses sœurs et provoquer délicatement ces frais et discrets éclats de rire qui dilatent le cœur.

On voit par là que la sœur Sainte Claire était de ces rares natures qui portent gracieusement et avec aisance le faix de la tribulation. Elle ployait parfois sous ce fardeau, mais elle se redressait vite. Le fond de son caractère aimable et si charmant n'en fut aucunement altéré, et c'est ainsi que, au milieu des larmes dont ses compagnes n'étaient pas la cause, elle savait trouver pour les rendre heureuses des trésors d'allégresse.

CHAPITRE SIXIÈME

La sœur Sainte Claire prononce ses vœux le 18 janvier 1840. — Elle est résolue à ne vivre que pour la gloire de Dieu. — Son bonheur de se donner de la peine pour lui. — Caractère de ses leçons au pensionnat. — Ses catéchismes. — La sœur Sainte Claire servant comme une mère les enfants au réfectoire, et veillant la nuit sur leur sommeil. — Sa grande prévenance. — Confiance des enfants en elle. — L'éducation du cœur. — Elle apprend aux élèves à se vaincre. — Sa prédilection pour les offices humbles.

La sœur Sainte Claire fut appelée à prononcer ses vœux au commencement de l'année 1842. Déjà attachée par un lien secret à Notre-Seigneur, elle vit ce moment arriver avec joie. M. l'abbé Pornin, qui fut nommé confesseur de la maison vers cette époque, la dirigea dans sa retraite. Elle écrivit encore sous l'inspiration de la grâce des notes précieuses qui rendent l'état de son âme : « Pour être véritablement religieuse, il faut que j'aime la croix. Je le sens. O mon Dieu, votre exemple a convaincu mon esprit et persuadé mon cœur. Ainsi, je veux examiner quelle est pour moi la croix la plus pénible, la plus douloureuse, et c'est celle-là que j'entends embrasser. Vous le savez, Seigneur, le renoncement à ma volonté propre, tout ce qui tend à m'humilier, même légèrement, de près ou de loin, voilà ce qui me coûte le plus. Voilà la croix dont la seule pensée m'a effrayée jusqu'ici. Je vais donc m'appliquer sérieusement à rompre ma volonté, à acquérir l'esprit de soumission, à rechercher bien sincèrement et avec courage les occasions de m'humilier. Désormais j'éviterai d'occuper les autres de moi, d'émettre mon sentiment. » Elle ajoute ce mot si vrai : « Si nous péchons, si nous offensons Dieu, c'est toujours parce que nous ne voulons pas nous mortifier, souffrir quelque chose, nous priver d'une satisfaction quelconque. » — « Agir par des principes de foi et diriger toutes mes pensées vers l'éternité, » écrit-elle encore, « voilà ce que je veux. Ainsi, dans les contrariétés, les humiliations, les misères humaines, au lieu de me replier sur moi-même, de m'agiter, de me troubler, je dirai simplement et de tout mon cœur : Mon Dieu, je vous offre cette peine ; daignez la faire servir à votre gloire et à mon salut. Je m'appliquerai au saint exercice de la présence de Dieu, purifiant mes intentions pour que l'unique ressort de mes actes soit l'amour de Notre Seigneur. »

Insistant sur cette pureté d'intention qui, à son entrée au noviciat, avait tant souri à son âme comme la vertu sympathique par excellence à tout cœur un peu délicat, elle écrit : « Je me demanderai souvent, dans le cours de la journée, quel but je me propose dans telle ou telle action, m'attachant à purifier mon intention, à la bien dégager de toute recherche de moi-même et de tout motif humain. »

On verra dans les lignes suivantes combien déjà l'abnégation, le sacrifice attiraient surnaturellement sa grande âme : « J'embrasserai avec courage toutes les mortifications du corps, de l'esprit et du cœur. Que ma nature frémisse, que mon esprit se révolte, que mon cœur s'attriste à la vue du renoncement, n'importe. Mon Dieu, je renonce entièrement à la vie des sens et de la nature. » L'acte chez la sœur Sainte Claire suivait toujours de très-près la résolution ; mais, pour faire plus sous le rapport des mortifications extérieures, elle devait obtenir la permission de ses supérieurs qui, alors, n'ajoutèrent que peu de chose aux pénitences que nous connaissons et qu'elle pratiquait avec tant de courage. Elle le constate et dit : « Tout bien pesé, je devrai m'en tenir à celles que j'ai adoptées, à moins qu'il ne plaise à Notre-Seigneur de leur substituer des pénitences de son divin choix. »

La sœur Sainte Claire, également courageuse en face des sacrifices du cœur et de l'esprit, sait que, pour les accomplir, elle aura besoin de se consoler auprès de Jésus. Elle écrit : « Quand j'aurai de la peine, je prendrai mon crucifix, je le baiserai avec amour, je le presserai sur mon cœur et je lui dirai : Mon divin Jésus, mon meilleur ami, vous voyez ma douleur. Je la reçois de votre main, et je vous bénis de cette croix, puisqu'elle me donne un trait de ressemblance avec vous. » Elle écrit encore : « Je veux que toute ma vie soit dans ciel. Pour cela, je veux m'attacher à la solitude et au silence, me séparer intérieurement de toutes les créatures, pour être admise dans la familiarité de mon Jésus, de sa douce Mère, des anges et des saints. »

Elle avait, pour ainsi dire, toute sa vie sollicité de Dieu la grâce de bien mourir. Ce sera maintenant une de ses plus fréquentes préoccupations. « Je me demanderai tous les soirs, » écrit-elle dans ses notes, « si je suis en état de mourir. Chaque dimanche je ferai ma méditation sur la mort, et je consacrerai un jour par mois à me disposer à ce moment si redoutable. » Sa vie va ainsi devenir une préparation non interrompue à la mort. On verra plus tard dans quelles vues miséricordieuses Notre-Seigneur lui avait inspiré cet attrait.

A la fin de sa retraite, M. l'abbé Pornin lui écrivit : « Relisez souvent vos résolutions. Rappelez-vous sous quelles influences votre cœur les a dictées, et dans quelles dispositions d'esprit vous étiez de les mettre en pratique, malgré toutes les oppositions, toutes les réclamations de cette nature, à la mort de laquelle vous appeliez en aide toutes les puissances de la foi. »

Le 18 janvier, la sœur Sainte Claire parut à l'autel calme, doucement radieuse, conduite par la mère Saint Gabriel, alors supérieure. Elle prononça d'une voix grave ses saints vœux. Son bonheur était immense. Plus tard elle racontait que la consolation inonda son âme durant sa retraite. « J'étais disposée à tout faire, » disait-elle, « pour seconder l'action de la grâce en moi, » et elle ajoutait avec humilité : « Oh ! j'avais bien à réformer pendant cette retraite ; mais, à la louange du divin Jésus, je le dis : la grâce m'a subjuguée ; et il a bien fallu faire ce qu'elle voulait. »

Le soir de la profession, la mère supérieure allait lire les points de la méditation du lendemain, quand on vint la prier de quitter le chœur pour quelque affaire pressante. Elle remit le livre à la sœur Sainte Claire, au lieu de le donner à la mère sous-prieure, ou, à son défaut, à la plus ancienne religieuse. La sœur Sainte Claire dut lire par obéissance les points d'oraison. C'était une pure distraction de la supérieure. Mais tout le monde vit là une attention de Dieu qui désignait à l'avance l'instrument dont il allait se servir pour faire marcher à grands pas son cher monastère de Sainte-Angèle dans la voie de la sainteté.

La sœur Sainte Claire revint, après les consolations de ce beau jour, à sa vie ordinaire. « Son avenir religieux est véritablement rempli d'espérance, » dit M. l'abbé Pornin, en la voyant reprendre ses fonctions au premier pensionnat. Cette parole se vérifia chaque jour. Avec une habile énergie, la jeune professe appliqua à son œuvre de l'enseignement les nobles pensées dont elle était pénétrée : Faire pour Dieu, par conséquent faire très bien ; pour les créatures, ou pour la satisfaction de l'amour propre, il est permis de faire quelque chose d'inférieur ; mais ce qui est pour Dieu doit être supérieurement fait. Il n'est pas de peine qu'on doive s'épargner pour lui ; par conséquent, abnégation sans limites. « Mon Dieu, » écrit-elle, « je veux absolument m'effacer toujours, vivre dans l'abnégation, me dépenser tout entière pour le bien commun, sans retour sur moi-même, sans autre intérêt que celui de votre gloire. » Et encore : « Me faire violence pour imposer constamment silence à la nature, et agir toujours par les grands motifs de foi. » La sœur Sainte Claire surveille sans trêve ni repos l'application de ce principe en elle ; et ses notes constatent d'énergiques efforts pour se tenir toujours à la hauteur de ce même principe, ou pour y remonter, quand, par suite de la fragilité de notre nature, il lui est arrivé de faiblir : « Je ne veux prendre qu'une résolution... Je me ferai violence en tout... Je ne dirai plus : Cela me coûte; c'est trop difficile... je ne puis me résoudre à tel sacrifice. Mais je dirai : Mon devoir est là, dans cet acte d'humilité, de charité, de renoncement. Mon Dieu ! c'est vous qui me l'imposez. Donnez-moi la force. Me faire violence pour être douce, bonne, gracieuse avec tout le monde; quelle que soit ma disposition intérieure... pour être d'une humeur égale, souriant avec la même douceur, obligeant avec le même empressement, témoignant la même affection à toutes mes sœurs, ne voyant en elles que Jésus-Christ. Cette pensée me portera à en approcher avec respect, avec amour, sans égard aux qualités personnelles, aux sympathies et à toutes ces considérations puériles indignes d'une âme religieuse. »

La sœur Sainte Claire était surchargée de travail. Toujours maîtresse d'elle-même, c'est avec un calme plein de sérénité qu'elle portait ce poids. Dans les classes, au reste, régnait un ordre parfait de nature à adoucir la fatigue. Son regard insinuait le silence. Mais, quand bien même son œil n'eût rien dit, on eût accordé à sa parole charmante une involontaire attention. Les élèves les plus jeunes et les plus légères, nous dit-on, y étaient prises comme les autres. Dans ses leçons d'histoire, elle avait un assez beau talent de mise en scène. Elle enseignait la géographie toute revêtue des beautés de la nature qui s'y rattachent, ou embellie par des intérêts religieux, scientifiques, industriels liés aux noms de pays ou de contrées. Enfin, tous ses soins tendaient à amener les élèves à écrire avec simplicité et distinction ; ce qui ne l'empêchait pas de leur répéter que la supériorité en ce point, elles la trouveraient toujours plutôt dans leur âme que dans leur style. « Mes enfants, » disait-elle, « plus que le goût, plus que l'esprit, il vous faut l'élévation des sentiments. Ayez un grand cœur, et plus l'expression qui viendra sous votre plume pour en rendre les vibrations sera simple, plus elle sera belle. » Elle montrait, au reste, en toute circonstance, combien la vivacité, la netteté, le trait, la verve spirituelle, la finesse, le bon sens surtout mêlé à la grâce, la ravissaient. Et elle inspirait par sa chaude parole un enthousiasme durable. Ses élèves sont d'accord à dire ceci : « Tout ce que l'on apprenait avec elle se gravait dans le cœur, dans l'esprit, dans la mémoire, de manière à ne s'effacer jamais. Et nous l'affirmons après de longues années d'expérience, ses leçons sont restées et resteront. » Ayant à instruire des enfants d'âges différents, elle savait réduire son enseignement ou l'élever suivant la portée des intelligences. Enfin, elle travaillait, avec une bonté et une conscience extrêmement délicate, à ouvrir les esprits les moins susceptibles d'épanouissement.

Le plus beau moment de la journée pour la sœur Sainte Claire était celui du catéchisme. C'était aussi l'heure du jour la plus douce pour les élèves. Là, de part et d'autre, le cœur était tout. Il est vrai que nos adorables mystères ont une divine amabilité, un charme qui émeut involontairement, même les esprits les moins attentifs. Mais la sœur Sainte Claire, sous le ravissement continuel de ces beautés, les exposait avec une vie, une onction, une clarté, une chaleur communicative remarquables. Ainsi la vérité sainte se gravait sans effort dans les âmes de son jeune auditoire émerveillé. « Nous étions captivées par sa parole, » disent ses anciennes élèves, « et suspendues à ses lèvres, croyant véritablement entendre quelque chose de Dieu. Le moindre mot d'elle était sacré pour nous. Quelle profonde vénération elle nous inspirait ! » Une autre élève nous dit : « Je ne saurais exprimer avec quel charme elle nous expliquait le catéchisme, avec quel entrain elle nous animait à la pratique de la vertu. Elle voulait que le combat fût livré à la nature vaillamment et joyeusement. » Le catéchisme finissait toujours trop tôt. Il faut dire que, parmi toutes les leçons que la sœur Sainte Claire donnait, aucune n'était mieux préparée que celle-là. Rien, à ses yeux, n'avait autant d'importance. C'étaient les bases même du salut qu'elle posait dans les âmes, et elle employait à ce grave travail toute l'énergie de sa volonté, la clarté de son esprit, et les mille industries de son amour. Les traces les plus profondes sont restées de son enseignement. De longues années après, le souvenir en était aussi frais que le premier jour ; et, nous parlant sous l'émotion de ces saintes choses, quelqu'un nous disait : « C'était une si grande âme. Ses vues étaient si élevées, vues toutes de foi ! Dans ses admirables explications du catéchisme, comme cela se faisait remarquer à chacune de ses paroles ! » Et on ajoutait : « Les petites filles auxquelles sœur Sainte Claire faisait répéter les leçons, lui disaient toujours la même chose. Elle écoutait, encourageait avec son gracieux sourire, y prenait cœur comme si c'eût été toujours nouveau pour elle. »

Sauf les récréations qu'elle passait avec la communauté, la sœur Sainte Claire ne quittait pas un seul instant les élèves. Elle assistait à tous leurs repas. Au réfectoire, rien ne lui échappait. La timidité, le caprice, une indisposition passagère, elle savait tout démêler dans celles qui ne faisaient qu'effleurer les mets servis ; et un regard plein de douceur décidait chacune à prendre sa part avec simplicité et allégresse. Une ancienne élève raconte ainsi comment un jour la sœur Sainte Claire arriva à la faire manger : « A un repas, je refusai obstinément un mets qui m'était présenté. J'étais alors âgée de huit ans. Plusieurs fois déjà l'excellente Mère avait eu à combattre en moi certains caprices, et, comme je paraissais tenir à celui-là plus qu'aux autres, elle s'approcha de moi, retrancha plus de la moitié de ce qui m'était offert, puis, me présentant le reste, elle me dit avec une grande douceur : « Comment, chère enfant, vous ne voudriez pas offrir ce léger sacrifice au petit Jésus, vous qui devez faire votre première communion dans trois ans! » Ma petite intelligence s'ouvrit à cette lumière ; et, à dater de ce jour, ma pensée fixe fut celle de ma première communion. »

La sœur Sainte Claire veillait à la parfaite tenue des élèves dans ces fonctions qui demandent à être ennoblies par les bonnes manières. Il n'était pas rare de la voir servir elle-même les enfants. Doucement empressée et toujours pleine de dignité, elle apportait les objets qui manquaient. On eût dit chaque jour une fête de famille. Tout ce petit monde silencieux jouissait de la voir. Et l'édification qu'elle donnait ainsi par son humilité et ses prévenances était vraiment grande.

La nuit même, la sœur Sainte Claire restait avec les élèves, veillant comme une mère tendre sur le sommeil de ses enfants. « J'ai eu le bonheur d'être remise bien jeune entre ses mains, « écrit après plus de vingt années une de ses élèves : « Que de détails touchants je pourrais citer ! La douce joie me fut accordée d'avoir mon lit placé auprès du sien, dans le dortoir. Elle avait pour moi des attentions charmantes, jusqu'à mettre le soir les rideaux de son lit par-dessus le mien, — faisant ainsi chambre commune — en attendant le moment de prendre elle-même son repos. Ou bien, le matin de bonne heure, me voyant éveillée et faisant sa lecture près de mon chevet, elle trouvait moyen de me distraire, de m'égayer même, sans rien perdre toutefois de son silence et de son recueillement. Combien d'autres eussent craint peut-être de manquer à leur dignité religieuse en s'astreignant à de si petits détails! Mais notre chère sœur Sainte Claire avait le cœur plus haut. Puis, elle était si bonne mère, si *réellement mère* que faire plaisir, rendre heureuse même *une toute petite enfant* réjouissait son cœur. Je lui avais été confiée par la meilleure des mères... Elle sentait si bien qu'elle tenait sa place à mon endroit qu'elle ne dédaignait rien. » Ces derniers mots sont la peinture au vif du cœur de la sœur Sainte Claire pour les élèves. Elle était pénétrée de la pensée qu'elle tenait à leur égard la place d'une mère, elle qui avait perdu la sienne si jeune, et elle agissait sous la vive impression de ce sentiment. Les attentions dont parle cette ancienne élève, elle les avait pour toutes dans les différents degrés que le comportaient leur âge et leur caractère. Et souvent elle se levait la nuit pour le bonheur de voir dormir tout ce petit monde et de consoler celles que l'insomnie ou la souffrance pouvait tenir éveillées. Chacune savait par expérience que son regard maternel ne pouvait être longtemps fermé sur elle, et pour toutes ainsi le sommeil était plus doux. La sœur Sainte Claire trouvait alors de pieuses prières à adresser aux anges gardiens de ces jeunes filles, à ces purs esprits qui, comme elle, veillaient à leur chevet; et un jour elle disait à quelqu'un pour qui elle n'avait rien de caché : « Oh! j'ai souvent répandu là de bien douces larmes de dévotion. »

La sœur Sainte Claire, tout entière à l'œuvre de l'éducation, n'oubliait pas sa propre sanctification. Les notes qu'elle prenait sans cesse révèlent avec quelle activité elle y travaillait. Dans ces lignes écrites avec une simplicité sobre, limpide, elle laisse voir ses efforts constants, ses échecs, sa volonté puissante. On y trouve surtout un côté bien instructif. Il y a dans une foule de bons esprits une tendance à croire qu'une fois la perfection vue et comprise, prendre des ailes pour y voler est la chose la plus simple du monde ; et que, arrivé à ce sommet, le moins qu'on puisse faire, c'est de s'y tenir. Il s'en faut de beaucoup que cela soit vrai. Un vénérable Evêque (1) disait : « La vie même la plus paisible est un combat. Il faut se battre jusqu'aux portes du Paradis, surtout contre soi-même. » La sœur Sainte Claire, comme tous les saints, ne se maintenait que par les efforts et par la lutte. Voici ce qu'elle écrit à cette époque : « Je me suis fait une grande violence pour acquérir l'humilité... mais ce n'a pas été continuel. Je me suis reposée. Mon Dieu, donnez-moi plus de courage ; accordez-moi l'intrépidité du soldat qui veut *déterminément vaincre ou mourir;* et ne permettez plus que, me laissant guider par l'impression d'une ferveur passagère, je vous serve avec tant d'inconstance. » Et entrant dans tous les détails pratiques, elle ajoute : « Oui, je veux me faire violence pour devenir humble, souple, docile, grave, modeste dans mon maintien, mes manières : parlant plus bas, moins vite, avec plus de timidité, marchant plus posément. » Sondant à quelque temps de là ses dispositions, elle écrit : » Hélas ! l'orgueil vit toujours en moi ! Je n'ai encore perdu ni l'esprit du monde, ni l'attachement à ma volonté propre. — N'aurais-je

---

(1) Mgr La Carrière.

donc tout quitté, tout sacrifié, que pour tourner autour d'un cercle d'imperfections pendant ma vie? » Ailleurs, elle adresse à Dieu cette prière : « Faites que je sois humble dans mes pensées, fidèle à rejeter tout souvenir propre à alimenter mon orgueil, ne désirant que l'accomplissement de la volonté divine, et n'ambitionnant partout que la dernière place... dans mes paroles, n'en proférant aucune qui tende de près ou de loin à m'attirer l'estime des hommes..... dans mes actions n'agissant jamais que par amour pour Notre Seigneur. Faites que mon cœur, détaché de toutes les satisfactions de la terre, ne cherche son bonheur que dans l'oubli des créatures, dans l'abnégation, le silence, l'humilité. »

Cette abnégation, cet oubli d'elle-même fut une sorte d'aimant qui lui attira tous les cœurs. Ses élèves se trouvaient à l'aise avec elle, malgré ce je ne sais quoi d'imposant répandu dans sa personne, car sa tenue était toujours si digne et si religieuse, son extérieur si recueilli, qu'elle inspirait la vénération. Mais elle avait avec cela des manières affables, respirant la plus suave charité. On en était frappé lorsqu'on la voyait pour la première fois. « Quelles manières aimables, polies, » pensait-on ; « elle salue tout le monde avec tant de grâce ! » La sœur Sainte Claire était surtout prévenante. Les mères anciennes lui faisaient même agréablement le reproche de l'être trop. Elle répondait avec sa simplicité ordinaire : « Que voulez-vous, je n'y puis rien, c'est dans ma nature. » Les enfants, sous ces exquises prévenances, sentaient un dévouement à toute épreuve. Elles savaient que la sœur Sainte Claire eût donné sa vie comme une goutte d'eau pour les rendre heureuses. Mais une chose surtout les touchait. Lorsque la sœur Sainte Claire avait quelque peine, ou qu'elle était souffrante, elle n'eût pas voulu, en le laissant voir, jeter sur ses chères enfants le moindre nuage de tristesse ; et, dans ces circonstances, redoublant d'allégresse, elle créait autour d'elle une atmosphère de contentement plus vif. Cela ne put échapper longtemps aux jeunes filles toujours si pénétrantes. Et quand on voyait la sœur Sainte Claire plus épanouie, plus aimable qu'à l'ordinaire, on disait tout bas avec attendrissement : « C'est qu'elle souffre ; c'est qu'elle a de la peine ; c'est que quelque chose la contrarie. »

Voici un trait entre mille. « Un soir, » raconte une des élèves, « c'était, je m'en souviens, la veille d'une grande fête, les religieuses devaient chanter le *Te Deum* à matines ; et, comme ces prières se faisaient pendant notre récréation, nous y trouvions notre compte dans un prolongement pour nos jeux. La récréation était le seul temps que la sœur Sainte

Claire ne passait pas avec nous. Elle allait se retremper alors auprès de ses sœurs pour nous revenir toujours plus dévouée. Ce soir-là, la religieuse chargée de la récréation ne put remplir son office ; et nous nous demandions quelle devait être sa remplaçante, lorsque sœur Sainte Claire parut à l'entrée de la cour. Sa physionomie avait quelque chose de si bon et de si joyeux que, sans nous être rien dit, nous nous étions toutes élancées au devant d'elle. Elle avait habituellement quelque chose de majestueux qui tenait un peu à distance, mais à ce moment il y avait tant d'affabilité dans ses manières, tant de gaieté dans ses paroles que nous restions là tout près d'elle, oubliant, en l'écoutant, le jeu commencé. Ma sœur aînée était une des élèves les plus attentives et les plus heureuses; il lui fallut cependant s'arracher à cette douce récréation pour aller remplir je ne sais quelle mission dans la salle d'étude. Je l'y suivis en lui disant : « Jamais je n'ai vu madame Sainte Claire si gaie ! » — « C'est vrai. Sais-tu pourquoi ? » — « Pourquoi ? » fis-je étonnée, « oui, pourquoi ? » — « Moi, je le sais. C'est parce qu'elle aime beaucoup l'office; qu'elle désirait surtout y aller ce soir, et que les récréations lui sont pénibles à garder. Quand elle souffre, elle est toujours ainsi. » Je ne sais ce que je répondis, mais je me sentis plus de désir d'être aimable et gracieuse dans les contrariétés. »

Les enfants attirés vers la sœur Sainte Claire jouissaient d'avoir leur cœur dans ses mains. Elles lui disaient tout. La sœur Sainte Claire les consolait, les fortifiait et, à la faveur de la confiance illimitée qui lui était accordée, travaillait à l'œuvre de leur éducation proprement dite. Quel soin et quel respect elle avait de leurs âmes ! Plus d'une fois elle a laissé échapper l'émotion qu'elle éprouvait en face de ces âmes, à la pensée que sa mission était de les transformer, de les ennoblir et de les élever. Aussi, dans cet acte de la formation de la conscience, comme elle était tendre, grave, recueillie ; on l'eût dite inspirée. Avec un accent aimable, divinement persuasif, car elle appelait Dieu à son aide avec une ineffable piété, elle disait à la petite fille étonnée de cette suavité et de cet amour tout céleste des paroles comme celles-là : « Accoutumez-vous à vous sentir toujours sous les yeux de Dieu ! » ... « Votre vrai séjour, ma chère petite, ce n'est pas la terre, mais le ciel. » Et pour former la petite âme au combat : « Un cœur sans force sur lui-même... qu'est-ce que c'est ? Oh ! comme je tremble pour l'avenir de ce cœur-là ! » Il y avait une efficacité étonnante dans ses paroles. Une de ses anciennes élèves nous dit à ce sujet : « Sa force morale se déversait sur moi avec l'effusion de son cœur, et la lumière de son intelligence. Je l'ai éprouvé, et les autres aussi, qui comme moi ont conservé, grâce à elle, dans toutes les conditions de la vie, l'amour du devoir et le goût de l'abnégation. » La culture des âmes était son œuvre par excellence. Elle posséda au plus haut degré cet art divin.

Ce que les enfants saisissaient surtout dans ses leçons du cœur — et ce fut le triomphe de son éducation, — c'est la nécessité de se vaincre. Leurs pensées étaient continuellement tournées de ce côté. Chacune racontait à la sœur Sainte Claire ses défauts avec candeur ; chacune lui parlait de ses victoires. Elle accueillait tout avec son bon et franc sourire qui était le plus doux des encouragements. « Quand nous n'avions pas eu le temps de lui dire toutes nos affaires durant le jour, » raconte une ancienne élève, « nous essayions souvent de la suivre alors qu'elle se retirait pour aller dire l'office, ou pour prendre sa récréation avec les sœurs. Nous lui glissions quelques mots à l'oreille : c'était l'aveu d'un tort, ou, au contraire, l'annonce d'une victoire qui avait coûté bien cher ; ou encore on lui rappelait, à ce moment, une promesse non accomplie et toujours très désirée. Madame Sainte Claire répondait à nous toutes avec bonté, mais par un seul mot ; et, arrivée au seuil de la porte, elle faisait un grand signe de croix et commençait le psaume *Lætatus sum :* « Je suis dans la joie aux paroles qui me sont dites : nous allons dans la maison du Seigneur. » Nous lui voyions, en disant ces paroles, une expression de recueillement et de joie qui nous faisait comprendre, malgré notre jeune âge, que notre chère maîtresse, en pénétrant dans la cour de la communauté, entrait dans une sphère élevée au dessus de la nôtre, et que la vie religieuse cachait sous ses sacrifices un bonheur divin. »

N'ayant pas en quelque sorte un instant pour respirer, la sœur Sainte Claire sent la pesanteur du fardeau ; et ce lui est un motif de plus pour ne rien faire que pour Dieu. Elle écrit : « Je mène une vie laborieuse, pénible à la nature... et cependant je crains qu'après avoir porté le poids du jour et de la chaleur, j'arrive au terme sans mériter aucune récompense. Combien souvent mes actions ne sont-elles pas gâtées, perdues par une secrète recherche de moi-même contre laquelle je ne me tiens pas assez en garde... Je veux acquérir une grande pureté de cœur et d'intention, c'est-à-dire faire tout pour la plus grande gloire de Dieu, tout pour lui plaire et accomplir sa volonté sainte. » Puis, s'adressant à Notre-Seigneur : « Rappelez sans cesse à mon cœur qu'en me consacrant à votre service, je n'ai eu d'autre but que celui de me préparer, par une vie d'abnégation, à une bienheureuse éternité. »

L'action de la sœur Sainte Claire ne devait pas être toujours concentrée dans le premier pensionnat. On comprenait avec raison que son influence rayonnerait avantageusement sur les trois établissements ; et, après quelques années, elle eut en fait la direction générale des classes, bien qu'elle ne portât pas le titre attaché à cette fonction. Le travail pour elle s'accrut encore. Mais on sentit bientôt un souffle de vie animer toute la maison. Les études se fortifiaient de jour en jour, la piété florissait et la confiance des familles amenait les élèves en plus grand nombre. Les maîtresses s'inspiraient de la sœur Sainte Claire, demandaient ses conseils et marchaient à un succès brillant. Confuse d'être ainsi consultée en toutes choses par ses compagnes, elle avait du moins un secret bonheur à voir la prospérité décidément entrée dans la maison, et beaucoup de bien s'y faire pour les âmes. A cette époque, elle est très heureuse, mais ce n'est pas de tous ces succès qu'elle tire la félicité dont elle se trouve comme inondée. Si nous consultons encore ses notes qui sont comme les battements de son cœur et qui nous aident si bien à connaître en toute circonstance ses dispositions, nous trouvons le passage suivant, à la date de l'année où nous sommes : « Le bonheur si pur, si parfait dont j'ai joui durant le cours de cette année, m'a fait goûter toute la douceur de votre saint joug, ô mon Dieu! Mais ce bonheur, d'autant plus solide et véritable qu'il a été plus en dehors des créatures et des consolations humaines, ne demanderait-il pas, de ma part, un plus grand dévouement à votre service? Et quand vous voulez bien, mon divin Jésus, suffire amplement à mon cœur, ne ferai-je rien pour vous en rendre grâces? Me contenterai-je toujours de recevoir vos faveurs sans éprouver le besoin d'y répondre avec toute l'énergie de la volonté forte que vous m'avez donnée? » La pieuse sœur ajoute : « Grâces infinies vous soient mille fois rendues, non-seulement du bonheur parfait que je goûte à votre service, mais surtout du désir si véhément que j'éprouve de répondre enfin à votre amour par un dévouement sans réserve... Que toujours, et dans la prière qui doit être l'aliment de mon âme, et dans mes rapports avec mes sœurs ou avec les enfants qui me sont confiées, je me rappelle l'obligation expresse où je suis de travailler à votre gloire. »

La sœur Sainte Claire, au milieu des occupations élevées de l'instruction et de la formation des âmes, eut toujours le goût et l'attrait des plus humbles travaux. C'était lui causer une vive jouissance que de l'appeler à la cuisine ou aux soins domestiques les plus bas. Cette grâce ne pouvait guère lui être faite que durant les récréations, puisque, le reste du temps, elle était prise par la culture des intelligences. Un jour les sœurs de la cuisine, plus occupées que de coutume, vinrent en récréation demander de l'aide à la mère Supérieure pour laver la vaisselle. Aussitôt sœur Sainte Claire de s'offrir joyeusement. — « Non, non, » dit la mère Sainte Ursule, « pas vous sœur Sainte Claire. » — « Oh ! notre mère, je m'y entends si bien, c'est un de mes talents. » A ce mot, la permission fut donnée, et sœur Sainte Claire s'acquitta si parfaitement de son emploi que les sœurs cuisinières lui promirent de réclamer de nouveau son concours à l'occasion. Toutes les fois qu'elles la demandèrent, et ce ne fut jamais assez souvent au gré de l'humble sœur, elles purent se vanter d'avoir fait une heureuse. Dans le but de lui être agréables, les sœurs converses la laissèrent pendant bien longtemps, le soir, cirer avec elles les chaussures des enfants. C'est que réellement la sœur Sainte Claire en était toujours à sa bien aimée humilité. Pour cette chère vertu, elle pensait ne jamais faire assez. Après en avoir parlé mille fois dans ses notes, après s'y être longtemps exercée, elle écrit encore : « Je travaillerai à acquérir l'humilité, faisant de cette vertu l'objet de tous mes vœux, de toutes mes prières, de tous mes actes de mortification... Combien ne serais-je pas malheureuse si, après avoir renoncé à toutes les satisfactions d'amour-propre dont je pouvais jouir dans le monde, je venais à rechercher ces satisfactions en religion. Non, jamais je n'ai si bien compris tout le néant, la vanité de l'estime des hommes ; jamais je n'ai éprouvé un aussi sincère désir de l'humilité. Je veux pratiquer cette vertu précieuse. »

Il est certain qu'elle faisait tout pour s'abriter sous le silence, l'effacement et l'humiliation recherchée. Elle écrit : « Je ferai tout uniquement pour accomplir votre sainte volonté, ô mon Dieu, ne cherchant qu'à vous plaire, travaillant de toutes mes forces à l'œuvre qui m'est confiée et laissant aux autres tout le mérite du succès... Que l'abnégation soit mon bonheur... que je vive intimement unie à Jésus, voilà toute mon ambition. Esprit de foi pratique soutenu par un silence absolu. » Elle s'imagina longtemps, dans son naïf amour pour l'humilité, qu'elle passait inaperçue, grâce à cette vie laborieuse qui ne lui permettait pas de penser à elle-même. S'oubliant totalement, elle se croyait oubliée ; et l'éclat qu'elle répandait autour d'elle lui échappait. La sœur Sainte Claire laisse percer cette ignorance d'elle-même et de l'influence qu'elle exerce dans ces quelques lignes : « J'estime extrêmement ma vocation sainte ; je m'y attache même tous les jours davantage ; et je n'échangerais pas mon bandeau virginal contre tous les diadèmes du monde; mon obscurité me plaît; je jouis grandement de n'être ici connue de personne, et je ne suis jamais plus contente que quand je suis seule avec vous, ô mon Dieu. »

Elle dut bientôt ouvrir les yeux à la réalité.

CHAPITRE SEPTIÈME

L'ascendant de la sœur Sainte Claire sur les élèves grandit chaque jour. — Commencement d'une correspondance considérable. — Ses conseils aux jeunes filles dans le monde. — Préventions dissipées, et satisfaction générale. — La révolution de 1848. — Amour de la sœur Sainte Claire pour sa famille. — Dieu la prépare à porter le fardeau de l'autorité. — M. l'abbé Richaudeau. — Cahier de retraite, année 1850. — Portrait moral et physique de la sœur Sainte Claire.

L'ASCENDANT de la sœur Sainte Claire sur les élèves augmentait de jour en jour. Celles qui restaient dans leur famille, les années d'études terminées, sentaient qu'il leur manquait beaucoup, n'ayant plus auprès d'elles leur maîtresse ; et les lettres venaient, fréquentes et affectueuses, rapprocher les distances. Une correspondance active s'établit bientôt. La sœur Sainte Claire, préoccupée avant tout de leur persévérance dans le monde, envoyait à chacune les plus sages conseils. Son cœur qui les aimait si sincèrement eût été déchiré à la pensée qu'elles fussent un seul instant exposées à être malheureuses dans l'autre vie. Elle les prémunissait contre l'offense de Dieu par des résolutions de ce genre qu'elle leur insinuait dans ses lettres : « Je n'omettrai jamais mes prières et je les ferai toujours avec recueillement et esprit de foi… Je ne laisserai passer aucun jour sans demander à Dieu qu'il me fasse connaître sa volonté, et me donne la force et les moyens de l'accomplir... Quand le Seigneur demandera de moi quelque sacrifice, en quoi que ce soit, je le lui offrirai de bon cœur; et c'est toujours dans une prière humble et fervente que j'irai chercher la générosité pour le service de Dieu... Dans les épreuves qu'il plaira à Dieu de m'envoyer, pour les soutenir avec courage, je me rappellerai les grandes pensées de la foi, et surtout le bonheur du ciel promis aux âmes qui savent souffrir avec résignation et patience. » Elle suggère d'autres fois des résolutions comme celles-ci : « Non-seulement j'éviterai en toutes rencontres ce qui pourait offenser le prochain; mais encore je m'efforcerai de lui être utile. Je serai douce, affable avec tout le monde, modérant, réprimant, autant qu'il me sera possible, les saillies d'humeur qui nuisent à la charité... Je me garderai bien de devenir jamais l'esclave de la vanité; et pour cela j'éviterai avec le plus grand soin toute espèce de prétention, soit dans ma parure, soit dans ma démarche, soit dans mon langage, soit dans mes œuvres... Dès mon entrée dans le monde, après avoir bien compris quelle y sera ma position, je règlerai convenablement l'emploi de mes journées, ne laissant rien à la paresse, à l'oisiveté... La paix du cœur étant le plus riche trésor, je mettrai tout en œuvre pour la conserver, et je tâcherai de ne rester jamais avec une inquiétude de conscience grave et fondée. »

Elle écrit ces lignes à une jeune fille, quelques mois après son départ du pensionnat : « Matin et soir je prierai la sainte Vierge de vous bénir tout spécialement, de vous donner force et courage pour bien remplir la mission qui va vous être confiée. Vous n'êtes plus un enfant. Vous devez comprendre quel est le but de la vie, et, par conséquent, vous préparer à l'abnégation. C'est par l'oubli d'elle-même qu'une jeune fille est heureuse et qu'elle est la joie de sa famille. Pensez-y sérieusement, et agissez en conséquence. Mettez, ma chère enfant, toute votre confiance en Dieu. Habituez-vous à le prier sans cesse, et vous verrez qu'il saura bien vous consoler. Faites-vous l'ange de la famille. Jésus est là, et je compte sur lui. Ne pensez plus à vous, mais à vos bons parents, et tout ira bien. Vous savez, ma chère petite enfant, quelle est ma tendre et toute dévouée affection en Notre-Seigneur. »

Elle écrit encore à la même : « Je veux vous dire, mon enfant, combien nous pensons à vous et prions pour vous pendant ce temps de carême. J'espère que vous allez bien, et que vous vous montrez généreuse envers Dieu. Suivez-vous les sermons de votre paroisse? J'en doute; mais si vous êtes obligée d'en faire le sacrifice, faites-le de bonne grâce, et n'en perdez pas le mérite. Adieu, ma chère petite fille, adieu. Comptez toujours sur ma plus tendre affection dans le cœur de Jésus. » Ce petit billet écrit au crayon dit bien des choses dans sa simplicité, et ce conseil de faire de bonne grâce le sacrifice du sermon révèle sa manière élevée d'entendre la dévotion.

De pareils avis donnés avec à-propos, et toujours de la manière la plus aimable, étaient reçus avec un inexprimable contentement; et, comme les lettres de la sœur Sainte Claire faisaient autant de plaisir aux parents qu'à leurs filles, un vif désir vint aux familles de connaître cette religieuse distinguée. Les plus brillantes relations s'établirent avec elle, au grand regret de son humilité. Le beau temps était passé pour sa chère vertu, disait-elle. Cependant Dieu lui réserva de douces occasions de la pratiquer. Ce vif éclat jeté ainsi autour d'elle à l'extérieur ne laissa pas que d'effrayer tout d'abord les anciennes Mères. On la demandait souvent au parloir, les lettres commençaient à pleuvoir; on n'en recevait, pour ainsi dire, plus que pour sœur Sainte Claire. Les excellentes Mères crurent qu'il était de leur devoir d'arrêter ce prétendu engouement. Disons que, avec le bon esprit qui les animait, elles ne devaient pas être longtemps à revenir de leur inquiétude. La sœur Sainte Claire, au reste, faisait tout ce qu'on voulait; n'allait pas au parloir, n'écrivait pas ; et, quand il fallait parler ou écrire absolument, elle se montrait le moins gracieuse possible. « C'est alors, » nous disent ses contemporaines, « qu'on put se persuader que sa vertu surpassait ses talents. S'effacer totalement eût été plus facile que de demeurer en vue dans une mesure indéterminée, comme cela lui était ordonné. Cette position délicate lui occasionnait des désagréments. Mais il suffisait qu'on lui causât quelque tristesse pour qu'elle redoublât d'attentions, de prévenances, d'amabilité. Patience, charité, humilité, c'était là toute sa vie. » Les Mères finirent par voir que, dans leur désir si sincère du bien, elles s'étaient effrayées mal à propos; leurs préventions tombèrent et elles subirent, comme tout le monde, l'influence de sa vertu et de la supériorité de ses talents. Dès lors les enfants et leurs familles lui témoignèrent librement une confiance absolue. Elle devint un centre de douce attraction, et les élèves affluèrent. Aux vingt-une jeunes filles qui composaient le pensionnat quand sœur Sainte Claire vint y donner ses leçons, plus de soixante-dix se joignirent peu à peu. C'était un bel accroissement.

A mesure que, par la force des choses, sa vie

s'encombre d'affaires, la sœur Sainte Claire est plus intérieure; et elle aime davantage la prière. « L'oraison, » écrit-elle, « je l'aime à la vérité, je ne m'en dispense jamais sous quelque prétexte que ce soit ; j'y vais avec joie, avec bonheur ; et c'est là, je crois, que j'ai appris à me passer de tout épanchement intime avec les créatures. » Et toujours avec cette franchise qu'elle a pour elle-même comme pour tout le monde, elle voit les défauts qu'elle y apporte : « Mais je m'y présente souvent, » écrit-elle, « sans y avoir pensé ; ou bien, je m'y livre plus aux raisonnements qu'aux affections... » Elle ajoute : « La sainte Communion est toujours l'objet de mes plus ardents désirs, ma plus grande consolation. »

La sœur Sainte Claire passa de la sorte six années au milieu de grands labeurs, toujours vivifiés par une vie intérieure et surnaturelle très développée. On était en 1848. La révolution apporta dans le monastère les inquiétudes dont la France était remplie. On trouve dans les notes de la Sœur sainte Claire le reflet de ces angoisses : « Si, durant cette année, je me suis souvent laissé dominer par une trop vive inquiétude de l'avenir, c'est que j'ai manqué d'esprit de foi... J'ai perdu de vue cette vérité pourtant bien certaine, que tout ce qui nous arrive ici-bas est réglé par votre souveraine sagesse, ô mon

Dieu ; véritablement les hommes ne sont dans vos mains que des instruments aveugles que vous faites mouvoir à votre gré. C'est donc à cette pensée si douce, si consolante que je veux revenir, pour m'y attacher spécialement... Oui, je vous proteste que désormais je m'efforcerai de recevoir toutes choses comme venant de vous immédiatement. »

La vie tout entière de la sœur Sainte Claire est une démonstration touchante de cette vérité que le cœur en religion ne se perd pas, mais se perfectionne plutôt, et que les parents qu'on laisse dans le monde y ont une place bien belle. Serait-il possible que Notre-Seigneur, qui a créé l'affection de la famille, l'une des plus saintes choses de la terre, ne trouvât rien de mieux à faire que de l'éteindre dans l'âme de ceux qui, pour son amour, suivent les conseils évangéliques? Singulière manière de récompenser un cœur de sa générosité en l'étouffant ! dirait ici sainte Thérèse, avec cette naïve hardiesse que lui inspirait la grande idée qu'elle avait du divin Maître. Vous ne faites pas cela, adorable Jésus ! Personne n'aime plus et mieux sa famille que les religieux. C'est dans l'ordre. La sœur Sainte Claire fut donc toujours dans des relations étroites avec ses deux sœurs, son père et ses frères. Que de fois elle écrivit à Félix qui habitait toujours les Indes! Son cœur souvent traversait les mers pour le suivre, appeler les bénédictions de Dieu sur lui. Une nouvelle vint, à cette époque, la combler de joie, celle du retour en France de ce frère chéri et de son prochain mariage. M. Félix Boutros, après de grandes fatigues et des services précieux rendus à l'éducation dans la ville de Calcutta, se trouvait à la tête d'une jolie fortune ; et l'alliance qu'il allait contracter mettait le sceau à son bonheur. « J'écris, » disait-il, « toutes ces choses à ma chère Mélanie qui maintenant, sous le nom de sœur Sainte Claire, m'entoure toujours, comme par le passé, de sa plus vive tendresse ; et je sais que je la rends heureuse. » M. Félix la connaissait trop bien pour n'en pas être convaincu ; et, quand on se rappelle que, pour lui et pour obtenir de Dieu son salut, elle avait fait le sacrifice d'elle-même dans la vie religieuse, que la pensée de ce frère l'encouragea plus d'une fois dans son immolation de tous les jours, on voit ce que devient le cœur quand on en fait don à Jésus-Christ. Sœur Sainte Claire écrivait souvent à Aimée et à Claire, ses deux sœurs ; et fréquemment aussi elle adressait à son vieux père les plus affectueuses lignes. Auprès de Dieu, on peut le dire, elle faisait tout pour eux.

La sœur Sainte Claire avait trente-huit ans. Les

desseins de Dieu sur elle, pour la prospérité du pieux monastère et la consolation des familles, se manifestaient de plus en plus. Le moment, on le sentait, ne devait pas tarder où le gouvernement de toute la maison serait remis à ses mains saintes et habiles.

Pour bien conduire, il faut beaucoup aimer. Quand saint Pierre fut chargé du gouvernement de l'Eglise, Jésus-Christ avant tout exigea de lui l'amour. C'est là une loi mystérieuse de la providence divine dont il est facile, au reste, de deviner toute la portée. Aussi les deux années qui vont suivre, la pensée de la sœur Sainte Claire va être tout entière portée du côté de la vertu de charité. La charité est l'unique thème de ses notes à cette époque. Ainsi, à son insu, l'esprit de Dieu lui faisait faire comme le noviciat du gouvernement. Dans ses écrits, 1849, 1850, on lit à chaque page : « L'amour de Dieu, voilà ce que je veux. A tout prix aussi, la charité envers le prochain. Charité dans mes actions... me montrant également prévenante envers toutes mes sœurs ; et même, si j'ai quelque préférence, je veux que ce soit à l'égard des religieuses pour lesquelles je serai portée à éprouver de l'éloignement.... Affection universelle, abnégation complète. Charité dans mes paroles, n'en pro-proférant aucune qui ne soit de nature à faire aimer, estimer le prochain; ne parlant qu'avec honneur, avec affection de toutes mes sœurs en général, surtout de celles qui ne m'inspirent pas une grande sympathie. »

Dieu voulut préparer, par une faveur précieuse, la Communauté à la grâce qu'il allait lui faire de lui donner pour mère la sœur Sainte Claire. Un prêtre d'une véritable valeur personnelle, taillé pour faire de grande choses, achevait de se mûrir dans l'enseignement de la théologie au séminaire de Blois où il était professeur depuis vingt ans. Intelligence forte et lumineuse, cœur excellent, M. l'abbé Richaudeau cachait sous une apparence froide des trésors de sensibilité, et sous des dehors modestes beaucoup de science. Homme d'une foi ardente, et par suite d'une initiative puissante, qu'on trouva parfois hardie, mais que le succès vint toujours couronner, il appartenait par le fond de son âme, sans réserve, au Saint Siège. Une grande suite dans les idées, un sens pratique remarquable, une persévérance dans la poursuite de ses desseins que rien ne pouvait lasser; et pardessus tout le besoin de se dévouer poussé à un degré rare, rendait cet ecclésiastique capable de servir avec succès la cause de Dieu là où l'Evêque le placerait pour exercer son action. Mgr des Essarts entrait dans les vues du ciel, en le donnant comme aumônier à la communauté des Ursulines, en 1849.

M. Richaudeau comprit vite ce que le couvent était destiné à devenir avec la sœur Sainte Claire. A toutes les épreuves de sa longue et laborieuse restauration allait enfin succéder une prospérité magnifique. L'aumônier suivit avec intérêt, dans toutes ses œuvres, cette sœur si remarquable, et vit chaque jour s'accroître parmi les religieuses et les élèves l'influence de sa vertu et de ses capacités hors ligne.

Nous devons constater de nouveau que l'humble religieuse est toujours la seule à ignorer le grand fonds qu'on fait sur elle ; et, sans défiance, elle enregistre dans ses notes des pensées qui, par leur insistance sur le besoin qu'elle éprouve d'aimer Dieu et le prochain, trahissent de plus en plus les desseins du ciel sur elle : « Il s'agit de donner à Jésus de mon amour plus que les feuilles, plus que les fleurs ; c'est-à-dire plus que des sentiments, plus que des désirs. Les actes, voilà les vrais fruits de l'amour. » Elle appuie fortement sur les actes : « Ce sont des actes, » dit-elle, « et non des pensées ou des paroles. Je vous verrai, vous seul, mon Dieu, dans la personne du prochain ; et n'aurai par ce moyen aucun égard ni aux sympathies ni aux antipathies. La charité, oui, je veux la pratiquer dans toute sa perfection. Je m'appliquerai à marquer exactement mes fautes à ce sujet. » — Et elle revient à l'obéissance, cette vertu éminemment préparatoire à l'exercice de l'autorité : « Je ne ferai aucune action qui ne porte le cachet de cette vertu, la première des vertus religieuses. » Elle dit encore : « J'ai besoin, immensément besoin de plier sous le joug de la sainte obéissance, de cette obéissance respectueusement aveugle qui fait la sécurité, le bonheur en religion. »

En 1850, durant la retraite qu'elle fait au mois de septembre, elle verse tout son cœur dans quelques lignes délicieuses. Son écriture, ordinairement fort soignée, semble emprunter ici quelque chose à la suavité de ses pensées ; c'est une miniature calligraphique. Le tout petit format des pages ajoute je ne sais quoi d'aimable à cet écrit, et en fait une sorte de gracieux petit bijou. On y lit, entre autres choses : « Mon Dieu, que vous êtes bon, et que je voudrais enfin répondre à votre amour… Je l'ai promis, et je veux être fidèle à ma promesse : je vais me donner *corps* et *âme* à votre service ; je vais travailler à votre gloire, au bien du prochain avec une ardeur nouvelle. Je le demande, ô Jésus, à votre bonté infinie »… « Vous me demandez, Seigneur, de vous aimer par-dessus toutes choses, et d'aimer mon prochain comme moi-même pour votre amour... Eh! n'est-ce pas là le commandement imposé à tous les hommes? Une âme qui vous est consacrée a-t-elle donc besoin d'être rappelée à cette obligation?...

« Hélas! mon Dieu, la triste expérience que j'ai faite de ma faiblesse ne m'apprend que trop combien souvent j'ai perdu de vue ce premier de mes devoirs!... Oh! qu'il n'en soit donc plus ainsi. Que désormais je vous aime de toute cette puissance d'affection que vous m'avez donnée, et que la diffusion du feu de la charité au dehors devienne un besoin pour mon cœur. Oui, mon Dieu, que votre divin esprit me pénètre, et alors, non-seulement mes sentiments seront changés, mais encore mes paroles seront plus douces, plus onctueuses, mes actions plus saintes, et toute ma conduite sera plus édifiante...

« O mon Dieu! donnez-moi votre amour, et qu'il règle tout en moi. Etablissez dans mon âme l'empire de la divine charité, et je n'aurai plus rien à désirer sur la terre. Que je sois ingénieuse à saisir toutes les occasions de faire régner autour de moi cette aimable dilection qui vous plaît tant, et qui peut seule procurer le bonheur des âmes consacrées à votre service!

« Rappelez-moi donc, ô mon Dieu! que cette maison vous appartient, qu'elle est véritablement *vôtre*, et que je la dois aimer pour vous. Rappelez-moi que chacune des personnes qui la composent est votre épouse, que vous l'aimez, et que si elle m'est indifférente, je suis en opposition manifeste avec vous, je perds tous mes droits à votre amour!...

« O mon Dieu, préservez-moi d'un tel malheur, et que le fruit spécial de cette retraite, dans laquelle vous m'avez parlé si fortement au cœur, soit de m'établir dans la pratique *constante* de la charité intérieure et extérieure.

« Tous les matins je renouvellerai la promesse que je vous ai faite de vous voir, vous *seul*, ô mon Dieu, et votre sainte volonté, en *tout* et *partout*, dans les *personnes*, dans les *choses*, et de ne rien faire que pour vous plaire. Je me prescrirai, en outre, quelques actes extérieurs de charité, tendant tous, de près ou de loin, à entretenir dans la maison l'union, la cordialité, la confiance. Il faut absolument que je m'y donne de tout cœur, quoi qu'il m'en puisse coûter ; il y va pour moi de la vie ou de la mort, j'en ai la conviction.

« Aussi, je ferai de cette vertu de charité, considérée sous son double rapport, l'objet de mon examen particulier, marquant fidèlement mes fautes pour en rendre compte dans mes confessions et prenant sincèrement tous les moyens d'arriver à l'acquisition d'une vertu si nécessaire.

« Mon Dieu, je vous en conjure, bénissez ces résolutions ; rendez-moi courageuse pour les accomplir, malgré les réclamations de ma nature, afin que je devienne chaque jour plus agréable à votre divin cœur, auprès duquel j'irai puiser toute ma force, toute ma consolation. »

C'est ainsi que la sœur Sainte Claire faisait, depuis deux ans, sans s'en douter, sous la conduite de Dieu, une sorte de noviciat du commandement, en s'exerçant à l'obéissance et à l'amour. Ce noviciat touchait à son terme, et la formation de la supérieure était réellement achevée. Il ne manquait plus qu'une chose, c'est que Dieu mît son nom dans tous les cœurs pour que, de ses sœurs, elle reçût la solennelle investiture de la charge de mère. Le Seigneur prenait miséricordieusement ce soin.

Voici ce qu'était, en 1851, au moral, la sœur Sainte Claire. Le travail de la grâce, l'exercice de l'enseignement avaient fait s'épanouir en elle tous les dons qui s'annonçaient dès sa jeunesse. Raison magnifique, intelligence supérieure ; une tendresse virile dans un cœur de femme ; une âme tout imprégnée de foi ; c'était réellement la vertu greffée sur une belle nature. En la voyant à l'œuvre, on se demandait : Est-ce purement l'esprit de foi qui agit, ou est-ce la raison ? tant ces deux éléments se confondaient dans une merveilleuse harmonie.

Juste ce qu'il faut d'imagination pour donner aux choses leur éclat vrai. Enfin, en elle, toutes les facultés étaient parfaitement équilibrées; aucune ne dominait au détriment de l'autre. Instruite, elle n'était étrangère à rien, et avait une idée de toutes les questions. Avec cela le génie du gouvernement, et une très grande autorité.

Au physique, la sœur Sainte Claire avait une personnalité qui la distinguait du commun. Elle n'eut jamais l'air très jeune. Avec un front assez élevé, elle avait quelque chose d'un peu carré dans la figure, des traits légèrement accentués, le teint coloré, l'expression de la bouche très fine ; un regard pénétrant et profond ; une physionomie extrêmement vive et ouverte. Elle se tenait très bien, ce qui avantageait sa taille à peu près moyenne. Alerte, on eût dit qu'elle ne mettait pas le pied à terre, tant sa marche était silencieuse et légère. Sœur Sainte Claire était alors mince et svelte. Tout dans sa personne respirait la bienveillance, la dignité, mais une dignité gracieuse. Elle avait la répartie très vive, très fine, très gaie, et sa voix était doucement sonore et sympathique.

CHAPITRE HUITIÈME

La sœur Sainte Claire est élue supérieure. — Sa désolation. — Elle appuie son gouvernement sur l'humilité. — L'habitation de ses filles la préoccupe. — Combien les Ursulines savaient s'oublier elles-mêmes. — Précieuses innovations.— La mère Sainte Claire fait fleurir autour d'elle le meilleur esprit. — Appui dévoué de M. l'abbé Morisset. — Quelques traits de la physionomie de ce prêtre éminent. — La mère Sainte Claire opère l'union des âmes. — Différentes fonctions de la supérieure. — Les conférences, le chapitre, la direction. — La mère Sainte Claire et les sœurs converses. — Ses relations avec les enfants des classes et leurs familles. — Démarches pour obtenir l'inhumation des religieuses dans l'enclos du monastère. — Mort de son père.

La mère Sainte Ursule devait, d'après la règle, quitter sa charge de supérieure dans le courant de l'année 1851. La communauté était bien décidée à élire la sœur Sainte Claire qui, jusqu'au dernier moment, ne soupçonna pas même la possibilité de la chose. Entourée depuis longtemps de respect et d'amour, elle aurait pourtant pu en avoir un peu la pensée; mais sa grande simplicité l'aveugla complètement sur ce point. « J'étais à cent lieues de m'en douter, » disait-elle après, « et quand même l'idée m'en fût venue, je me serais toujours crue à l'abri de cette tribulation, parce que je n'avais pas le nombre d'années de profession suffisant pour porter le titre de Mère. » Au mois d'août

1851, M. l'abbé Richaudeau et la mère Sainte Ursule se dirent : « La sœur Sainte Claire décidément ne se doute de rien. Ne serait-ce pas être cruel de la laisser jusqu'au bout dans l'ignorance de son humilité, et de ne pas chercher à lui adoucir ce qui va certainement être pour elle une sorte de coup de foudre. » Ils essayèrent de lui dire quelques paroles ; mais elle, si clairvoyante et si perspicace pour toute autre chose, ne comprit rien. On y allait pourtant avec des allusions d'une grande transparence. La mère Sainte Ursule disait devant elle : « La supérieure que désire la Communauté est vraiment ce qui convient le mieux ; mais que deviendra le pensionnat qui repose tout entier sur elle ? » Sœur Sainte Claire répondait : « Pourquoi vous tourmenter, ma mère, ne pourrez-vous pas toujours compter sur moi pour le pensionnat ? Vous oubliez donc que je suis toujours heureuse de me dépenser pour les élèves ? » Elle accueillait de cette manière, dans sa grande candeur, toutes les ouvertures qui lui étaient faites là-dessus. « Sœur Sainte Claire est si loin de soupçonner qu'on peut penser à elle, » disait dans le plus complet désappointement M. l'abbé Richaudeau, « qu'à moins de l'instruire catégoriquement de ce qui va arriver, il faut désespérer de nous faire comprendre d'elle. Prions Dieu de la préparer lui-même. »

Le 27 septembre, l'élection eut lieu, et la sœur Sainte Claire réunit sur son nom toutes les voix.

Le vénérable aumônier et la mère Sainte Ursule ne s'étaient pas trompés. Moins le coup était prévu, plus il fut grand. L'étonnement de la pauvre sœur n'eut d'égal que sa désolation. Elle fut inconsolable. L'obéissance seule avait assez d'empire sur son âme pour la courber sous ce fardeau. Elle dit en fondant en larmes : « Je vous obéis, mes sœurs ; mais priez pour moi. » Ce fut l'acte d'obéissance qui lui coûta le plus de toute sa vie. Elle choisit pour sous-prieure la mère Sainte Ursule, et se hâta d'aller se remettre, auprès de Dieu, de l'émotion indicible où elle était. Elle en avait besoin.

Il fallut à la nouvelle supérieure plus d'un jour pour l'accoutumer à la pensée qu'elle était dépositaire de l'autorité. Des distractions charmantes la reportaient au beau temps où elle était la sœur Sainte Claire : « On la rencontra bien des fois au commencement, » nous racontent ses contemporaines, « à la recherche de la mère Sainte Ursule, comme lorsqu'elle était simple religieuse, allant lui demander des permissions ; et à celle qu'elle trouvait sur son passage, elle disait : « Où est notre mère supérieure ? » Et les larmes jaillissaient de ses yeux, quand ces mots : « Mais c'est vous qui êtes notre mère, » la tiraient de sa distraction.

« Les larmes, » ajoutent ses filles dévouées, « ah ! la source en était ouverte, et elle ne devait pas sitôt tarir. »

En apparaissant la première fois comme supérieure au milieu des religieuses, elle s'était humiliée profondément. Tout le monde en demeura frappé. Ce n'étaient que les premières notes de ce long cantique à l'humilité qu'elle devait chanter durant son premier triennat et continuer toute sa vie. « Quelque temps après l'élection, » écrit une religieuse, « conversant avec moi, elle me dit : Que pensez-vous de ce malheureux choix ? — Je pense que le bon Dieu a voulu donner à la communauté une bien précieuse bénédiction. — Et la mère de répondre aussitôt : Hélas ! qu'est-ce que le bon Dieu a fait... priez beaucoup pour moi... Je ne suis plus intérieure ; c'est à cause de mes péchés qu'il a mis un si lourd fardeau sur mes épaules. » Ce sentiment de son infériorité ne la quittera jamais ; et elle prendra rarement la parole sans faire à son indignité les allusions les plus touchantes. Dans les conférences, » écrivent les religieuses qui alors vivaient avec elle, « la mère Sainte Claire demandait à nos anciennes mères avec un accent profondément convaincu, pourquoi elles l'avaient choisie pour supérieure ; puis, se mettant à genoux, elle leur disait : Mes chères mères, je vous en supplie, si vous

remarquez en moi des défauts, des imperfections, avertissez-moi toutes ; la dernière de la communauté, même la dernière sœur converse, a le droit de m'avertir, et je serai très reconnaissante de ce qu'on voudra bien me dire. Ces exemples d'humilité touchaient à tel point nos anciennes mères qu'elles ne lui répondaient que par leurs larmes. »
— « D'autres fois, » continuent ces religieuses, « après nous avoir parlé en termes magnifiques sur la charité, l'union des cœurs, elle se mettait à genoux en nous disant combien elle se trouvait incapable d'être à la tête de la maison ; elle disait aussi, en versant bien des larmes : Je suis une pauvre religieuse, sans expérience ; je vous en supplie, mes chères sœurs, ne manquez pas de m'avertir des moindres défauts que vous trouverez en moi ; c'est le plus grand service que vous puissiez me rendre ; je serai toujours très reconnaissante de quelque part que cela me vienne. »

La mère Sainte Claire était réellement persuadée que l'humilité est une puissance, peut-être la plus grande qu'il y ait au monde. Avec ce point d'appui, pensait-elle, il est impossible que je ne domine pas la position. Elle marcha donc à son but avec une foi inébranlable dans l'efficacité de l'humilité.

Son attention se porta aussitôt sur la nécessité de donner aux religieuses une habitation plus convenable. On avait tout d'abord pensé aux élèves, et amélioré les pensionnats. Mais, fidèles à leur habitude d'abnégation, les excellentes mères s'étaient constamment oubliées elles-mêmes. « Il est certain, » nous dit un témoin oculaire, « que logement, linge, nourriture, vêtements, tout rapprochait les Ursulines de la pauvreté de Nazareth. Le noviciat était relégué dans un petit réduit où à peine voyait-on clair en plein jour. Les fenêtres étaient si basses qu'il fallait s'asseoir sur un tout petit banc pour recevoir un pauvre rayon de lumière. Le dortoir était un vrai galetas. » En tout cela, sans doute, rien que de très touchant ; et les Ursulines seront toujours fières, à juste titre, de ce dénûment glorieux de leur berceau. Les anciennes mères, si heureuses dans leur royale pauvreté, durent prendre beaucoup sur elles-mêmes pour ne pas se plaindre, quand la mère Sainte Claire résolut de les en faire sortir. Mais évidemment un pareil état de choses ne devait pas durer, et à ces généreuses épouses de Jésus-Christ, si amies de la croix, il fallait désormais autre chose pour abri que ces bâtiments délabrés et incommodes.

La jeune supérieure parla de ses projets d'amélioration. Un accueil glacial lui fut fait ; puis des objections de toute nature. On s'était bien passé jusqu'ici des choses qu'elle jugeait indispensables. La mère Sainte Claire, qui avait l'approbation des supérieurs ecclésiastiques sans laquelle jamais elle n'eût voulu entreprendre la plus petite chose, fit exécuter ses projets. Les contradictions ne l'émurent, ni ne l'étonnèrent; et elle fut toute douceur et aménité pour celles d'où elles lui venaient. Parlant plus tard des réflexions plus ou moins agréables qu'il lui fallut alors entendre, comme d'une chose toute naturelle, elle disait : « Quand je fis construire les cloîtres, souffrant trop de voir toutes les religieuses ainsi constamment exposées à la pluie et aux inconvénients du mauvais temps, les sœurs converses que j'avais eues particulièrement en vue, parce que leurs travaux les contraignaient à plus d'allées et de venues, furent les premières à me blâmer ; plusieurs même vinrent me trouver : je faisais une dépense inutile, on s'en était bien passé jusque-là, etc., etc. Je tins bons, et je fis bien. Car aujourd'hui tout le monde en reconnaît la commodité, et, si on ne les avait plus, on ne croirait pas pouvoir s'en passer. C'est ainsi de toute chose : on se fait une routine de laquelle on voudrait ne jamais sortir; et l'on ne croirait pas combien, dans une communauté, il est parfois difficile d'améliorer les choses et de contenter les personnes auxquelles on veut davantage faire du bien. »

La mère Sainte Claire toucha avec plus de précaution à l'édifice spirituel de sa chère communauté.

Vouloir s'obstiner à se tenir exclusivement dans le passé sous prétexte que les idées nouvelles ne lui peuvent rien ajouter d'essentiellement bon, et sont susceptibles de le gâter foncièrement par le mélange du bien et du mal qu'elles contiennent était, aux yeux de la mère Sainte Claire, une aberration malheureuse. « Prenons, » disait-elle, « tout ce qu'il y a de précieux dans le passé, et accueillons avec reconnaissance de la main de Dieu les progrès heureux du temps présent. » Il est certain que la peur systématique des idées nouvelles ; la frayeur de l'élargissement des horizons dans l'ordre scientifique n'envahira jamais une âme éclairée et profondément catholique qui aime l'Eglise, et qui prend d'elle docilement sur toute chose le mot d'ordre, assurée par là de ne se tromper jamais. Autant le rejet du passé est absurde et va contre la raison, autant le dédain des nouvelles lumières que chaque jour apporte avec lui est dépourvu de sens.

La mère Sainte Claire comprenait qu'il fallait faire pénétrer dans son monastère, composé en partie des débris vénérables de l'autre siècle, les améliorations de l'époque, et cela tant pour leur être utile à elles-mêmes que pour mettre à l'aise et laisser dans leur élément les plus jeunes religieuses. Cela était surtout impérieusement exigé pour le succès de l'éducation à donner aux enfants. M. l'abbé Morisset, supérieur de la communauté, était plus que personne de cet avis. Ce prêtre avait une haute intelligence, un esprit admirablement cultivé, et en même temps très ouvert à toutes les grandes et nobles idées. S'il ne se fût pas obstiné à s'envelopper toute sa vie dans le manteau d'une humilité excessive qu'il porta, au reste, toujours avec une dignité pleine de grandeur, cet ecclésiastique hors ligne eût jeté par son éloquence, sa science et la fermeté de ses principes un vif éclat dans toute la France. Sa place était marquée parmi les célébrités contemporaines. M. Morisset, homme d'une foi digne des anciens âges et d'une candeur d'enfant, fut simplement le conseiller très goûté des Evêques de Blois qui se firent un doux honneur de l'entourer de leurs égards et de leur affection. Vicaire général, il s'attira la vénération de tout le clergé. Nous avons dit, et on le comprend sans peine, que M. Morisset partageait toutes les idées de la mère Sainte Claire. Celle-ci trouva en lui, pour ses réformes, un appui considérable. Mais la tâche n'en présentait pas moins de grandes difficultés.

Comme la mère Sainte Claire était femme à faire dans ce but tous les actes d'humilité, de charité, d'abnégation, d'oubli d'elle-même possibles, on pouvait regarder le succès comme certain. Mais il lui fallut une patience admirable, un tact et une délicatesse de tous les instants. « Nous ne cessions d'admirer sa patience, son renoncement pour amener tous les cœurs à une même pensée, » disent ses contemporaines. A quels assujétissements elle se livrait pour faire disparaître en faveur des jeunes religieuses les sujets de peines que lui avaient causés à elle-même, avec le désir du bien, les anciennes durant son noviciat si éprouvé. Une direction plus douce, dans la forme du moins, était chose capitale pour l'avenir de la maison. Mais la difficulté, à chaque instant, était grande de faire goûter ces procédés différents. La voyant s'engager dans cette voie, il arrivait à quelques-unes de dire, effrayées : « Notre supérieure est trop jeune, en vérité. » La mère Sainte Claire avec douceur essayait de dissiper ces appréhensions. Il faut dire que, bien que la patience ici ne l'ait jamais abandonnée, elle souffrait au fond de son cœur, et dans une mesure dont peut-être on ne se serait pas douté, si un incident ne l'eût fait connaître comme par hasard. Un jour qu'une religieuse lui communiquait les pensées de découragement qui bouleversaient son âme : « Ah ! ma pauvre enfant, » lui répondit l'excellente mère, « votre position n'est pas la plus difficile ! Si je m'écoutais, je m'en irais pleurer seule dans un petit coin du jardin ! »

Cependant, ce qu'il lui en coûtait chaque jour

pour communiquer à sa chère communauté le véritable esprit religieux, y faire naître cette dilatation des âmes, l'entourer de cette atmosphère de bonheur céleste qui résulte de l'amour divin bien compris, la placer dans cette largeur d'idées qui fait que tout le monde respire à l'aise, enfin y allumer ce flambeau de la science, y faire fleurir ces manières distinguées, vernis précieux dont les esprits étroits seuls ne font pas de cas; tout ce qu'il lui fallait répandre de larmes pour opérer tant de bien, un bien pourtant si réel, dont la poursuite était si digne d'éloges, Dieu seul le savait au juste. Car, toujours pleine de bonté, de prévenances envers celles qui lui paraissaient le plus contraires, elle faisait toutes sortes d'efforts afin qu'on ne s'aperçût de rien; et elle agissait comme si elle-même n'eût pas senti d'impression douloureuse. Le succès ne devait pas se faire attendre indéfiniment. Cette douceur continuelle, cette amabilité qui ne la quittait pas, cette attention de tous les instants à faire plaisir, ces ménagements pleins de tact finirent par lui gagner tous les cœurs; et cela sans réserve. On adhéra par l'amour à toutes ses pensées, et il ne fallut guère plus d'une année pour que, au spirituel comme au temporel, la communauté fût complètement changée.

Ce travail si difficile de transformation s'ajoutait

pour la mère Sainte Claire, à la charge déjà bien lourde de supérieure. Il reste à la voir dans l'exercice proprement dit de cette fonction.

La supérieure, d'après les saintes règles de l'Institut, doit « travailler efficacement à l'avancement » des religieuses, « donnant son attention aux petites choses comme aux grandes ». Il lui est prescrit « de s'informer avec soin de leurs progrès dans l'exercice de l'oraison, de la présence de Dieu, de leur avancement dans la pratique des solides vertus... » de « faire son possible pour les détacher de tout ce qui peut empêcher l'union qu'elles doivent avoir avec Dieu ». — « Elle doit avec un amour maternel rendre la justice à chacune. » Elle a aussi « à imposer les pénitences » utiles. Il est dit encore qu'elle « tâchera de s'insinuer doucement dans le cœur de ses sœurs, afin de les entretenir dans une union qui leur adoucisse le joug de la religion, et rende son gouvernement paisible » et profitable « à toutes ». — « Elle doit s'informer des besoins de ses sœurs pour y pourvoir avec une charité vraiment maternelle, prenant garde que rien ne leur manque. » Elle doit être la première à tous les exercices et servir de modèle de régularité. En un mot, la supérieure est l'âme de la communauté. Tout le monde lui emprunte sa vie. Elle doit pourvoir à tout, être à la disposition de tout le monde.

On conçoit sans peine l'activité qu'il lui faut à chaque instant déployer.

C'est surtout par les conférences, les chapitres, la direction intime des sœurs qu'il lui est donné de vivifier en même temps que de conduire la communauté. La mère Sainte Claire demanda toute sa vie avec une humilité qui ne dégénéra jamais en une affaire d'habitude, la grâce à Dieu pour s'acquitter dignement de ces importantes fonctions. Et Dieu, touché du sentiment de défiance d'elle-même si profond qui l'anima toujours, l'exauça au delà de ses espérances.

« En l'entendant parler dans les conférences, durant tout son premier triennat, » nous disent les sœurs de ce temps, « on aurait cru que Dieu était visiblement près d'elle. Nous étions, comme autrefois les enfants du pensionnat, suspendues à ses lèvres. Elle nous entretenait presque constamment de l'esprit de foi. Toute sa vie ne respirait que cela. Sa parole en était imprégnée. Et, s'inspirant de sa chère devise : « Dieu seul ! ne voyons que Dieu seul en tout et partout, » elle s'écriait : « Mes chères mères et mes chères sœurs, j'aime tant vos âmes que je suis prête à sacrifier ma vie pour une seule d'entre vous, si cela était utile pour sa perfection ; le jour, la nuit, je vous présente sans cesse à Dieu ; je le prie de vous sanctifier, et, à cette intention, j'offre toutes mes souffrances et toutes mes œuvres. » Elle avait, au reste, une extrême facilité pour parler, et une grâce délicieuse pour bien dire les choses.

« La Supérieure « doit tenir » toutes les semaines le « chapitre à la communauté pour la correction des fautes ». La mère Sainte Claire attachait à cet exercice une grande importance. Au chapitre, elle insistait de la manière la plus pressante sur la charité, l'union des cœurs. « Cette grande vertu, vertu si chère du support mutuel, vous n'en manquerez pas, si vous avez soin de vous mettre à la place de votre sœur. » Elle s'élevait avec une suavité pleine d'énergie contre la susceptibilité. « Ah! la susceptibilité, » disait-elle, « cette fleur si vénéneuse de l'amour-propre, à tout prix, mes filles, il la faut arracher. » Elle opposait à l'orgueil l'amour des humiliations. « Des religieuses, des âmes consacrées à Dieu! » s'écriait-elle, « devraient avoir faim et soif d'humiliations. Cela devrait être leur pain quotidien, à l'exemple de leur époux qui n'a pas voulu autre chose. » Elle savait, dans cet exercice, activer la ferveur, aider à humilier la nature. Si bonne, si bienveillante partout, elle se montrait là très ferme, reprenait avec une sainte liberté, et imposait souvent de bonnes pratiques de pénitence et d'humilité. Le souvenir des violents « coups de massue », comme elle disait elle-même, qu'elle donnait à l'orgueil, dans les chapitres, n'est pas près d'être perdu, pas plus que celui de la joie qu'on avait toujours en recevant de sa main ces « coups de massue ».

A toute heure, la mère Sainte Claire était accessible. Quand elle faisait attendre seulement deux minutes à la porte une de ses filles, elle s'excusait avec humilité. Dans ses entretiens intimes, on la trouvait remplie d'attentions délicates. Toutes celles qui eurent le bonheur de la voir alors nous disent : « Elle avait au plus degré le discernement des esprits, avec un don particulier pour relever les courages abattus, fortifier les faibles et ranimer les forts. Elle nous répétait souvent ces paroles : « Que Notre-Seigneur grandisse en vous, faites-le grandir chaque jour en crucifiant la nature, et en n'accordant à cette misérable que le strict nécessaire. » — « La mère Sainte Claire, » ajoutent ces mêmes religieuses, « ne voulait pas qu'on recherchât les consolations sensibles, mais elle savait bien les faire trouver. Elle faisait aussi très bien accepter les sacrifices. »

Toujours fidèle à son principe d'humilité, la mère Sainte Claire eut la dévotion de s'occuper des sœurs converses, pouvant se décharger de ce soin sur d'autres mères. Elle y trouva même tant de goût qu'elle obtînt que cet emploi lui fût conservé jusqu'à sa mort. Elle aimait donc à se trouver avec les sœurs converses. « Au milieu de vous, mes bonnes sœurs, » s'écriait-elle, « je jouis. » Les sœurs d'alors, en rappelant ce mot, ajoutent : « Elle ne jouissait pas plus que nous. » La mère Sainte Claire leur faisait apprécier leur condition. « Faites du cas de votre état, leur disait-elle, car il est digne d'envie; vous n'avez absolument qu'à vous occuper de votre âme. Vous êtes en dehors de toute charge et de toute responsabilité. Vous ne serez jamais appelées à donner votre voix en quoi que ce soit, ni votre avis. Aimez donc du fond de votre cœur cet état d'humilité. Vous êtes par cela même plus conformes à Notre-Seigneur qui n'en a pas choisi d'autre. Et pour tous ces motifs, je ne vous appellerais pas privilégiées de son cœur! » Ainsi formées, ces bonnes sœurs, dans la joie de leur âme, disaient : « Ah! oui, nous aimons notre condition; nous ne la changerions pas pour toutes les couronnes de la terre. »

La mère Sainte Claire, à la tête de la communauté, devait exercer sur le pensionnat une influence considérable. Son activité infatigable s'y fit sentir. Sans gêner l'action de la mère Saint Gabriel qui en était la directrice générale, elle avait là surtout son cœur. Durant les retraites données aux élèves, elle suivait tous les exercices ; elles assistait aux examens de tous les cours, distribuait les récompenses, et allait lire chaque semaine dans les différentes classes les notes méritées par les enfants. Elle connaissait particulièrement chacune d'elles, les voyait à part toutes les fois que celles-ci le désiraient, et s'intéressait vivement à leurs progrès dans la vertu.

Elle se préoccupa avec un soin exceptionnel de donner aux études un essor toujours plus grand. Le dessin, la musique commencèrent à être enseignés avec succès. Les familles qui, lorsqu'elle n'était que maîtresse au pensionnat, aimaient tant à la voir et à l'entretenir, témoignaient leur satisfaction de pouvoir désormais traiter avec elle comme supérieure de la maison. C'est entre ses mains que les mères voulaient mettre leurs filles en les amenant au pensionnat ; et, pour leur accorder cette consolation, la supérieure dut se condamner à de longues heures de parloir, alors qu'ailleurs mille choses pressées demandaient sa présence. Mais l'excellente mère savait faire face à tout.

Vers la fin de son premier triennat, la mère Sainte Claire s'occupa d'une affaire qui touchait au cœur de toutes les religieuses. La pensée lui était venue de garder dans le monastère ses chères filles mortes, et de ne pas se les laisser enlever pour être enterrées dans le cimetière commun. L'idée que leur dépouille terrestre reposerait dans l'intérieur de cette clôture où elles avaient si délicieusement enfoui déjà leur vie la ravissait. Elle se disait : « C'est de nos cloîtres bénis que nous irons à la résurrection. » — « Et puis, » se disait-elle encore à elle-même, « à perpétuité l'amour fraternel veillera sur ces tombes, et les larmes et les prières de cœurs dévoués les embaumeront toutes dans l'immortalité d'un céleste parfum. »

La mère Sainte Claire exposa un jour aux religieuses son projet. « Je voudrais, » leur dit-elle, « que nous soyons toutes inhumées dans le couvent. Pour cela l'autorisation du gouvernement est nécessaire, mais, si nous prions bien Dieu, elle nous sera accordée ; et, aussitôt que nous l'aurons, on procédera à la construction d'un caveau tumulaire. » Elle reçut de toutes ses filles bien des bénédictions pour cette innovation inspirée par sa foi, et par cet exquis sentiment qui voue aux défunts le plus tendre culte. Les négociations furent entamées. Appuyée par M. l'abbé Morisset, et par M. Richaudeau, la mère Sainte Claire fit sa demande au maire de Blois. Croyant que la concession désirée n'avait que très peu ou même peut-être point d'antécédents dans les autres villes, le digne magistrat craignit d'outre-passer les limites de son pouvoir en accordant cette faveur. Il n'y avait, en effet, que deux ou trois communautés dans ce cas à cette époque. La mère Sainte Claire pensa avec M. Richaudeau qu'il ne fallait pas s'en tenir là ; et on s'adressa au ministre de l'Intérieur. Il y avait à la cour un arrière-petit-neveu de la mère de la Pagerie, ancienne Ursuline du monastère de Blois, M. le comte Tascher de la Pagerie, premier chambellan de l'Impératrice. On sollicita son appui auprès du ministre, et son intervention gracieuse donna bientôt l'espérance que les vœux des religieuses seraient comblés. Un certain temps néanmoins se passa, comme il arrive toujours, avant qu'on pût mettre la main à l'œuvre.

Sur ces entrefaites, M. Boutros vint à mourir. La supérieure des Ursulines pleura son père avec les larmes les plus chrétiennes. Comme rien n'altéra jamais l'exquise sensibilité de sa piété filiale, et que l'amour de la famille lui demeura constamment au cœur dans toute sa fraîcheur, son intégrité; comme cette fibre-là ne cessa jamais un instant d'y vibrer avec toutes ces notes douloureuses, et tous ces accents que produisent l'éloignement et les ineffables inquiétudes de la foi à l'égard de ceux qui ne sont pas dans le chemin du salut, la sœur Sainte Claire avait été toujours en éveil, surtout depuis la maladie de ce père chéri. Toute sa vie elle avait prié pour qu'il revînt à la pratique de ses devoirs religieux. Mais ce qu'elle fit alors pour l'y décider serait impossible à raconter : prières, sacrifices, lettres touchantes où elle parle cet inimitable langage d'une enfant et d'un apôtre fondus ensemble, rien ne fut négligé. Elle lui envoyait à chaque instant son bon ange. C'était sa grande consolation. Elle disait à son céleste gardien : « Oh! allez, allez le voir. Remplacez-moi auprès de lui. » Le bon père cependant ne revenait pas à Dieu. Un jour, tremblante comme elle ne l'avait jamais été, à la pensée de le voir quitter cette terre sans s'être réconcilié avec le Seigneur, n'y tenant plus, elle lui écrivit une dernière lettre très pressante. M. Boutros fut vivement impressionné. Mlle Aimée raconte ainsi à la mère Sainte Claire la scène qui eut lieu : « Notre père était fort souffrant lorsque ta lettre arriva. Elle était très pressante pour l'engager à rentrer dans la pratique de ses devoirs religieux; tu lui peignais tout ce que tu avais éprouvé aux derniers instants de Mme Saint Gabriel, qui pourtant était morte dans l'amour de son Dieu; tu lui disais combien son souvenir à lui nous serait cruel, si le bon Dieu l'appelait avant qu'il eût mis ordre aux affaires de sa conscience, qu'il avait négligées depuis si longtemps... Tu lui parlais de la joie qu'en éprouverait notre pauvre mère, qui sans doute, depuis sa séparation, n'avait pas cessé de solliciter cette faveur ; tu lui disais encore combien le bon Dieu était miséricordieux pour les pauvres pécheurs qui revenaient à lui avec confiance ; tu le suppliais de mettre fin à ses délais, car il était probable que sa carrière se terminerait bientôt et qu'alors il entrerait dans son éternité ; que le bon Dieu l'avait attendu avec plus de patience, qu'un grand nombre d'autres qui avaient été frappés au milieu de la vie ; tu lui citais quelques textes de l'Ecriture Sainte bien consolants pour les pécheurs qui se convertissent. Cette lettre était très affectueuse et en même temps très énergique et bien propre à réveiller une âme endormie, pour peu qu'il lui restât de foi. Le moment était favorable ; il gardait le lit depuis plusieurs jours, il avait perdu l'appétit et se plaignait de douleurs très vives. J'étais, je te l'avoue, ma pauvre amie, passablement effrayée de lui donner connaissance de cette lettre ; j'en étais profondément touchée ; aussi je ne pus la lire sans une très grande émotion ; nous avions auparavant prié la sainte Vierge de mettre dans ma voix quelque chose de touchant, et de bénir cette tentative dont le succès était si ardemment désiré ; je ne pouvais lire, les larmes coulaient malgré moi, il fallait interrompre à chaque instant. Il ne put se défendre d'une très grande émotion qui altérait même sa respiration ;

il me regardait fixement et semblait tout absorbé par cette lecture ; lorsqu'elle fut finie, je l'embrassai tout en larmes et je lui demandai s'il ne se rendrait pas enfin à nos désirs. Il me répondit avec beaucoup de douceur qu'il allait y réfléchir. Je le quittai un instant après. Le soir, je vins comme à l'ordinaire lui faire une petite prière, il l'écouta avec attention, et lorsqu'elle fut terminée, il me dit : Il faudra demain prier M. le Curé de Saint-Martin de venir me voir, je désire lui parler. Comme tu le penses bien, ma chérie, je ne lui dissimulai pas ma joie ; je l'assurai que M. Pellier serait heureux d'apprendre cette détermination. En effet, le lendemain j'allai le trouver et je lui fis part du choix de notre cher père; il me répondit que, puisqu'il en était ainsi, il viendrait bien volontiers à l'heure fixée. Il arriva à dix heures; notre pauvre malade le reçut comme un vieil ami qu'on n'a pas vu depuis longtemps ; il lui tendit la main, nous nous retirâmes et alors commença cette grande affaire qui devait nous causer tant de bonheur. Depuis ce jour dont il parut fort content, il n'était plus le même; nous l'entendions très souvent prier à haute voix et se recommander au bon Dieu, lui demandant pardon de l'avoir oublié si longtemps : il fit sa confession en plusieurs fois, puis il reçut l'absolution. Tu sais le reste, ma chérie, et combien nous devons toute notre vie bénir Dieu de sa grande miséricorde ; nous ne pourrons jamais assez le remercier. Il a reçu les derniers sacrements avec beaucoup de foi et de calme. M. Pellier en a paru fort content ; il nous a bien répété qu'il fallait avoir confiance, que nous avions de puissants motifs d'espérer que notre cher père avait trouvé grâce devant le souverain Juge. »

La pensée que celui qu'elle aimait était avec Dieu consola singulièrement la mère Sainte Claire dans son deuil. En cette circonstance, elle fut soutenue par la sympathie de ses chères filles et tout particulièrement par la tendre charité de la mère Sainte Ursule, de la mère Saint Bernard et de la mère du Saint-Sacrement. Mlle Aimée, très touchée de ce que ces excellentes religieuses firent pour elle alors, écrivait ces mots : « Nous remercions de tout cœur toutes ces dames qui t'ont donné tant de marques d'affection, et surtout ces bonnes mères Sainte Ursule, Saint Bernard et du Saint Sacrement dont l'affectueux dévouement ne te fait jamais défaut. Nous prions le bon Maître de nous acquitter envers elles. Qu'il leur rende donc avec usure tout le bien qu'elles t'ont fait ! C'est notre plus grand désir. »

CHAPITRE NEUVIÈME

Prolongation du gouvernement de la mère Sainte Claire jusqu'au mois de mars 1855. — Mgr Pallu du Parc. — Baptême de deux jeunes filles adultes. — La mère Sainte Claire est de nouveau élue supérieure en 1855. — La perspective d'une vie pleine de croix la console. — Elle s'applique à pénétrer ses filles de l'esprit religieux. — La Sainte-Ecriture. — Les prières liturgiques. — L'Imitation. — Les exercices de saint Ignace et la Perfection chrétienne de Rodriguez. — Tact et perspicacité de la mère Sainte Claire. — Son idéal est d'élever les âmes à la perfection de l'Homme Dieu. — Ses moyens et son genre d'action. — Différents conseils. — Esquisse du caractère de sa direction. — Le pensionnat et le parloir. — Surchargée elle ne néglige pas sa perfection. — Son amour pour l'obéissance. — Elle fait vœu d'accomplir toujours ce qui lui semblera le plus agréable à Notre-Seigneur. — Elle ne cesse un instant de se combattre elle-même. — La mère Sainte Claire fait le vœu héroïque en faveur des âmes du purgatoire. — Ses aspirations vers l'humilité. — Mortification.

Les pouvoirs de la mère Sainte Claire allaient expirer le 27 septembre 1854. La communauté, le 1er juillet, adressa une supplique à Mgr l'Evêque pour en obtenir la prolongation jusqu'à la fête de l'Annonciation de l'année suivante.

« Le motif de notre réunion en chapitre, » est-il dit dans la requête, « étant personnel à notre révérende mère prieure, elle ne peut y assister... Son gouvernement a été jusqu'ici, et est encore particulièrement utile à notre maison qui prospère plus que jamais par ses soins, son zèle, sa piété et ses talents. Nous avons donc un double motif pour demander la prolongation de ce gouvernement,... et pour prier notre Révérendissime Evêque de vouloir bien ordonner que la supériorité de notre révérende mère, dont le triennat finit le 27 septembre prochain, soit prolongée jusqu'aux jours qui précèdent la fête de l'Annonciation 1855.

« Daignez, Monseigneur, vous charger vous-même de faire agréer cette mesure à notre excellente et très-aimée mère, et lui adoucir ce qu'il y a en cela de pénible pour elle. Nous n'ignorons pas qu'en prolongeant l'exercice de sa charge nous prolongeons de bien grandes fatigues, mais nous espérons que Dieu la soutiendra par sa grâce, et qu'il proportionnera ses forces à son zèle et à son dévouement. Votre Grandeur sait, de son côté, combien notre digne mère redoute le prolongement et le renouvellement de sa charge. Elle vous en a donné des preuves non équivoques : voilà pourquoi nous désirons vivement qu'elle reçoive de vous, Monseigneur, les consolations dont elle a besoin dans cette circonstance, les souffrances si aiguës qu'elle éprouve presque continuellement devant lui rendre la résignation plus difficile. »

Depuis quatre ans déjà le diocèse de Blois avait le bonheur d'être sous la houlette de Mgr Pallu du Parc. Ce doux Pontife unissait à la distinction du gentilhomme une humilité touchante puisée dans la plus tendre piété. Son amour pour le Saint-Siège lui avait inspiré, dès les premiers jours de son épiscopat, en faveur de la liturgie romaine, de magnifiques accents qui émurent le monde catholique tout entier. Cela contribua à l'entourer d'un beau et légitime prestige. Esprit éclairé, il avait une remarquable délicatesse pour les choses de la foi et une pureté de doctrine immaculée : ceux auxquels il ouvrait son âme tout entière en étaient ravis. Son caractère naturellement fier, assoupli et transformé de longue date en une fleur d'aménité et d'affabilité exquise, avait des trésors d'indulgence pour les personnes ; ce qu'on n'eût pas cru quand on l'entendait dans l'intimité flétrir les moindres nuances des errements contemporains, et tout spécialement le libéralisme dont tant de bons esprits, sans s'en rendre compte, subissent les désastreuses influences. D'une grande droiture d'âme, ennemi du bruit et de l'éclat, homme de Dieu avant tout, il avait toujours les plus précieux encouragements à donner au bien, sous quelque forme qu'il se présentât.

Mgr Pallu du Parc professait pour la mère Sainte Claire une haute estime ; et, dès le commencement, ces deux grandes âmes avaient su se comprendre. Il connaissait tout le bien opéré par elle; c'est dire qu'il accueillit avec satisfaction la requête des Ursulines, et permit de prolonger son gouvernement jusqu'à l'époque demandée. Il se prêta aussi gracieusement aux désirs des religieuses, et vint informer la mère Sainte Claire des intentions de la communauté, « intentions, » lui dit-il, « qui sont formellement les miennes. »

A quelques semaines de là, comme si aux consolations de l'évêque Dieu eût voulu ajouter les siennes, la mère Sainte Claire vit deux jeunes filles du pensionnat recevoir le baptême, au milieu de l'émotion de toutes leurs compagnes, dans la chapelle du couvent. C'étaien deux sœurs élevées dans la religion protestante. La cérémonie fut extrêmement touchante, et le bonheur des nouvelles baptisées fut un parfum dont tout le monde demeura embaumé. Ceci avait lieu au mois d'octobre.

Le 25 mars de l'année suivante, la mère Sainte Claire dut se résigner à porter encore pour trois années le fardeau de l'autorité. Ce ne fut, au reste, qu'à la suite des plus pressantes instances; et Mgr l'évêque fut obligé de faire briller à ses yeux la perspective de croix nombreuses et d'une mort continuelle à elle-même, pour arrêter ses larmes et lui arracher son consentement.

Tout cependant devait la rassurer : autour d'elle

des personnes distinguées, d'un dévouement à toute épreuve, comme la mère Saint Bernard, la mère du Saint Sacrement, et bien d'autres; pour l'éclairer de leurs conseils, deux hommes éminents, M. l'abbé Morisset et l'aumônier M. Richaudeau; pour l'encourager, la bénir et consacrer ses œuvres un évêque, d'une intelligence élevée et d'une vie toute sainte. Ces grâces de Dieu un peu exceptionnelles qui affluaient maintenant après des jours où elles s'étaient faites si rares, inspirèrent à la mère Sainte Claire de la confiance; et, forte déjà par l'expérience qu'elle avait de l'autorité, elle se décida, puisque l'obéissance le demandait, à reprendre avec plus d'activité que jamais son travail un instant interrompu par l'espérance, vaine, hélas! d'en être déchargée.

Nous la trouvons sérieusement occupée à imprégner ses filles bien-aimées de l'esprit religieux. Pour comprendre la portée et le caractère vrai de sa direction spirituelle, il faut voir à quelles sources elle-même crut toujours devoir alimenter son âme. Avant tout, elle se nourrissait de nos saints livres : l'Ancien et le Nouveau-Testament. Après la parole de Dieu, venaient le missel et le bréviaire qu'elle avait toujours beaucoup aimés, mais que Dom Guéranger lui montra encore plus dignes de son attention pieuse. Les leçons de latin qu'elle avait reçues autrefois de son frère, la servaient maintenant à souhait, et elle appréciait les beautés divines et inimitables de la prière liturgique dans l'éclat de la langue originale. L'Imitation de Jésus-Christ était tout entière passée dans son âme ; et se retrempant constamment dans les exercices de saint Ignace, elle en avait foncièrement l'esprit. Au fonds si riche de pensées qu'elle s'était fait avec ces livres, venait s'ajouter la solide doctrine du Père Rodriguez, qu'elle possédait en quelque sorte par cœur. Durant dix ans spécialement ce livre ne lui sortit pas pour ainsi dire des mains. C'est surtout dans ces trésors magnifiques qu'elle prenait ses conseils de direction.

Evidemment il ne suffit pas d'avoir dans son esprit et dans son cœur les meilleurs conseils à donner ; il faut, de plus, la perspicacité pour découvrir ceux qui conviennent à l'âme en présence de laquelle on se trouve, et le tact pour les lui appliquer. La mère Sainte Claire possédait au plus haut degré cette perspicacité et ce tact. On n'avait jamais besoin de longues explications pour se faire comprendre d'elle. Un petit mot suffisait : « C'est assez, » disait-elle, « je comprends. » — « Quand je ressentais de la peine, » écrit une religieuse, « je n'avais pas besoin de le lui dire. Elle me racontait ce que j'avais sans que je le lui découvre. » Surtout elle savait comprendre chaque personne comme si elle eût eu son caractère. Elle exprimait sous toutes les formes cette pensée qui montre sa grande clairvoyance dans ces matières : « Il faut laisser à chaque âme son cachet particulier, et avoir sur ce point la plus grande délicatesse. Les âmes ne se ressemblent pas plus que les figures. » Elle était loin de la sorte, de vouloir faire passer tout le monde par la même voie, ou seulement de céder à la tendance si naturelle d'imposer aux autres son propre attrait.

Il y a toutefois un certain fonds d'idées que toutes les âmes doivent posséder, et un travail qu'il faut nécessairement faire dans quelque voie qu'on se trouve. La mère Sainte Claire ici, comme en toute chose, avait une étonnante précision. Son idéal était d'élever l'âme à la perfection de l'Homme-Dieu : *Quos prædestinavit, hos præscivit conformes fieri imaginis filii sui :* Pour être du nombre des prédestinés il faut ressembler à Jésus-Christ. *Donec formetur Christus in vobis :* La sollicitude capitale du chrétien est la formation du Christ en lui. Telle était la grande pensée de la mère Sainte Claire. Quoi de plus net? Les moyens pour arriver à ce but avaient la même netteté dans son esprit. Les voici : la constatation des défauts, leur correction, la guerre à la nature, l'appui sur Dieu pour le succès dans cette guerre, la prière constante, la résolution arrêtée de ne pas ménager le corps. La mère Sainte Claire travaillait avec ardeur, en employant ces moyens, à la réalisation de son idéal dans ses filles ; mais elle y mettait toujours une délicatesse plus que maternelle, ayant soin d'adoucir toutes les blessures qu'il lui fallait faire, par une infinie tendresse.

Voici comment elle parlait dans l'intimité aux religieuses : « Suivons la grâce, et ne la précédons pas. »

« Broyons la nature, chère enfant, et ne nous occupons pas de ses réclamations. Quand elle jette les hauts cris, imposons-lui silence, et tournons-nous vers Notre-Seigneur. »

« Ne vous occupez pas de vos répugnances ; profitez-en pour vous vaincre, et Dieu vous récompensera. »

« Il y a encore là une nature bien vivace. Combattez avec courage et toujours en priant, afin d'obtenir la force dont vous avez besoin. »

« Je vous en conjure, faites-vous violence, allez toujours généreusement vers le sacrifice. »

« Prenez donc votre crucifix. Baisez ses plaies adorables, et obéissez à vos saintes règles qui sont l'expression de la volonté divine. Je ne vous prescris rien autre chose qu'une grande défiance de vous-même, et des oraisons jaculatoires. C'est le remède le plus efficace à cette vie de nature et d'impression à laquelle vous vous laissez aller. »

« Ah ! chère enfant, que de mérites nous pourrions acquérir, si nous acceptions en esprit de foi, *comme un don de Dieu*, toutes nos peines, toutes nos souffrances intérieures et extérieures ! Pourquoi donc ne le faisons-nous pas ? »

« Souvenez-vous que la souffrance est la grâce des grâces. Si vous l'avez reçue hier avec reconnaissance, c'est sans doute votre meilleure journée de la semaine. »

« *Hic est Jesus !* Jésus est dans la souffrance. Que cette pensée est douce ! »

« Acceptez le malaise de votre âme, comme un moyen d'expiation de vos fautes. »

« Combattez les tentations, et, si le démon ne vous paraît pas s'enfuir, laissez-le aboyer à la porte de votre âme. Mais gardez-vous d'ouvrir. »

« Quand le démon vous tente par rapport aux affections de la famille, faites donc d'abord un grand acte d'amour de Dieu ; puis rappelez-vous qu'on n'aime dans le monde, et même dans le meilleur monde, que par égoïsme. N'espérant plus rien de nous, de notre affection, il est tout simple qu'on n'ait plus pour nous la même tendresse. »

« Ne vous inquiétez pas des tentations. Elles ne peuvent vous nuire sans votre consentement. Combattez par des actes d'amour de Dieu, et demeurez en paix. »

« Ah! vous voudriez, ma petite fille, qu'une tentation vaincue ne revînt pas !... Ce serait commode !... Et où donc serait la patience ? Où donc serait le travail ? »

« Ne vous effrayez pas des distractions ; il suffit de les combattre pour qu'elles deviennent des mérites. »

« Soyez tranquille, du moins dans la partie supérieure de votre âme, par une adhésion douce et aimante à la sainte et toujours aimable volonté de Dieu. »

« Que l'obéissance soit votre règle... Qu'elle soit votre seule et unique lumière, votre force et la consolation de votre cœur. »

« Soyez exacte à la règle ; ne vous pardonnez pas la plus petite infraction dans la fidélité extérieure. »

« N'ayez jamais peur des sacrifices, mon enfant, estimez-vous heureuse, au contraire, chaque fois que vous avez quelque chose à offrir à Dieu. Placez votre bonheur uniquement dans la certitude que Dieu vous aime, et que vous accomplissez toujours sa volonté. »

Sur le découragement elle s'exprime ainsi : « Mon Dieu ! soyez béni! Chaque fois que le découragement se présentera, je dirai : Mon Dieu ! soyez béni ! Dieu devant être remercié chaque fois qu'il me présente une occasion de mérite. Si donc je me trouve dans les ténèbres : Mon Dieu, soyez béni ! Si je rencontre une humiliation, une souffrance d'esprit, de corps et de cœur : Mon Dieu, soyez béni !... J'ai été méchante aujourd'hui, j'ai mal dit mon office, j'ai été de mauvaise humeur, cela doit m'humilier, me couvrir de confusion à mes propres yeux : Mon Dieu, soyez béni !.. Il faut que je tire le bien du mal : Mon Dieu, soyez béni ! Cette oraison jaculatoire dans ma bouche sera une parole de louange pour dédommager mon Jésus du peu d'amour de sa volonté sainte. »

« Persévérez à lutter, mais rejetez loin toute pensée décourageante. Elle ne viendrait pas de Dieu. »

« Tous les emplois, tous les états d'âme, tristesses, maladies, peines, aveuglement, j'accepte tout. Quand on veut être à Dieu à tout prix, peu importe où l'on soit, fût-ce dans une prison... »

« Quand on a bien compris qu'on n'existe que pour Dieu, la pauvreté, l'humiliation, la souffrance, tout est bon. »

La mère Sainte Claire remarque des progrès : « Je vois avec consolation » dit-elle, « qu'il y a un mieux réel. Courage donc et humilité ! » — « Il est très évident que votre âme est en meilleure voie, elle recommence à marcher. Mettez-y surtout une grande suavité. C'est essentiel pour vous. »

« Vous n'appréciez pas bien une antipathie, c'est un sentiment naturel qui n'offense pas Dieu par lui-même. Il suffit de le désavouer et d'agir contrairement à ce qu'on éprouve. Alors on acquiert de grands mérites devant Dieu. »

La mère Sainte Claire, on le voit, pour fortifier ses filles et les éclairer, se servait de robustes maximes. Elle avait le don d'une consolation très forte. S'adressant à des personnes animées de l'esprit de foi, elle leur pouvait tenir ce mâle langage. Seulement, avant d'arriver à leur adresse, ces paroles empreintes d'une fermeté vigoureuse passaient par son cœur, et y prenaient un charme indéfinissable. C'était le surnaturel naturalisé. Ordinairement ses conseils étaient courts et disaient toujours beaucoup. « Un seul mot de sa part me disait tout, » nous raconte une religieuse, et ici elle exprime l'impression générale ; « elle donnait une parole de foi où il y avait ce qu'il faut pour faire le devoir. » Afin d'être vrai jusqu'au bout, il faut ajouter qu'une âme complètement étrangère à la vie de foi eût été dans les commencements un peu étourdie de ce grand langage. Mais, pour le seul bonheur de la comprendre, on se fût placé à tout prix dans cette atmosphère de la grâce où la pratique des plus héroïques vertus devient une douceur et le souverain besoin de l'âme. Ce qui n'empêchait pas la mère Sainte Claire d'avoir la plus grande condescendance pour les faibles, et d'aller au devant de celles qu'elle aurait pu croire contrariées. D'un mot, elle faisait disparaître toute tristesse.

Voici comment une religieuse résume tout ce qui vient d'être dit : « Sa direction, quoique douce, était profondément énergique. Notre mère n'acceptait rien de naturel, et ne pouvait souffrir qu'on sortît du surnaturel pour s'attacher à ces petits riens, à toutes ces petites faiblesses de la nature ; elle exigeait de celles qui lui étaient sincèrement obéissantes l'abandon total de ces retours d'amour-propre, du moi humain, et de toutes ses illusions ; elle n'était heureuse que quand elle était parvenue à nous remettre dans la vie vraiment surnaturelle, qui chez elle débordait de toutes parts ; c'est ce à quoi tendaient tous ses efforts. Soit dans la direction, soit dans les conférences, soit dans les chapitres, soit dans les mille petits détails de la vie ordinaire, elle nous reportait toujours au surnaturel ; c'était comme l'unique pensée de sa vie. »

La mère Sainte Claire, dans ce travail essentiel de la culture de la vie intérieure de ses filles, passa un temps considérable durant ce second triennat.

« Elle y donnait, » nous dit-on, « des journées entières. Depuis avant neuf heures du matin jusqu'après sept heures du soir, cette Mère dévouée était clouée sur sa chaise, écoutant chacune de nous. Quelle patience, les jours surtout où elle souffrait ! Jamais on n'a pu remarquer la moindre humeur, le moindre mécontentement, le moindre ennui. Elle nous recevait les unes après les autres avec sa grande bonté. Quand on s'excusait de la déranger : « Mon temps, » disait-elle, « ne peut être mieux employé qu'à venir au secours d'une âme et à seconder ses bons désirs. »

Lorsqu'elle n'était pas ainsi avec ses filles, c'est aux classes qu'il fallait aller la chercher. Elle se rendait aussi souvent au parloir, où une foule de personnes venaient lui demander des conseils et des consolations.

Au milieu d'occupations aussi distrayantes, elle se montre, comme toujours, remplie d'activité pour le soin de son âme. Elle a vivement à cœur l'obéissance. En devenant supérieure, elle avait dit : « J'entends bien que cette charge ne m'arrache pas du front la plus belle fleur de ma couronne d'Ursuline, l'obéissance ! » On la trouve ingénieuse pour faire, bien qu'elle commande, des actes d'obéissance, et son âme n'est tranquille que quand il lui a été possible d'en rencontrer l'occasion. Elle s'appliquait, en outre, à nourrir dans son âme un respect et une soumission sans bornes à ses supérieurs ecclésiastiques, pour lesquels elle avait une sorte de culte, voyant Dieu en eux, avec une foi vive. Elle fit, à cette époque, le vœu d'accomplir toujours ce qui lui semblerait actuellement devoir être le plus agréable à Notre-Seigneur, et de renouveler cette promesse à chaque heure. C'est jusqu'à ce point qu'elle poussait le désir de lui plaire. Vingt-trois ans plus tard, elle constatera qu'elle n'a jamais manqué à ce vœu volontairement.

Comme, à cause de la nature qui est le plus souvent opposée à nos meilleurs désirs, il faut être en lutte constante, la mère Sainte Claire s'anime aux saints combats et s'y exerce à chaque instant avec énergie. Elle dit un jour à une jeune professe qui se plaignait des assauts violents par lesquels le vieil homme troublait sa paix : « Pauvre chère enfant ! vous venez de vous consacrer à Notre-Seigneur, et vous voudriez jouir du repos. La vertu s'acquiert à la pointe de l'épée. Hélas ! j'aurais bien plus de motifs de gémir que vous, s'il fallait gémir des soulèvements intérieurs de la nature. Hier, j'avais à écouter des paroles qui m'étaient bien sensibles, je vous assure ; je me sentais bouillir jusque dans le bout des ongles, alors je saisis mon crucifix ; et, le tenant caché dans le pli de ma manche, je le serai si fort en répétant sans cesse : Mon Dieu, gardez mon âme, gardez mon âme ! que le soir encore ma main en conservait la marque ; mais mon impatience avait été vaincue, et c'était ce que Notre-Seigneur me demandait. »

La mère Sainte Claire fit aussi, vers ce temps, le vœu héroïque en faveur des âmes du purgatoire. Personne plus qu'elle n'avait le sentiment des souffrances de ce lieu d'expiation. Mais la pensée de se priver de voir Dieu pendant de longues années peut-être pour procurer à d'autres plus tôt ce bonheur allait beaucoup à sa générosité.

Plus que jamais enfin elle comprenait les joies de l'humilité. A chaque instant, de vifs regrets s'exhalaient de son âme en se voyant aimée et vénérée de tout le monde : « Etre méprisée, comptée comme rien, » disait-elle, « ah ! cette félicité exquise n'est pas pour moi, je n'en suis pas digne. » Et s'adressant à Dieu, elle faisait cette prière : « Quand viendra-t-il le moment où vous m'exaucerez, et où personne ne me regardera plus, où je ne serai rien, où l'on ne tiendra de moi aucun compte ! »

Enfin la mortification qui depuis longtemps tenait dans sa vie une si grande place, devenait un besoin impérieux pour elle. Les austérités qu'elle embrasse à partir de l'année 1856 sont effrayantes.

On ne sera pas étonné qu'on en touche au moins

un mot ; car il est impossible de suivre longtemps les saints sans les rencontrer sur ce terrain. Si, en effet, vous lisez la vie d'un serviteur de Dieu, vous pouvez être sûr d'avance de trouver à quelque page des instruments de pénitence. Si vous visitez les lieux où il a vécu, on vous montrera les instruments de ses austérités transformés quelquefois par une attention divinement délicate en objets gracieux, comme ces roses qui, à Subiaco, ont poussé sur les épines dont saint Benoît déchira sa chair. Le narrateur chrétien aimerait, quand il en est venu à exposer aux yeux les cilices de son héros, à voir sous sa plume ces choses qui font peur au monde subir quelque transformation aimable de ce genre. Il entend qu'on lui dit : Si cette page est inévitable, couvrez-la d'un voile, et que tout ce qu'elle renferme n'apparaisse que sous la mystérieuse obscurité dont on entoure d'antiques et vénérables reliques. Hélas ! dans les grands âges de foi, on ne se gênait pas tant... Et saint Louis envoyait à sa fille dans une boîte de cristal couverte de ciselures d'or, une discipline et un cilice, avec ce petit billet : « Disciplinez-vous, ma fille, disciplinez-vous bien et priez pour votre chétif père ! » Le grand roi prenait ces choses pour des bijoux. Qui donc, au moins durant le temps de lire ces lignes, ne voudrait pas penser comme lui ?

Voici donc ce qui composait le trésor de la mère Sainte Claire. Outre la planche où elle dormait, et la discipline ordinaire, il y avait : une discipline de fer, un cilice en crin, une ceinture de fer, des bracelets à pointes de fer, une couronne de pointes aiguës simulant les épines, différents petits instruments de supplice à forme ingénieuse, enfin une croix entaillée de façon à déchirer les épaules. Il est inutile de dire que la mère Sainte Claire ne se servait de ces objets que sous la dépendance de l'obéissance. Un religieux d'une expérience consommée dans les voies de Dieu réglait ce point important. Voici un billet où nous trouvons écrite une de ses permissions :

« 23 avril 1857, permissions.

« 1º Coucher toujours sur la planche, et me tenir les bras en croix durant cinq minutes avant de m'endormir.

« 2º Discipline de fer chaque jour.

« 3º Deux bracelets durant neuf heures chaque jour.

« 4º Cœur de Jésus et petit Saint-Sacrement, les lundi, mercredi, vendredi et samedi, nuit et jour.

« 5º Saint-Sacrement et petit cœur de Jésus les dimanche, mardi et jeudi, nuit et jour.

« 6° Ceinture de fer, les lundi, mercredi et vendredi, trois heures chaque fois.

« 7° Jarretières, mardi, vendredi et samedi, une heure.

« 8° Croix sur le dos, lundi et jeudi jusqu'à midi.

« 9° Cilice, mardi et vendredi.

« 10° Couronne d'épines, une demi-heure par jour.

« 11° Privation de dessert, une fois par jour, excepté le dimanche.

« 12° Lever à onze heures ou minuit, tous les jeudis, pour faire une heure d'oraison.

« 13° Ne prier qu'à genoux.

« 14° Faire tous les jeûnes de règle.

« Pénitences particulières :

« 1° Pour une parole vive, impatiente, discipline pendant cinq versets du *Miserere*.

« 2° Pour une pensée inutile, baiser la terre.

« 3° Pour une satisfaction naturelle, cinq coups de discipline sur les doigts. »

Nous ne nous arrêterons pas davantage sur les austérités de la mère Sainte Claire. L'essentiel se trouve ici ; et cela suffit.

CHAPITRE DIXIÈME

Les fêtes de la mère Sainte Claire. — Autorisation du gouvernement pour la construction d'un caveau tumulaire. — Instances pressantes de Mgr Pallu du Parc pour obtenir de la mère Sainte Claire qu'elle consente à gouverner la communauté après son second triennat. — Le Prélat est sur le point de faire au Pape la demande d'une dispense. — La mère Sainte Claire se montre inflexible. — Election de la mère Sainte Ursule, 24 mars 1858.

Dans la communauté comme au pensionnat, il y avait fréquemment de bien douces fêtes. Parmi les jours les plus aimables pour le cœur que pouvait compter dans l'année cette maison où les joies de la terre et du ciel s'entrelaçaient délicieusement, se trouvait la fête de la mère Sainte Claire. Cette fête portait le caractère d'une beauté particulière qui nous semble parfaitement rendu par ces vers naïfs qu'on lui chanta un jour :

> Nous savons bien ce qu'il faut faire
> Pour lui rendre ce jour bien doux,
> Nous savons ce qui peut lui plaire,
> C'est le bien que Dieu trouve en nous.

Pour bouquet, on lui offrait donc un acte de la vertu qu'elle avait le plus recommandée dans l'année. C'était une manière délicate de faire à son cœur un triomphant écho. Une année qu'elle avait insisté sur la charité, l'amour des pauvres, de ceux qui souffrent, et sur l'abnégation, voici comment les plus jeunes enfants, au jour de sa fête, traduisirent ses exhortations. Nous empruntons ce récit au journal *l'Univers :*

« Dans un pensionnat de communauté religieuse, que l'on ne nous permet pas de faire connaître, les plus petites élèves, qui forment une division à part, avaient imaginé le moyen suivant de célébrer la fête de la supérieure.

Elles s'étaient dit les unes aux autres, trois mois à l'avance : « Economisons une partie de l'argent que l'on nous donne pour nos menus plaisirs ; et, moyennant quelques sacrifices très légers, nous pourrons avoir dans trois mois une somme raisonnable, que nous emploierons à payer à dîner aux pauvres des Petites-Sœurs. Mais surtout que personne ne le sache ! Il ne faut pas que les grandes s'emparent de notre idée. Une fois notre repas donné, elles en feront autant si elles le jugent à propos ; mais il faut que nous ayons le plaisir de l'invention. Ainsi, vous, Jeanne, Cécile et Antonie, vous n'en parlerez pas à vos sœurs qui sont dans la division des grandes. Personne ne le saura que les maîtresses, dont nous aurons besoin pour l'exécution.

La conservation d'un pareil secret pendant trois mois, par plus d'une douzaine de petites filles de six à onze ans, n'était certainement pas la partie la plus facile de l'entreprise. Toutefois, même sur ce point, le succès a été complet. Ni confidence, ni demi-mot, ni signe indiscret, rien n'a échappé!

Voilà donc nos charmantes enfants à l'œuvre pour s'imposer des privations. La plus petite de toutes fit le sacrifice, entre autres choses, d'un polichinelle qu'elle avait pourtant grande envie de faire acheter, et elle en mit le prix dans la caisse commune. Une autre renonça à l'acquisition d'une poupée ; celle-ci se priva de friandises, celle-là de satisfaire une fantaisie. Enfin, la somme nécessaire fut amassée bien avant l'époque où elle devait être employée. De plus, on avait plusieurs pots de confiture qu'on n'avait pas eu besoin d'acheter, car on avait mangé du fromage à déjeuner et l'on avait gardé pour les bons hommes et les bonnes femmes les gelées de groseilles et les pâtes d'abricots données par les mamans.

La veille de la fête, la supérieure entre dans la salle où les petites filles doivent lui présenter leurs souhaits, et témoigne sa surprise en voyant une table chargée d'un dessert qui suffirait pour une communauté tout entière : on lui dit que cela fait partie de la décoration théâtrale, et on lui dévoile le mystère par un dialogue auquel toutes les petites élèves prennent part. La présidente de la congrégation, car il y a une congrégation de la Sainte Vierge même dans la division des petites, écrit ensuite aux Petites Sœurs pour les prier de venir chercher un dîner. On leur recommande d'amener l'âne avec ses paniers. Les excellentes sœurs, qui ont le bon esprit de ne pas se faire prier quand il s'agit d'accepter pour les pauvres, se rendent promptement à l'appel et sont dans l'admiration à la vue de ce qui leur est offert par douze ou quinze enfants : vingt-cinq livres d'excellente viande, cinquante petits pains de fantaisie, un' pour chaque personne de la maison du bon Dieu, des œufs, des légumes, que sais-je? un dîner complet pour lequel on avait fourni même le sel pour les salières, le sucre pour le café, et pour la crême. Puis un dessert tel que l'on en voit rarement chez les Petites-Sœurs. Les fruits secs et autres, les confitures, les assiettes de petits fours, etc., rien n'y manquait. Pourquoi, disait-on, les pauvres n'auraient-ils pas, eux aussi, leurs jours de fêtes? Pourquoi ne mangeraient-ils pas, au moins quelquefois, de la crême, des gâteaux et quelques sucreries ?

Les pauvres petites avaient oublié le vin; mais la mère supérieure le fournit. C'était justice autant que charité. On songea bientôt à charger les provisions; mais, lorsque l'on voulut s'y prendre, on s'aperçut que deux ou trois enfants étaient sur l'âne. Toutes les autres, bien entendu, voulurent y monter chacune à son tour.

Dès que les bons vieillards apprennent qu'ils auront le lendemain un excellent dîner, et que ce dîner leur est donné par les plus petites élèves des Ursulines, il n'y a qu'une voix pour demander que leurs petites bienfaitrices assistent au repas et viennent recevoir leurs remercîments. Lettre de la supérieure des Petites-Sœurs pour transmettre et appuyer cette demande; réponse de la supérieure du couvent, qui regrette de ne pouvoir accorder cette permission, vu que les pensionnaires ne sortent jamais sans la permission de leurs parents. Une dame qui se trouvait en ce moment chez les Petites-Sœurs se charge de faire des instances; elle vient prier la supérieure du couvent de lui accorder au moins quatre enfants; elle viendra les chercher dans sa calèche, et elle les ramènera de même sans les quitter un instant, elle est très sûre que les parents le trouveront bien. Un refus n'était pas possible.

« Aussi, le lendemain, quelle fête! quel enthousiasme! Au moment où les enfants descendent de voiture, tous les bons vieillards des deux sexes se portent à leur rencontre en criant: « Vivent nos petites bienfaitrices! vive leur bonne supérieure! »

Compliment solennel à leur adresse, chansons en leur honneur, tous les moyens étaient imaginés pour témoigner la joie et la reconnaissance. Pendant le repas, les enfants, transformées en petites servantes des pauvres, et ayant des tabliers devant elles, servirent les bons vieillards avec une grâce charmante. On conçoit, du reste, qu'elles devaient être plus heureuses encore que ceux à qui elles avaient procuré une joie si expansive. C'était pour elles un de ces jours qui ne s'oublient jamais. »

Les grandes jeunes filles, de leur côté, avaient préparé une fête dans le même esprit. Elles connaissaient la piété filiale si remarquable de la mère Sainte Claire pour le Souverain-Pontife. Souvent, durant l'année, elles avaient été émues en l'entendant recommander à leurs prières le doux et grand Pie IX, le pape de l'Immaculée-Conception, et la noble victime qui déjà marchait avec tant de sérénité au calvaire. Les jeunes filles, à cause de cela, s'étaient dit : Il faut lui faire comprendre que les accents de son cœur sont allés aux nôtres, et, pour sa fête, disons-le-lui par un acte éloquent. Cet acte fut l'introduction dans la communauté de la couronne d'or. En 1853, Pie IX avait fondée l'association de la couronne d'or, pour attirer sur l'Eglise les grâces particulières qu'il désirait. Les prêtres qui en font partie, on le sait, disent une messe par mois à cette intention; les autres personnes font une communion, et les petits enfants offrent des prières. Les religieuses, les grandes élèves et les plus jeunes enfants composèrent trois sections; et les noms de toutes ces fleurs formant ainsi la couronne d'or de la Sainte Vierge furent présentés, le 11 août, par les grandes élèves, à la mère Sainte Claire, comme bouquet de fête.

Malgré ce gracieux présent offert à leur mère pour lui dire dans un langage si doux que son amour pour le Pape et l'Eglise les avait touchées, il est croyable que les grandes jeunes filles ne furent pas satisfaites encore. La pensée des plus petites élèves les avait ravies; et, peut-être légèrement contrariées de ne l'avoir pas eue, leur générosité les porta à offrir, comme supplément de fête, au premier janvier suivant, à la mère Sainte Claire, une surprise du même genre. Durant les mois d'octobre, de novembre, de décembre, elles confectionnèrent une foule d'objets pour les pauvres, et mirent à ce travail une incroyable ardeur. On présenta tout à la mère Sainte Claire, en même temps que les vœux ardents pour la nouvelle année. Parmi tant de choses se trouvaient une layette des plus fournies destinée à un nouveau-né, et de chauds vêtements pour sa mère. On fit connaître à la bien-aimée supérieure la personne à qui cela était destiné, et on lui demanda comme une grâce que la première division du pensionnat fût marraine de l'enfant dont on attendait la naissance. La mère Sainte Claire accorda tout et rendit bien heureures les trente-trois jeunes filles qui allaient être bientôt toutes ensemble marraines d'un enfant pauvre. Le 10 mars suivant, on vint leur annoncer « qu'une petite fille venait d'être donnée à leur pieuse affection par la divine Providence (1). » Le parrain, empêché par ses fonctions de député au Corps législatif de se rendre à Blois, envoya avec des dragées en profusion, sa procuration; et le baptême fut une grande fête. L'enfant s'appela Marie Claire, du nom de la principale marraine et de la supérieure.

C'est ainsi que, pour fêter la mère Sainte Claire, les élèves ne croyaient pas mieux faire que de refléter dans leurs cœurs le cœur de leur vénérée maîtresse.

Il faut ajouter que sa fête n'était pas circonscrite dans l'intérieur du couvent; sur tous les points de la France, ceux qui la connaissaient y prenaient part. Et une pluie de lettres chargées de vœux, de bénédictions, de larmes même de reconnaissance

---

(1) *Les Ursulines de Blois, ou deux cents ans d'un monastère*, par M. l'abbé Richaudeau.

inondait, le jour de Sainte Claire, le couvent des Ursulines de Blois, et ajoutait un bien doux charme aux réjouissances.

« Voici une lettre que lui adresse un éminent religieux :

« Veille de Sainte Claire.

« Excellente mère,

« Le divin cœur de Jésus règne de plus en plus dans votre cœur !...

« Ce vœu renferme, je crois, tous les souhaits qui, aujourd'hui et demain, seront formés pour vous, toutes les prières qui, demain et aujourd'hui, seront adressées à Dieu pour la Révérende et bien aimée mère prieure des Ursulines de Blois, d'un bout de la France à l'autre.

« De toute mon âme, très-chère fille en Notre-Seigneur, je m'associe à ces prières et à ces souhaits. Au saint Sacrifice que j'aurai le bonheur d'offrir, vous aurez un large memento et, le jour de l'octave de Sainte Claire, ma messe entière vous sera appliquée.

« Révérende mère et très chère fille en Notre-Seigneur.

« Votre dévoué serviteur dans le cœur de Jésus. »

La mère Sainte Claire continuait toujours ses démarches pour obtenir l'inhumation des religieuses dans le monastère. Au mois d'août 1857, elle eut la consolation de recevoir l'autorisation désirée. Les travaux d'excavation furent habilement exécutés aussitôt, et elle les surveilla avec le plus grand soin; tout heureuse à la pensée que ce lieu de dépôt pour les corps en attendant la résurrection serait constamment visité par les religieuses. « C'était trop d'isolement, » disait-elle, « dans le cimetière commun où la règle de la clôture nous interdit à jamais d'aller prier. »

Mgr Pallu du Parc voyait non sans un vif regret arriver la fin des six années du gouvernement de la mère Sainte Claire ; et la communauté s'en attristait avec lui. Il fallait songer à la remplacer ; et personne ne s'y pouvait résigner. Le vénérable Evêque vint un jour la voir et lui insinua qu'il avait l'intention de demander à Rome une dispense pour qu'elle fût maintenue dans l'exercice de sa charge. La mère Sainte Claire témoigna respectueusement la peine profonde que cette ouverture lui faisait; et, unissant une inébranlable fermeté à la plus grande déférence, elle dit : « Tant que vous me laisserez libre, je refuserai. » Le saint Evêque qui avait une délicatesse extrême quand il s'agissait d'imposer un fardeau, revint souvent à la charge, avec l'espoir que la suavité, son arme de prédilection, finirait par emporter la pièce. La mère Sainte Claire qui, aurait été heureuse de tout faire pour lui à cause de la vénération que ses vertus lui inspiraient, fut inflexible. Pressé par la communauté, Mgr de Blois eut un instant la pensée de passer outre et d'adresser une requête au pape. Il avait déjà obtenu du Souverain Pontife, animé envers lui de dispositions très-particulièrement bienveillantes, une autorisation semblable pour des religieuses dans le même cas. Sans rien dire, il écrivit un jour la demande. Mais, pensant aussitôt à la peine qu'il allait causer à la mère Sainte Claire, le bon prélat ne voulut pas laisser partir sa lettre avant d'en informer celle qui en était l'objet, et de faire un dernier effort auprès d'elle. Laissant donc sa requête sur son secrétaire, il vint en hâte à la communauté et demanda la mère Sainte Claire au parloir. Elle s'y rendit promptement, et apprit bientôt de l'évêque le sujet de sa visite. Il lui dit que la demande de dispense était prête à partir ; mais qu'une fois encore il venait la supplier de donner son consentement. L'humble mère se met à genoux : « Monseigneur, dit-elle, » si vous commandez, je suis prête à obéir ; mais, si vous me demandez quelle est ma pensée, je ne puis vous répéter que ce que je vous ai déjà dit plusieurs fois. » Puis, insistant avec cette énergie que donne une profonde humilité, elle fait valoir toutes ses raisons. Monseigneur veut me faire réélire pour le bien des âmes... Il assure que tout le monde me désire; mais Sa Grandeur est-elle certaine qu'il n'y a pas quelques religieuses qui attendent avec impatience le changement de supérieure. Quand bien même il n'y en aurait qu'une dans ce cas, faut-il, en faisant une brèche à la règle, la priver de la consolation qu'elle désire peut-être depuis longtemps et dont l'exacte observance des constitutions lui garantit l'assurance?...

Monseigneur allègue le bien des âmes! et la mienne n'at-elle pas le droit de demander qu'on ait pitié d'elle et qu'on ne la force pas à se charger d'un fardeau qui lui a fait rencontrer tant d'obstacles à sa sanctification... Monseigneur se rassure sur la répugnance que je ressens; mais sait-il si plus tard cette répugnance ne diminuera pas au point de rendre agréable à la pauvre supérieure ce qui actuellement lui paraît si redoutable; qui sait si alors elle ne se cramponnera pas de toutes ses forces à cette supériorité qu'on ne pourra plus lui enlever qu'en déchirant son cœur?

De plus, la mère Sainte Claire supplie l'évêque de prendre en considération la fausse position dans laquelle elle va se trouver, obligée par devoir à faire observer la règle. De quelle force seraient ses observations et ses recommandations quand elle n'aurait le droit de les faire que par suite d'une irrégularité. Puis, est-il possible de prévoir la quantité d'abus qui résulteraient dans la suite d'un fait de ce genre ?... Quel point de la règle ne devrait-on pas s'attendre à voir transgresser, dans les temps à venir, par suite du principe qu'on va poser...

Dans cette lutte, la victoire appartint à l'humilité, l'évêque céda devant ce vigoureux plaidoyer, et la règle fut observée dans toute son intégrité.

La mère Sainte Claire n'avait pas perdu de vue l'homme de Dieu qui, à Mayenne, l'avait aidée par ses sages avis à suivre l'appel divin, M. l'abbé Bouleau. Lui aussi, poussé par la grâce à embrasser la pratique des conseils évangéliques, avait tout quitté dans ce but ; et, à cette époque, il était bénédictin. Son ancienne pénitente lui écrivait de temps en temps. Voici une lettre qu'elle lui adresse le 19 mars 1858 :

« Vive le Cœur de Jésus au saint Autel !

« Mon bien cher Père,

« Quoique je sois en ce moment surchargée de

travail, et sous le coup d'une recrudescence de grippe, j'éprouve le besoin de recommander tout spécialement la communauté à vos saintes prières à l'occasion de nos élections, fixées à mercredi prochain, 24 de ce mois.

« Je vous dirai confidentiellement que nous avons grand besoin que l'Ange du Seigneur vienne lui-même nous annoncer les saintes volontés de Dieu; car nous n'avons que des sujets très âgés ou très jeunes, et le choix est très-difficile à faire.

« Voilà pourquoi on demandait à me réélire. Monseigneur voulait même écrire à Rome pour obtenir une dispense; mais rien au monde n'eût pu me déterminer à une pareille infraction à nos saintes Règles. J'ai refusé constamment et avec toute l'énergie dont je suis capable. Je n'ai jamais pu me résoudre, non pas au sacrifice de rester supérieure, mais à m'exposer à être l'occasion d'une mesure qui, à une époque quelconque, eût pu avoir des conséquences fâcheuses. C'est un précédent que je serais désolée de voir établir.

« Aussi, chaque fois que notre saint évêque m'en a parlé, j'ai répondu, après avoir donné beaucoup de raisons solides, qu'ayant fait vœu d'obéissance, j'étais toute prête à me soumettre; mais que si, pour prendre une décision, on voulait mon consentement, je devais déclarer en conscience que je ne le donnerais jamais. Monseigneur a eu la bonté de ne pas me contraindre, et je lui en saurai gré toute ma vie. Les religieuses m'ont fait des instances de leur côté ; mais je les ai repoussées de cent lieues, et je vous assure uniquement par conscience.

« Je crois qu'on va choisir pour supérieure une ancienne mère bien vénérable, en comptant que je ferai la moitié de la besogne... Je laisse cela au bon Dieu, et je ne veux rien savoir. J'accepte à l'avance ce qui arrivera, et je suis prête à faire tout ce qu'on voudra, comme à ne rien faire du tout, si telle est la volonté du divin Maître..... Priez pour moi, mon bon Père, afin que j'obtienne l'amour de l'anéantissement. Tout est là, et c'est mon plus grand désir, ma seule et unique ambition... »

Le 24 mars 1858, la mère Sainte Ursule fut nommée. C'était pour la cinquième fois. Presque octogénaire, elle inspirait toujours une grande confiance par sa sagesse, sa prudence, la droiture de son caractère, la fermeté de sa foi, son rare discernement. La mère Sainte Claire, en même temps que sous-prieure, fut maîtresse des novices, mère des jeunes professes et eut la direction générale des trois établissements d'éducation.

CHAPITRE ONZIÈME

Fonctions de la mère sous-prieure. — La mère Sainte Claire se rassasie du bonheur de l'obéissance. — Les jeunes professes. — Soins éclairés et tendres que leur donnait la mère Sainte Claire. — La dilatation du cœur. — Bonté de la mère Sainte Claire pour les novices. — Sainteté que son cœur rêvait pour elles. — Le langage surnaturel. — Confiance sans bornes qu'on avait en elle. — Ses corrections. — Sa manière d'imposer les sacrifices. — Sa grande discrétion vis-à-vis de la grâce. — Physionomie de ses conférences aux novices. — Elle ne voulait au noviciat que les âmes désignées de Dieu. — Un de ses axiomes à ce sujet. — Son extrême réserve quand une jeune fille lui demandait à être Ursuline. — Les novices de faible santé. — La sagesse de ses conseils aux jeunes personnes qui ne pouvaient entrer en religion, aussitôt que l'appel divin était constaté. — Son attention à ne pas froisser les familles. — Comment la mère Sainte Claire au noviciat fortifiait ses filles dans les tentations contre la vocation.

Dans ses notes de l'année 1858, la mère Sainte Claire écrit ces mots : « Je me proposerai d'attirer à Jésus toutes les âmes avec lesquelles je pourrai avoir des rapports. Je les y appellerai par mes désirs, mes prières, mes paroles, leur donnant sans cesse au saint Tabernacle un divin rendez-vous. » C'est ce qu'elle va faire dans l'exercice de sa charge de sous-prieure, de maîtresse des novices, de directrice générale des pensionnats.

La mère Sainte Claire s'acquitta activement de ses fonctions de sous-prieure. Dans cette charge, il est nécessaire d'avoir l'œil à tout; « prendre garde, » disent les saintes règles, « si chacune » remplit « son office, pour en rendre compte à la supérieure. » Elle apporta toujours à cela un fort grand soin. « Il faut, » disent encore les règles, « qu'elle soit discrète et vigilante, afin de suppléer à ce qui pourrait manquer au gouvernement. » La mère Sainte Claire s'y appliquait avec humilité. Elle eut constamment pour la mère Sainte Ursule une grande ouverture de cœur, et lui parla avec une sainte liberté de tout ce qui était de nature à lui être utile. On remarqua, durant ce temps, qu'elle obéissait avec une sorte de dévotion, entourant du plus pieux respect sa vénérable supérieure.

La mère Sainte Claire déployait le même zèle à l'égard des jeunes professes. On appelle ainsi celles qui n'ont pas quatre années de vie religieuse. Aussitôt leurs vœux prononcés, les sœurs sont placées sous la conduite d'une mère qui leur inculque chaque jour plus profondément l'esprit religieux, et les affermit dans la pratique des saintes observances. Une main habile est nécessaire pour cultiver ces plantes encore tendres, et les faire arriver à un état d'épanouissement parfait. La mère Sainte Claire exerçait sur elles une action précieuse. Elle écartait par sa haute sagesse les obstacles susceptibles d'entraver ces âmes encore inexpérimentées dans leur marche vers la perfection évangélique. Délicate et ferme, elle obtenait des professes tout ce qu'elle voulait. A chaque instant du jour, disposée à les entendre, à les consoler, elle les maintenait dans la dilatation du cœur, les assouplissait suavement à la règle, les formait à l'apostolat, veillait à leur santé avec un dévouement sans bornes.

Voici quelques-unes des pensées qu'elle aimait à semer dans leurs âmes :

« Dieu ferait des miracles, plutôt que vous vous perdiez pour avoir obéi. »

« Être une petite religieuse, bien obscure, bien humble, dont personne ne s'occupe, quoi de plus enviable? J'ai toujours désiré cela. »

« Entre deux actes bons, choisir celui qui coûte. »

« Ne caressez pas vos faiblesses, ne craignez pas de les voir ; et prenez le contre-pied de votre nature. Vous avez de l'orgueil ; humiliez-vous, et surtout laissez-vous humilier. »

Elle n'eût pas aimé voir ses filles se renfermer dans l'amour exclusif de leur communauté. A ce sujet elle disait : « Elargissons nos cœurs ; réjouissons-nous du bonheur de tous. Il nous est permis certainement d'avoir une affection particulière pour notre communauté, mais jamais à l'exclusion des autres. C'est une petitesse d'esprit qui n'est pas selon l'esprit de Dieu; et c'est lui seul que nous devons avoir en vue. »

Voici une belle parole : « Disons à Notre-Seigneur : Mon Dieu, je ne vous demande pas de me donner quelque chose; mais je vous demande d'avoir assez de générosité pour vous donner toujours. »

Une jeune fille était entrée au noviciat sans avoir à endurer toutes ces douleurs cruelles qui ordinairement accompagnent l'adieu qu'on fait au monde. La souffrance sous une autre forme vint la visiter plus tard. La mère Sainte Claire lui dit :

« Vous deviez souffrir, mon enfant; les autres achètent la vie religieuse au prix de grands sacrifices, et vous n'en avez pas eu. »

Elle disait encore :

« Il faut vous abandonner entièrement à Dieu. Si vous saviez les progrès que l'on fait, lorsqu'on laisse Notre-Seigneur faire de nous ce qu'il veut! »

« Ce qui m'a fait le plus de bien après ma profession, c'est le silence. J'ai été complètement laissée à moi-même auprès des enfants toute la journée ; mais je ne parlais que par nécessité, et je m'en suis bien trouvée. »

« Il faut maintenant que vous cherchiez à faire du bien. Voici la vie apostolique qui va commencer pour vous; mais, pour être vraiment apôtre, il faut vous oublier et ne plus chercher que les intérêts de Dieu. »

La mère Sainte Claire montrait aussi aux novices, par mille traits touchants, la bonté exquise de son cœur. On la surprit plus d'une fois faisant le lit de l'une d'elles, afin qu'elle fût mieux couchée. Elle saisissait de son œil vigilant la moindre altération de leur santé. Une mère n'eût pas été plus attentive. Les chagrins, même petits qui leur pouvaient survenir, lui allaient au cœur. Elle eût tout fait pour sécher une seule larme. Une novice raconte ceci : « Je voulais communier pour l'anniversaire de ma mère. J'étais souffrante ; et je fus dans l'impossibilité d'aller à la sainte table. La mère Sainte Claire me dit : Consolez-vous, chère petite fille, je vous remplacerai dans cet acte de piété filiale. » Toutes les religieuses qui ont passé par ses mains, disent d'elle avec émotion, après vingt ans : « C'était une vraie mère ! »

La bonté de la mère Sainte Claire pour les novices était profondément imprégnée de foi ; et c'est ce qui faisait d'elle une mère de la trempe des Blanche de Castille, des saintes Monique. Son cœur battait surtout à cette pensée. « Si ces enfants pouvaient être de grandes servantes de Dieu ! »—« Elle voulait avant tout, » nous disent unanimement celles qui ont passé par ses mains, « faire de nous de grandes âmes, et ses efforts tendaient à nous élever de plus en plus. » « Soyons des saintes ! Il n'y a que cela de bon sur la terre... » Voilà ce qu'elle leur disait avec un accent inimitable... Et encore : « Faisons de l'éternel ! » Sa tendresse si vive pour les novices ne l'empêchait pas de leur accorder les mortifications dont celles-ci pouvaient avoir l'attrait, quand elle était assurée que leur santé supporterait ces pénitences aisément. « Je lui demandai un jour, » dit une religieuse, « un instrument de pénitence. — Quelle sorte de bijou désirez-vous ? — Elle désignait sous ce nom les cilices, disciplines, chaînes de fer, etc. M'accordant un de ces bijoux, elle me dit avec beaucoup d'amabilité : Je l'ai étrenné. » Sa discrétion au reste, sous ce rapport, était très grande. Et ce n'est pas sans être touché qu'en maintes circonstances on la voit refuser cette consolation à des novices plus ferventes que robustes. « Je lui demandai un jour, » raconte une religieuse, « la permission de jeûner. Elle savait qu'elle allait me faire de la peine en me la refusant ; mais elle ne croyait pas pouvoir me l'accorder. Elle m'embrasse et me dit : C'est tout ce que vous aurez pour votre jeûne. »

Elle leur tenait, au reste, le langage surnaturel sans détour. Une religieuse raconte ceci : « Un jour je souffrais beaucoup. La mère Sainte Claire me regarda quelques instants, puis elle me dit : Remercions Dieu quand il nous fait souffrir !... Elle mit dans son regard une telle expression, et fit tellement passer son âme dans la mienne que je n'eus aucun mérite à aller réciter le *Te Deum* qu'elle m'envoya dire devant le Saint-Sacrement. » Elle parlait aussi sans périphrase du sacrifice.

Sa bonté apparaissait encore dans ses entretiens intimes avec les novices. « Elle attachait, » nous disent les sœurs de ce temps, « à toutes nos petites confidences l'importance qu'elle eût attachée aux plus sérieuses affaires... En elle nous trouvions la patience d'une mère toujours heureuse de témoigner à ses enfants le plus touchant intérêt. » Dans ces ouvertures de cœur, la mère Sainte Claire excellait par la délicatesse. Elle prenait ce que sa fille lui disait ; mais, pour rien au monde, elle n'eût voulu pénétrer plus avant. « Nous lui parlions, » disent les religieuses, « de nos rapports avec nos sœurs, de notre caractère, de la manière dont nous observions les règles, du degré d'esprit religieux dont nous nous croyions animées. Et de grand cœur elle entrait dans toutes ces choses. Mais elle ne cherchait jamais à dépasser cette limite. L'intérieur de l'âme, elle le considérait comme appartenant au domaine sacerdotal. » Et voici quelques mots qui ajoutent le dernier trait à sa haute sagesse : « Si on lui faisait des confidences de son intérieur, elle les recevait avec simplicité, donnait quelques conseils et inspirait de la confiance envers le confesseur. » Une religieuse qui en a fait l'expérience nous dit bien des années après son noviciat : « Cette conduite délicate est une des causes les plus puissantes de la confiance que la mère Sainte Claire savait inspirer. »

Il est certain que cette confiance était sans bornes, et lui ouvrir son cœur était une douceur. D'autant plus que jamais elle ne s'étonnait de ce qu'on pouvait lui dire : « Etonnée de vos défauts, chère enfant ! » s'écriait-elle avec son bon sourire. « Une chose me surprendrait, c'est que vous n'en eussiez pas. Nous en avons tous ! » C'était une bonne introduction à la reforme de l'âme. Ici elle était énergique avec tendresse. La correction d'une faute qu'on lui venait avouer ne demandait pas beaucoup de temps. Il suffisait quelquefois d'un regard. « Son regard, » racontent les novices, » en disait quelquefois bien long. » Une forte parole, ou une courte pénitence opérait aussi d'une manière salutaire la correction.

D'autres fois elle arrivait à son but en priant avec la novice. Une religieuse raconte ceci : « Etant novice, j'avais un très grand sacrifice à faire, et de cela dépendait ma vocation. Je tenais un peu à ma volonté. Je lui dis : Ma mère, il m'est impossible de faire cela. La mère Sainte Claire se lève, et avec cette dignité, cet air de sainteté qu'elle avait, elle se met à genoux et me dit : Récitons le souvenez-vous à la Sainte Vierge ; elle seule peut vous sauver. Je fus vaincue, et ma vocation à jamais affermie. »

Enfin, quand cela était nécessaire pour corriger, elle imposait les sacrifices. L'excellente mère ne craignait pas de les exiger, mais savait merveilleusement les faire accomplir. En différentes circonstances, l'acceptation lui suffisait. Ainsi, quand elle avait refusé la permission d'une communion de surérogation, si cette privation avait été acceptée avec une soumission entière, elle rappelait pour dire : « Mon enfant, faites cette communion pour remercier Notre-Seigneur de l'obéissance qu'il vous a inspirée. » D'autres fois, elle attendait au lendemain ; et, au moment de la messe, elle quittait sa place et venait annoncer la bonne nouvelle. Il lui arrivait de prescrire à la novice une coulpe au réfectoire, où bien d'enjoindre une demande plus ou moins humiliante à faire à genoux devant chacune de ses sœurs ; et, quand celle-ci se présentait pour accomplir sa pénitence, la mère Sainte Claire la renvoyait à sa place par un signe affectueux. Toutes les novices sont d'accord à dire que c'est surtout dans la correction qu'on sentait son cœur de mère : « Qui de nous a oublié, » nous dit une religieuse, « la profondeur, l'affection significative de son maternel regard, quand elle nous croyait dans la peine à la suite de quelque faute, et qu'elle nous consolait par le pardon ! »

Si la mère Sainte Claire réussissait ainsi dans la correction, chose incontestablement la plus difficile, on conçoit que tout le reste pour la direction devait aller de soi. Elle prenait suavement son monde; et les observations qu'elle jugeait utiles, souvent c'était en souriant avec bonté qu'elle les faisait. Convaincue, nous l'avons déjà dit, que les âmes sont aussi peu ressemblantes que les visages, elle était l'ennemie d'une manière d'agir uniforme à leur égard. Dieu lui fit le don de toujours discerner la mesure de grâce accordée à chaque personne; et avec un tact rare elle proportionna son impulsion à la grâce du moment. « Sa discrétion vis-à-vis de la grâce, » nous dit-on, « fut toujours admirable. Elle la seconda sans jamais la prévenir; proportionnant toujours les efforts demandés à la dose de lumière, d'intelligence et de force surnaturelle que Notre-Seigneur accordait à chacune, selon ses desseins sur elle, et d'après le degré de fidélité qu'elle mettait à y répondre. »

C'est à ses conférences aux novices que la mère Sainte Claire faisait éclater dans leur merveilleux ensemble chacune des qualités de détail dont nous avons parlé ; et la bonté était toujours le souffle qui animait tout. Netteté dans l'exposition des principes, esprit pratique et talent de rendre tout aimable, voilà encore ce qui la distinguait. « Elle nous présentait les choses, » disent les novices d'alors, « sous un aspect très doux, très facile. A ce mot : « Notre mère l'a dit, » nous eussions fait l'impossible. » Et ici les témoignages affluent. « Elle savait si bien nous faire pratiquer la vertu, » disent celles-ci ; « il eut été difficile de n'être pas ferventes en de pareilles mains, » disent celles-là. « Les admirables instructions ! » entend-on dire d'un autre côté ; « nous sortions tout embaumées. » Son regard avait quelque chose qui allait au cœur, comme sa parole. Le plus grand chagrin des novices, c'est quand elle manquait de faire quelques instructions. Il est certain que, grâce à cette parole, la mère Sainte Claire faisait des esprits ce qu'elle voulait.

La mère bien-aimée répandait ainsi le bonheur au sein du noviciat. Dans les petites fêtes intimes, chaque jour aux récréations, partout elle trouvait toujours le moyen de mettre la gaieté si favorable à la dilatation du cœur. « L'apercevant de loin avec son grand air, » nous disent les religieuses, « avec ce je ne sais quoi de saint répandu dans toute sa personne, nous étions délicieusement impressionnées ; nous allions à elle suavement attirées ; et elle, venant à nous, se faisait toute à toutes, et nous disions tout bas : Comme elle a l'air bon ! Nous admirions aussi constamment sa piété. »

Si le noviciat était ainsi une sorte de petit paradis, c'est que la mère Sainte Claire en était l'ange gardien. Sa sagesse n'y laissait entrer et n'y retenait que les élues de Dieu. La base de la paix est d'être où Dieu veut; c'est en vain qu'on s'efforcerait de rendre heureux celui qui n'occupe pas la place marquée pour lui par le ciel. Tel était le grand axiome de la mère Sainte Claire. Ceci néanmoins ne la mettait pas toujours à l'abri des observations que le monde aime à faire sur ces personnes religieuses vers lesquelles les âmes affluent. On disait qu'elle attirait. La vénérable mère ne s'en tourmentait pas. Elle écrit ces lignes : « Ne vous occupez pas du mal qu'on peut vous dire de moi. Qu'est-ce que cela fait ? Je vous assure que je n'en éprouve pas la moindre peine. Je m'efforce d'agir en tout pour le bon Dieu et de purifier toutes mes intentions. Alors je ne me préoccupe pas de ce que pensent les créatures et je garde ma paix. » — « Dans la question de la vocation, » dit une religieuse, « la mère Sainte Claire était admirable. Elle accaparer les âmes pour la vie religieuse ?

Jamais! Pour moi, comme pour toutes, elle y a mis une délicatesse extrême. Quand je lui ai exprimé mon désir d'être Ursuline, pour la première fois de ma vie, je la vis se dépouiller de son attrayante bonté. Et elle fut longtemps sans me rien dire. J'étais triste de ce qu'elle ne répondait pas à mon élan avec cette amabilité que je lui avais toujours connue. Elle ne me disait rien, pour n'exercer aucune influence sur moi. Si vous partez sans le consentement de vos parents, s'écria-t-elle un jour, je ne vous recevrai pas. »

Elle écrit à une jeune personne de distinction ces mots : « Je serai heureuse de voir quelqu'un de votre famille avec qui je puisse parler de vous à cœur ouvert. Je ne crains aucune explication. Vous savez que je ne vous ai jamais portée à la vie religieuse, et que je ne veux absolument que l'accomplissement de la volonté de Dieu. Nous avons, à cet égard, toutes les garanties possibles. Donc nous devons aller en avant, sans faiblesse, ni inquiétude. »

La mère Sainte Claire n'attirait donc pas. Elle laissait, dans cette question délicate, l'initiative à Dieu. On venait à elle poussée par lui; mais jamais elle n'allait au devant. Et quand quelqu'un se présentait, cette seule pensée avait accès dans son esprit : Dieu a-t-il marqué cette enfant pour nous? Est-ce lui qui nous l'amène? Tout son examen se portait sur ce point. Quand ce côté de la question avait à ses yeux la clarté désirable, elle ouvrait la porte du noviciat. Son esprit élevé, la générosité de son âme la mettait au-dessus des considérations terrestres. On l'a vue recevoir de faibles jeunes filles dont la santé pouvait inspirer des inquiétudes. Dans le monde, disait-elle, ces enfants ne recevront pas de plus tendres soins que chez nous, et elles ne mourront pas plus ici qu'au sein de leur famille. Elle pensait que si Dieu les voulait appeler à lui, il valait mieux qu'elles mourussent religieuses, puisque le ciel, avant de les prendre, leur demandait ce sacrifice. On lui fit différentes fois cette objection : Mais cette enfant ne vivra pas longtemps ; elle répondait invariablement : « Quand même elle mourrait aussitôt après sa profession, ce sera une religieuse de plus au ciel. Croyez-vous que ce ne soit rien ? » Plus d'une fois, elle avança le moment de la profession et fit prononcer leurs vœux à des novices atteintes de la poitrine, qui n'auraient pu attendre jusqu'au jour fixé par la règle.

Les capacités, les talents sont assurément d'un grand prix. Quand Dieu lui amenait une personne bien partagée sous ce rapport, elle était contente ; mais, si elle avait à recevoir de sa main une personne moins heureusement douée, elle l'accueillait encore ; la piété solide rendant utile toujours. On ne la vit jamais trop s'effrayer du caractère ni de certains défauts qui eussent préoccupé un esprit étroit. Elle disait plutôt : « Tant mieux ; il y a là de l'étoffe ; Dieu l'amène ; il nous aidera à corriger tout cela et à en tirer un grand parti. » On devine sans peine qu'avec elle les arrangements de famille étaient toujours bien faciles. Elle saisissait avec un tact exquis les situations, et sa nature généreuse tranchait toute difficulté.

La vocation divine une fois constatée, il n'était pas toujours facile de la suivre aussitôt. Mais la mère Sainte Claire était très ferme pour la maintenir, très prudente pour écarter les obstacles. Rien ne pouvait l'arrêter dans la poursuite de son but ; mais elle savait attendre avec confiance l'heure de Dieu. « Oui certes, » écrit-elle à une jeune fille, « oui certes, Notre-Seigneur vous veut ici, et il vous l'a prouvé. Ne revenez donc plus sur cet appel divin dont vous ne pouvez douter, et travaillez avec courage à rendre votre vocation parfaite. Sans doute, elle est contre votre nature ; mais c'est une preuve de l'action divine sur votre âme, et cela doit vous donner confiance. »

Elle veut que tout soit conduit avec douceur vis-à-vis des familles. On va voir comme elle parle à une jeune fille, fatiguée de l'attente qui lui est imposée. Elle met une certaine énergie d'expression qui montre qu'elle n'a pas cherché à attirer cette personne par sa douceur : « Ne vous fâchez pas, mon enfant, contre vos parents comme vous le faites. On perd ainsi les meilleures causes. Si vous parlez avec exaltation et enthousiasme, vous ne convaincrez personne et vous irriterez tout le monde. Ecoutez avec humilité les raisonnements de chacun, vous persuadant bien qu'on a l'intention d'agir dans votre intérêt. Témoignez votre reconnaissance; répondez avec soumission et douceur; puis dites que vous avez réfléchi, comparé, et que vous sentez que le monde n'est pas fait pour vous. Ne précipitez rien ; mais, si l'on vous demande un an, deux ans, répondez que si l'on vous proposait un mariage, on ne vous imposerait pas un tel délai. Dites cela en souriant, avec douceur et simplicité, et si l'on ne se rend pas immédiatement à vos désirs, prenez patience et priez beaucoup. Attendez les moments du Seigneur. Il saura bien vous faire triompher des obstacles ; mais, s'il veut vous éprouver, soyez soumise, et restez ferme dans vos convictions. Le bon droit est de votre côté. Soyez tranquille, mais constamment *douce* et *calme*, entendez-vous? »

La jeune fille, ayant atteint sa majorité quelque temps après, se prononce avec un peu d'énergie.

La mère Sainte Claire lui écrit : « Mon enfant, vous n'êtes pas assez calme. Il semble que votre majorité vous donne tous les droits; mais non, mille fois non. Répondez à l'affection qu'on vous témoigne par une grande déférence et une soumission sincère. Allons, voyons, raisonnons. Votre famille reconnaît que vous n'êtes pas faite pour le monde. Voilà un point essentiel. On doute de votre vocation. Cela ne m'étonne pas, et vous devez le comprendre. D'un autre côté, vos confesseurs, qui ont grâce particulière pour prononcer, déclarent que le bon Dieu vous appelle. Vous-même vous le sentez, toutes vos aspirations vous portent vers le cloître. — Vous avez bien le droit de déclarer vos intentions; mais faites-le avec calme, et sans froisser personne, sachant d'ailleurs combien on vous aime et on désire votre bonheur.

« Il est convenu avec le Révérend Père qui suit votre âme depuis des années et qui vous connaît à fond, que vous passerez l'hiver dans votre famille. Ayez donc de la patience, et ne brusquez rien. — Employez ces six mois à vous dévouer aux vôtres, et ce sera une excellente préparation.

« Vous savez, mon enfant, que nous avons plus d'intérêt que personne à n'admettre que des vocations affermies. Il faut donc que nous vous trouvions raisonnable et soumise à la volonté de Dieu.

C'est un *apprentissage* du noviciat qui vous sera salutaire si vous savez en profiter et l'envisager d'une manière surnaturelle. »

La vocation examinée avec tant de soin et pour ainsi dire mûrie avant l'entrée au noviciat, n'avait plus qu'à s'épanouir entre les mains de la mère Sainte Claire. Toutes les religieuses qu'elle a formées se rappellent avec quelle fermeté elle les rassurait au moment où le démon tend ses filets aux âmes encore inexpérimentées. Tant de précautions avaient été prises à l'avance; par une prière constante, elle avait si bien laissé à Dieu sa part dans une affaire d'une pareille importance, qu'elle pouvait apporter à ces âmes, à l'heure de l'épreuve, une vive lumière. Sa parole nette rassurait, affermissait; et un nombre considérable d'entre elles, en faisant profession, reconnaissaient lui devoir une part considérable du bonheur de ce grand jour. Une religieuse écrit : « Elle aidait admirablement bien à combattre les tentations contre la vocation; rien ne l'effrayait, rien ne la rebutait. Aussi presque toujours les pièges du démon étaient découverts, et, cet ennemi vaincu, elle partageait avec ces chères âmes la joie du triomphe. »

CHAPITRE DOUZIÈME

La mère Sainte Claire dans ses fonctions de directrice générale des pensionnats et des classes pauvres. — Ses préoccupations constantes au sujet de la santé des élèves. — Comment elle entend qu'une jeune fille soit instruite. — Encore l'éducation du cœur. — Sa difficulté. — La mère Sainte Claire y excelle. — Avis de la mère Sainte Claire. — Elle élève ses enfants pour le monde. — Comme elle est heureuse de se mettre tout entière à leur disposition. — Les enfants difficiles. — La préparation à la première communion. — La mère Sainte Claire en récréation. — Comme elle prémunissait contre les dangers du monde les élèves qui allaient quitter le pensionnat. — Correspondance de plus en plus considérable de la mère Sainte Claire avec les élèves revenues dans leur famille.

A la tête des deux pensionnats et des classes pauvres, la mère Sainte Claire se dépensait chaque jour sans compter. La santé des enfants était pour elle un sujet de préoccupation constante. Un soin d'ensemble n'eût pas suffi à son cœur. Elle éprouvait le besoin d'arrêter à tout moment son regard sur chacune d'elles ; et la plus petite souffrance, le moindre dérangement dans la santé, elle en avait comme l'intuition. Les enfants sous ce rapport n'eussent pas pu dire la différence qu'il y avait entre leurs mères et la directrice du pensionnat. Elle se préoccupait de la nourriture, de l'air pur à respirer et des exercices corporels. « A cet âge, » disait-elle, « la moindre chose peut avoir les plus graves conséquences sur toute la vie, et il ne faut rien négliger. »

La mère Sainte Claire donnait en même temps tous ses soins à l'instruction proprement dite. « Parce que nous travaillons pour Dieu, » répétait-elle souvent, « nous devons mieux faire sous ce rapport que ceux qui n'ont pas comme nous le vaste horizon céleste. » Elle donna une vive impulsion à l'étude de toutes les branches des sciences profanes. « Il faut à tout prix que nos enfants sachent parfaitement ce qui est exigé dans le milieu où elles sont appelées à vivre; il faut même qu'elles en sachent plus. » Jamais on ne pourra dire avec quelle ardeur elle voulait voir toutes les belles facultés de ces jeunes filles bien cultivées. « Il importe extrêmement, » disait-elle, « de graver dans leur imagination des images pures, d'une beauté simple, fraîche, calme; d'enrichir leur mémoire d'un trésor choisi de choses et de faits toujours vrais, instructifs, charmants, tendant à l'élévation du cœur; de donner à leur esprit de la justesse et de l'établir dans cet équilibre si désirable entre le *trop* et le *pas assez*. Et avec cet esprit pratique qui ne restait dans la spéculation que juste le temps nécessaire pour y puiser une inspiration féconde, elle mettait chaque religieuse en œuvre pour atteindre son but, par l'abnégation et l'infatigable patience.

Des élèves instruites sur les points importants de l'histoire, ayant des notions précieuses sur les sciences naturelles, sur toutes les choses de l'art, sachant écrire avec grâce, se présenter avec distinction, parler avec discernement, et mettre en tout cela un parfum de modestie simple et vraie ; de telles élèves, aux yeux de la mère Sainte Claire, n'eussent pas été complètes. L'éducation du cœur attirait avant tout son attention. Elle se la réserva, confiant les autres choses, trop complexes du reste pour qu'elle y pût suffire, aux religieuses les plus intelligentes. Elle donnait beaucoup de temps à cette éducation morale des enfants. On le conçoit sans peine, l'étude des caractères demande une grande patience ; et comme lorsqu'on a saisi les ressorts secrets d'une âme, l'ouvrage est à peine commencé, et qu'il reste encore la tâche immense de faire vouloir à chaque instant à l'enfant le bien qui souvent lui répugne, on comprend tout ce que cette culture du cœur exige de peine. Là était surtout le talent de la mère Sainte Claire. D'abord, elle savait deviner ces jeunes filles jusque dans les plus petits détails de leurs pensées ; et elle s'insinuait merveilleusement dans leur esprit. Se sentant surtout aimées de cet amour vrai auquel l'enfant ne se trompe jamais, les élèves lui donnaient leur confiance avec un abandon touchant, et subissaient son influence qui était très douce. On est étonné du sérieux, de l'énergie avec lesquels les plus jeunes lui disent qu'à tout prix elles veulent devenir bonnes, comme aussi des mille petites industries auxquelles descend cette femme intelligente et si grande pour aider leur faiblesse. Ici elle n'épargne ni peine, ni détails. De sa main elle leur écrit ce qu'il faut faire. Voici un spécimen des nombreux règlements qu'elle avait la patience de leur rédiger : « Je vous prescris peu de chose, ma chère enfant, afin de ne pas vous effrayer trop ; mais, je vous en prie, montrez-vous fidèle à ces quelques points. Notre-Seigneur sera content, et vous serez heureuse.

« 1° Le matin, à votre réveil, offrez votre cœur à Jésus, le conjurant de ne pas permettre que vous l'offensiez pendant ce jour qu'il vous accorde dans sa bonté.

« 2° Faites votre prière, et suivez la méditation avec tout le recueillement possible. Assistez surtout avec une grande piété au saint sacrifice de la messe.

« 3° Je vous recommande beaucoup d'oraisons jaculatoires dans le cours de la journée, afin d'attirer sur vous toutes les grâces de Notre-Seigneur.

« 4° N'omettez jamais de faire une visite au Saint-Sacrement, ne fût-ce que durant cinq minutes.

« 5° Appliquez-vous à la présence de Dieu, disant toujours et partout : *Jésus est ici, Jésus est là !*

« 6° Soyez bien fidèle à l'obéissance, vous soumettant à chacune de vos maîtresses *comme à Dieu même*. Ce sera cet esprit de foi qui fera tout votre bonheur, comme votre vrai mérite.

« 7° Soyez pleine de charité envers toutes vos compagnes sans exception, supportant les défauts du prochain comme Notre-Seigneur supportait ceux de ses apôtres.

« 8° Evitez les mouvements de vanité et d'impatience qui vous rendent si désagréable à Dieu et au prochain. Le seul moyen, mon enfant, c'est de vous rappeler que vous êtes toujours sous les yeux de Notre-Seigneur.

« 9° Combattez généreusement l'orgueil, ma chère Marie. Il sort chez vous par tous les pores. Si vous êtes de bonne foi, vous reconnaîtrez sans peine que vos découragements, vos tristesses et bien d'autres petites misères ne procèdent que d'amour propre. Dieu vous a donné de l'intelligence, mon enfant. Sachez donc vous en servir pour sa gloire et son amour. Vous pourriez faire tant de bien si vous le vouliez ! Pensez-y sérieusement ; car vous rendrez compte un jour des facultés que vous avez reçues.

« 10° Combattez aussi votre volonté propre, vous habituant doucement à en faire le sacrifice pour le bien de la paix, et toujours en vue de plaire à Dieu.

« 11° Faites très-soigneusement votre examen de conscience tous les soirs, afin de vous bien connaître et de vous corriger.

« 12° Je vous recommande de vous imposer, ou, si vous le préférez, je vous imposerai moi-même une pénitence pour l'expiation de chacune de vos fautes ; car enfin, ma chère enfant, il faut prendre tous les moyens de vous réformer. Vous le voulez, n'est-ce pas ? Priez beaucoup pour obtenir cette grâce. Je vous promets de prier en union avec vous, et de vous aider de tout mon pouvoir. Personne ne désire plus que moi votre vrai bonheur, je vous l'assure ; et comme je sais ce qui peut vous rendre heureuse, quoi qu'en puisse dire la vilaine nature, je ne crains pas de vous le conseiller.

« Je vous renferme, ma très chère enfant, dans le cœur adorable de Jésus, mon refuge et le vôtre. Tenez-vous dans ce sanctuaire d'amour. Aimez bien ce divin Cœur, et alors, je vous le promets, rien ne manquera à votre véritable félicité. »

La jeune fille l'ayant priée de lui prescrire les pénitences à faire, la mère Sainte Claire condescend ainsi à son désir : « Puisque vous me le demandez, ma chère enfant, je vous déterminerai ici ce que vous pourrez faire pour expier vos fautes, et parvenir à être une digne enfant de Marie :

« 1° Quand vous aurez apporté de la négligence

CHAPITRE DOUZIÈME

à vos prières, vous irez à la tribune dire le *Memorare*.

« 2º Si vous omettez votre visite au Saint-Sacrement (sans raison légitime), vous en ferez un acte de contrition avant de vous coucher.

« 3º Quand vous aurez manqué à l'obéissance, vous m'en ferez l'aveu verbalement, ou par écrit, le jour même.

« 4º S'il vous arrive de dire un mot peu obligeant, vous en ferez des excuses immédiatement.

« 5º Vous baiserez la terre autant de fois que vous aurez témoigné de l'impatience.

« 6º Enfin, pour chaque acte ou parole d'orgueil, faites un acte d'humilité.

« Si vous avez le courage d'en agir ainsi, mon enfant, je vous promets, de la part de Dieu, des grâces précieuses dont le résultat sera le plus parfait bonheur en ce monde et en l'autre. »

Il y a une infinité d'écrits de cette sorte. Les enfants ont beau être sous sa main ; elles savent qu'elles peuvent recueillir ces conseils à volonté, sur les lèvres de leur maîtresse. Mais cela ne leur suffit pas ; elles veulent avoir ses avis constamment sous les yeux ; et la mère pleine de cœur trace ces lignes pour leur consolation, et avec la pensée qu'elles en seront aidées.

La mère Sainte Claire était à chaque instant

littéralement au service de ces enfants. Voici un trait qui se reproduisait souvent. L'élève qui en fut l'objet le raconte ainsi : « Ce qui m'a toujours frappée, c'est la manière dont elle se donnait et se consumait pour toutes et pour chacune. On aurait dit, quand on avait besoin d'elle, qu'elle n'avait au monde autre chose à faire qu'à nous écouter. Vers treize ou quatorze ans, j'eus une de ces velléités de conversion — qui duraient bien huit jours d'ordinaire — et je pensai qu'une confession générale me changerait tout d'un coup de fond en comble. Un bon Père de la Compagnie de Jésus nous avait raconté des histoires qui m'avaient enflammée, et je m'imaginais que j'en finirais commodément cette fois. Je vais donc trouver la mère Sainte Claire, et je lui demande de me faire en particulier une préparation à un examen écrit bien détaillé. Elle m'adressa quelques observations fort douces; puis, voyant ma tenacité : Eh bien, mon enfant, dit-elle, puisque vous y tenez, nous commencerons tantôt. Elle eut la bonté d'écouter plus d'une heure par jour, elle si accablée de travail, et cela pendant une semaine, mes demandes, mes réflexions, mes répétitions. Elle fit pour moi seule ce qu'elle faisait chaque année pour toutes les premières communiantes, avec le même soin, la même patience. Et pourtant je dus l'exercer vivement; car, quoique ayant commencé sérieusement, je me mis à me trouver si contente de l'occuper de moi seule, que je tâchai par tous les moyens de prolonger cet examen et de lui faire perdre son temps. Depuis, en me rappelant ces circonstances, que de fois je me suis dit : N'était-ce pas une héroïque condescendance ? » Nous savons que la mère Sainte Claire ne perdit pas son temps avec cette enfant.

La mère Sainte Claire élève ces enfants pour le monde. On le sent à chaque instant, en lisant tous les précieux avis qu'elle leur donne. Elle veut à tout prix que les jeunes filles formées par ses mains y fassent bonne contenance, et qu'elles aient toutes les grandes vertus qui réconcilient avec la religion dans ces milieux où l'on croit la piété incompatible avec les exigences de la société. Sous ce rapport, et c'est la voix unanime de ses élèves, elle savait montrer le grand côté des choses, et en inspirer l'attrait; et elle enseignait que, pour difficile que fût la route, c'était par là qu'on devait marcher, dans la vie de la religion comme dans celle du monde. Elle savait merveilleusement relever toute chose.

Son procédé d'éducation à elle était d'agir de toutes espèces de manières, parce que les âmes ont chacune leur façon d'être particulière; et sa souplesse égalait la diversité des caractères. « Elle voyait bien loin, plus loin que bien du monde, » nous disait une femme très distinguée, « et savait changer en solides espérances de bonheur un avenir qui semblait devoir être fécond en tristesse. » Il serait difficile et long de rendre compte de la façon dont elle s'y prenait pour arriver à ces résultats ; et peut-être que le mot juste qui résume et caractérise ce point intéressant est celui d'une autre dame éminente : « Elle faisait passer dans ses élèves ce qu'il y avait en elle-même. »

La mère Sainte Claire s'occupait surtout des enfants difficiles. Je ne sais quelle dilatation de cœur se produisait dans ces pauvres enfants-là, quand, en arrivant, elles apprenaient, par la force des choses, qu'elles étaient de droit bien avant dans les bonnes grâces de leur maîtresse. Il est certain qu'avec elles la vénérable mère réussissait au delà de toute espérance. Ces enfants en venaient à mettre parmi les pénitences les plus cruelles qu'on leur pût infliger, celle d'être un ou deux jours sans parler à la mère Sainte Claire ; et la crainte de ce châtiment du cœur leur faisait presque toujours vaincre les difficultés de l'étude et de la règle. Tout le monde savait donc parfaitement, dans le pensionnat, que les enfants dont on ne pouvait venir à bout étaient les filles chéries de la mère Sainte Claire. Une d'elles écrivait un jour ces mots : « Elle m'a

toujours beaucoup aimée ; ma sauvagerie l'attirait.
Nous étions deux venues en même temps ; j'étais
noire, et remplie de défauts ; l'autre, blonde, meilleure que moi. En nous voyant arriver, elle dit aussitôt : Je prends la petite noire... L'autre l'attirait
moins, parce qu'elle avait moins de défauts. » La
mère Sainte Claire savait que ces enfants-là ont plus
besoin d'être aimées que les autres, parce qu'elles
sont plus malheureuses ; et surtout elle comptait,
en se heurtant à chaque instant aux épines de ces
caractères difficiles, attirer par les souffrances de sa
nature délicate de grandes grâces du cœur de Dieu
pour leur amélioration.

Toute sa sollicitude, tout son amour pour les
élèves qui se faisait jour sous une infinité de formes,
venait se condenser en quelque sorte dans un acte
à ses yeux capital, la préparation à la première
communion. C'est là qu'on trouvait la mère Sainte
Claire tout entière. Quatre ans, cinq ans même auparavant elle en parlait, et elle savait si bien faire
briller aux yeux de toutes ces petites filles, même à
travers un temps si long, « ce jour à nul autre comparable, » disait-elle, que la seule perspective de ce
moment suffisait souvent pour les décider aux plus
grands sacrifices. Que de soin elle apportait à l'instruction religieuse des enfants l'année de préparation immédiate ! « Elle tenait, » racontent les élèves

avec émotion, « à ce que la lettre du catéchisme fût exactement sue ; et elle donnait cette raison : l'enfant doit apprendre le mot, pour qu'on puisse le lui développer, et le lui faire comprendre avec fruit. C'est ce que la mère Sainte Claire savait faire avec un art si aimable, une clarté si vive, que les grandes vérités de notre religion entraient naturellement et sans peine dans nos jeunes esprits. »

Tout le bien que la mère Sainte Claire faisait à ces enfants, elle le complétait, y mettant ainsi un dernier trait, durant les heures de la récréation. Là elle était délicieuse, et achevait réellement par sa gaieté suave, ses mots aimables à tout le monde, de gagner les cœurs. Cette nature inépuisable, n'ayant pas un instant pour respirer, tout le jour en contact avec les élèves, la nuit constituée l'ange gardien de leur sommeil, retrouvait au milieu des gais ébats de sa douce mais turbulente famille une sève de bonne humeur ravissante.

Voici le souvenir qu'ont gardé de ses récréations toutes les élèves de cette époque : « Quelle était notre joie de faire groupe à ses côtés ! C'était à qui retiendrait les places l'avoisinant de plus près. Quand je pouvais me glisser doucement sur le tabouret où elle posait ses pieds, c'était une conquête qu'on m'enviait. De là je pouvais la voir à loisir, jouir de son si bon, si maternel regard. Sa conversation était aimable, gracieuse. Elle avait le talent de nous charmer par une foule de détails intéressants. Mais aussi quelle franche gaieté! Et dans ces causeries animées quel rire charmant qui dilatait le cœur! A cela ajoutez un rare talent d'imitation, des manières fines et des à-propos inouïs. Nous aimions surtout ce qu'on appelait *la doctrine particulière,* alors que, les prenant à part, elle réunissait autour d'elle les différents membres de la congrégation des enfants de Marie. Les avis étaient plus intimes, et nous goûtions extrêmement ces rapports plus familiers, quoique dignes, d'une mère et de ses enfants. Que de délicieuses choses nous ont été dites là, choses solides surtout, et nous portant à la vie de foi en tout et partout. Je me rappelle, entre autres, qu'elle avait un jour vivement excité notre curiosité en nous parlant du désir qu'on éprouvait de faire sa propre volonté, et nous affirmant qu'elle avait trouvé autrefois le moyen de la faire en effet toujours. C'était dit avec sa grâce accoutumée, d'une manière attrayante et saisissante. Nous attendions avec anxiété ce *suprême moyen* qui n'était autre que celui de *vouloir en tout ce que Dieu voulait.* De la sorte, plus moyen d'être contrariée. Le temps passait vite en sa société et quel grand sacrifice il fallait faire en se séparant! Quand le moment arrivait, c'était réellement fini. La mère Sainte Claire tenait à l'ordre, à l'exactitude ponctuelle au son de la cloche. Que de paroles coupées en deux elle nous faisait offrir à Notre-Seigneur à la fin de ces récréations, alors que, bien lancées à parler, le signal venait nous interrompre. J'aimais cette fidélité consciencieuse. Nous étions heureuses d'offrir à Jésus ce petit sacrifice. Elle nous apprenait ainsi de bonne heure à nous renoncer jusque dans les moindres choses. »

On pense bien que la mère Sainte Claire ne pouvait abandonner au milieu du monde celles qui avaient été les objets de tant de soins. Quand les jeunes filles allaient quitter le pensionnat, l'excellente maîtresse redoublait pour elles de tendresse, multipliait ses recommandations, ses conseils; et les enfants, accoutumées à l'avoir pour guide, ne voulaient jamais partir sans recevoir d'elle un petit règlement de vie, de nature à assurer le succès de leur éducation. La mère Sainte Claire mettait la même simplicité et le même cœur à rédiger pour elles quelques lignes pleines de sagesse :

« Je vous ai promis, ma chère enfant, de ne pas vous laisser partir sans vous donner un petit règlement et je tiens à remplir ma promesse.

« 1° Soyez fidèle à vos devoirs envers Dieu. C'est le point le plus essentiel. Ainsi : exactitude à la prière, ne l'abrégeant jamais, et la faisant avec une grande attention. Le matin, elle sera suivie d'un quart d'heure de méditation, ou de lecture réfléchie. Le soir, vous ajouterez à votre prière un sérieux examen de conscience, notant autant que possible les fautes de la journée et le principe de ces fautes.

« Vous irez à la messe, et vous approcherez des sacrements le plus souvent que vous le pourrez; mais vous n'exigerez rien, vous soumettant simplement à la volonté de votre bonne mère, qui sera toujours heureuse de vous faire plaisir.

« 2° Devoirs envers le prochain.

« Avec vos parents, une obéissance *toute de foi*, et une abnégation de tous les instants. Point de volonté propre, ma chère petite fille; mais une grande dépendance.

« Soyez très charitable dans vos conversations. Ne parlez jamais des défauts des autres; et, quand, en votre présence, on dira du mal du prochain, montrez-vous l'avocat officieux des absents. Vous savez combien Notre-Seigneur recommande la vertu de charité. Ne l'oubliez pas dans la pratique.

« 3° Devoirs envers nous-même.

« Mon enfant, vous vous connaissez assez pour comprendre le besoin spécial que vous avez de combattre sans cesse votre amour-propre et l'esprit d'indépendance qui en résulte. Mettez-y de la générosité, un vrai courage, et Notre-Seigneur vous récompensera largement, n'en doutez pas.

« Pour corriger vos défauts, ma chère enfant, je vous recommande de vous appliquer à la pensée de la présence de Dieu, et, si vous pouvez en prendre la sainte habitude, vous ferez de grands progrès dans la vertu ; mais ne vous effrayez pas. Soyez, au contraire, pleine de confiance en Dieu, et tout ira bien.

« Que Notre-Seigneur vous éclaire, que la Sainte Vierge vous protège, et que votre Ange gardien vous assiste. Je le leur demanderai tous les jours, je vous le promets. »

Parfois, elle laissait à la jeune fille le soin de faire elle-même le règlement, et elle sanctionnait par quelques paroles toujours remarquables et délicieuses, écrites au bas, les bonnes résolutions.

Voici un de ces écrits, pris au hasard entre mille. « Au moment de quitter cette maison, je dois songer à prendre des résolutions, pour que rien n'altère, au milieu du monde où je vais entrer, les sentiments pieux qui, je l'espère, m'animent actuellement. Et étant fidèle à ces résolutions, au sein de ma famille, je n'aurai pas le malheur de m'écarter des devoirs que, dès l'âge le plus tendre, mes maîtresses m'apprirent à goûter.

« Je ne me lèverai jamais plus tard que sept heures ; et, à mon réveil, j'offrirai mon cœur à Dieu et lui consacrerai toutes les actions de ma journée.

« Etant habillée, je ferai ma prière le mieux qu'il me sera possible, et sans l'abréger, y ajoutant quelques minutes de méditation.

« Dans la journée, je veillerai sur mes paroles afin qu'aucune n'altère la vérité, ni ne blesse la charité.

« Je parlerai avec respect à mes parents, et surtout à maman envers laquelle je suis plus sujette à m'oublier. Pour cela, sans doute, il faudra me faire violence ; mais je sais que, sans cette disposition généreuse, on ne peut parvenir au ciel, et cette pensée me rappellera à mon devoir.

« Quand on me contrariera, je veux me montrer soumise, au lieu de m'emporter contre tout le monde.

« Le soir, je ne négligerai jamais de faire ma prière, après laquelle je réfléchirai un instant sur la manière dont j'aurai passé la journée ; et, après avoir demandé à Dieu pardon, je lui promettrai pour le lendemain une plus grande fidélité.

« J'approcherai des sacrements le plus souvent qu'il me sera possible ; et je tâcherai d'y apporter les dispositions nécessaires, afin qu'ils me soient vraiment profitables.

« A vous, Vierge sainte, je veux avoir recours

chaque jour de ma vie, puisque, dès le moment où j'ai eu le bonheur de vous être consacrée, vous m'avez traitée comme votre enfant. C'est à vos pieds, divine Marie, c'est dans votre cœur maternel que j'irai chercher la force et le courage qui me seront nécessaires pour supporter avec résignation les peines et les tourments dont personne n'est exempt sur cette terre.

« Me souvenant aussi de ces âmes dévouées qui m'apprirent à vous connaître, à vous aimer, à vous servir, j'implorerai pour elles, ô Marie, vos tendresses et votre assistance. »

Au bas de ces résolutions, la mère Sainte Claire écrivait ces lignes : « Je vous félicite, ma chère enfant, d'avoir pris les résolutions que je viens de lire. Je vous en conjure, par l'affection que vous savez que je vous porte, soyez-y bien fidèle. Laissez-moi vous dire une chose, ma bien chère enfant, avant que vous nous quittiez. Je crains que l'image du monde ne vous sourie trop ; que vous ne vous montriez trop facile à lui faire des concessions que votre conscience ne pourra approuver. Souvenez-vous donc au milieu du monde des promesses de votre baptême, mon enfant ; souvenez-vous de l'éducation que vous avez reçue, des grâces et des lumières dont elle a été la source, et dont Dieu vous demandera compte. Souvenez-vous que cette vie est courte, et que l'éternité qui la suit ne finira point ; et, afin de vous mettre en garde contre les dangers que le monde et votre cœur vous préparent, gravez profondément dans votre mémoire cette parole du divin Maître : Que sert à l'homme de gagner l'univers s'il vient à perdre son âme ?

« Exercez-vous à la piété ; elle sera votre sauvegarde dans les périls, votre conseil dans les moments difficiles, votre consolation dans les peines dont personne ne saurait être exempt en cette vie, ainsi que vous le dites vous-même. Mais que votre piété soit douce, indulgente, aimant à se dévouer, à se faire tout à tous pour gagner tout le monde à Jésus-Christ.

« J'ai bien remarqué la résolution que vous avez prise à l'égard de vos parents, et notamment à l'égard de votre mère. Je vous en félicite, ma bonne enfant, et j'espère bien que nous n'omettrons rien pour faire de bon cœur tous les petits sacrifices que la grâce et la piété filiale demandent à ce sujet.

« Oserai-je dire que nous sommes un peu fière par caractère, et que c'est pour nous une grande *affaire* que de *céder*. Eh bien !... songez qu'il faut que nous soyons toujours généreuse sur ce chapitre ; que nous ne permettions pas au *seigneur amour-propre* d'entrer en nous, de discuter avec nous ; il faut que nous lui refusions résolûment les *si*, les *mais*, les *car*, etc., ainsi que les bouderies, quelque charmantes qu'elles nous paraissent. Songez-y ; sans cela, ma chère enfant, point de fidélité durable à vos résolutions.

« Et l'amour des pauvres, voilà encore un point que je recommande à votre cœur bon et chrétien. Il y a tant de moyens de faire du bien aux pauvres. C'est une chose si douce, d'ailleurs, que, j'en suis sûre, vous vous ferez un plaisir et un bonheur de vous montrer leur amie tendre et dévouée.

« Enfin, pour vous-même, joignez aux résolutions que vous avez tracées, celle de vous occuper toujours d'une manière ou d'une autre, et de ne jamais rester oisive. Le désœuvrement est la plus dangereuse de toutes les tentations peut-être.

« N'oubliez pas de sanctifier, de vivifier votre travail par l'esprit de foi, pour en faire *une prière continuelle*, en l'accomplissant dans la vue de plaire à Dieu, de satisfaire à sa justice que nous n'offensons que trop souvent, et de nous amasser des mérites pour le jour des éternelles récompenses.

« En voilà bien long, ma chère enfant ; mais, je l'espère, vous ne verrez en tout cela que le désir de vous être utile, en vous encourageant à mettre en pratique les résolutions que votre piété vous a inspirées. Daigne le Seigneur les bénir. »

Dans ces lignes on ne trouve pas de ces généralités qui font qu'elles pourraient être adressées à toutes sortes de personnes indifféremment. Il y a là des avis spéciaux et nuancés pour ainsi dire sur le caractère de la personne pour laquelle la mère Sainte Claire écrit. Toutes les autres notes qui accompagnent les règlements de vie portent ce caractère de spécialité, et peuvent donner une idée de l'étendue de sa sollicitude infatigable qui prodiguait ainsi, pour chaque âme en particulier, les trésors de son amour et de ses lumières. On comprend alors à quel travail elle s'assujettissait, et quelle activité il lui fallait déployer. La jeune pensionnaire avec ces encouragements partait.

Au sortir du couvent, on peut dire que les élèves emportaient le cœur de cette mère dont l'affection les accompagnait en tout lieu pour les encourager, les affermir dans le bien. La mère Sainte Claire les suivait au milieu du monde, et elle était leur conseillère à toutes, entrant dans tous les détails possibles avec une élévation d'esprit, et une entente des choses admirable. « Elle était parfaitement initiée à la vie du monde, » disent ses anciennes élèves, « et ses paroles se trouvaient toujours appropriées à notre situation qu'elle comprenait. D'une constante sollicitude pour nous, jamais elle ne nous abandonnait ; surtout elle prenait à cœur nos souffrances, et, dans l'adversité, c'était bien notre meilleure amie. »

Elle console par la lettre suivante une jeune fille qu'un grand malheur, arrivé tout-à-coup à sa famille, réduit presque au désespoir : « Au moment où je vous remerciais de vos vœux, et vous offrais les miens, je reçois l'affreuse nouvelle. Mon Dieu, quel malheur ! Pauvre enfant ! Que je vous plains ! Je voudrais être auprès de vous, pour essuyer vos larmes et vous consoler. Mon Dieu, mon Dieu, qu'allez-vous devenir ?

« Ah ! de grâce, mon enfant, ne vous laissez pas abattre, ni décourager. Levez les yeux vers le ciel, et adorez la volonté divine. Vous savez que Dieu est notre père, le meilleur des pères, et qu'il agit pour notre bien. Il vous aidera, il vous consolera; mais soyez résignée... Le Seigneur est avec vous.

« Ah ! si nos vœux, nos prières, nos sacrifices sont de quelque prix aux yeux de Dieu, vous aurez du courage. Vous serez pleine d'énergie, et vous fortifierez la chère *** qui doit être bien désolée.

« Adieu, chère enfant, adieu. Ecrivez-moi bientôt..... Je suis auprès de vous par la pensée, le cœur et la prière. Je ne vous quitterai pas. »

A quelque temps de là, elle lui adresse ces lignes en réponse à la lettre que celle-ci lui avait écrite : « A la bonne heure, ma chère enfant... ! Voilà une lettre chrétienne qui m'a fait grand plaisir. Allez toujours à Notre-Seigneur, mon enfant ; et c'est auprès de lui que vous trouverez du soulagement dans vos peines. Il est le grand, l'unique consolateur, et il vous aime, comme jamais personne au monde ne vous aimera.

« Je suis contente que vous soyez allée vous confesser. Approchez des sacrements, je vous en supplie, et faites-le le plus souvent possible. Vous ne trouverez pas de soulagement en dehors de la religion.

« Le malheur qui vous frappe est affreux ; votre position est désolante... Remerciez Notre-Seigneur, mon enfant, et bénissez-le avec moi de ne pas vous avoir abandonnée. Reprenez votre vie calme et pieuse ; priez beaucoup ; recommandez-vous à la sainte Vierge, et vous verrez qu'elle vous viendra en aide. Vous raisonnez trop. Que la prière remplace ces raisonnements qui ne produisent rien de bon, parce qu'ils sont purement humains. Fortifiez-vous en élevant votre âme vers Dieu, et bientôt vous serez telle que vous devez être.

« Je le demande sans cesse à Celui qui peut tout, et vous renouvelle du fond du cœur, ma très chère enfant, l'assurance de ma plus tendre affection. »

La mère Sainte Claire, au fond de son cloître, sait de suite tout ce qui arrive à ses chères enfants dispersées au loin. Elle écrit : « Nous venons d'apprendre deux morts qui nous ont très-douloureusement impressionnées. C. de R..., mariée depuis près de deux ans, vient d'être enlevée en trois jours d'une petite vérole ; et A. S... est morte dans le Hanovre en donnant le jour à deux enfants. Ces deux petites femmes avaient à peine vingt ans !... Elles se promettaient un long avenir. Elles étaient riches, heureuses, adorées, et les voilà déjà dans leur éternité... Voyez donc, mon enfant, quelle est la fragilité des biens de ce monde. C'est une grande leçon que Dieu nous donne, afin sans doute de nous apprendre à lever nos yeux vers le ciel. Profitez-en, ma chère et bien-aimée petite fille, travaillez pour la vie éternelle, et, dans l'espoir d'y arriver, supportez avec courage les épreuves du temps. »

Elle encourage ainsi une jeune fille qui ne peut se procurer, comme elle le désirerait, les secours religieux : « Priez donc bien le bon Dieu, ma chère petite fille, je vous en supplie. C'est votre seule planche de salut, puisqu'il vous est si difficile d'approcher des sacrements. Souvenez-vous que le bon Dieu n'abandonne jamais ceux qui se confient en lui. Il ferait cent miracles plutôt que de ne pas les secourir dans leurs besoins. Mais ayez confiance et priez. »

Ces relations si suivies entre la mère Sainte Claire et ses nombreuses élèves nécessitaient pour elle une correspondance écrasante. La généreuse mère faisait face à tout avec un élan et une suavité qui doublaient la touchante valeur de ses lettres.

Il est difficile de rendre avec quelle joie les élèves revenaient près d'elle. On était ingénieux pour en trouver l'occasion. Ces entrevues abondaient en consolations. On avait toujours des larmes à verser devant elle, des conseils à demander, des difficultés à exposer. « On ressentait alors son influence, » disent les élèves, « influence qui s'exerçait sur nous sans limites ; car on ne pouvait que se rendre à cet esprit si clair, à ce cœur si chaud, à cette foi si grande. Ah ! que ne faisait-elle pas pour adoucir, aplanir à chacune les difficultés de la vie. Sa charité était industrieuse, infatigable. Combien de familles n'a-t-elle pas aidées et soutenues de toutes les manières ? Si l'on avait une peine, on sortait d'auprès d'elle consolé et fortifié. »

Des élèves ainsi formées dans le couvent, ainsi soutenues au milieu du monde, ne pouvaient être plus tard que des femmes de foi, d'une foi ferme, inébranlable, éclairée, propre à les soutenir dans l'accomplissement de leurs devoirs, à la satisfaction de tous. Aussi une personne d'une haute intelligence et d'une rare vertu a-t-elle pu dire, parlant de la mère Sainte Claire : « Ses élèves savent être partout à leur place, dans toutes les positions, dans toutes les fortunes. » Cette parole est rigoureusement vraie.

CHAPITRE TREIZIÈME

La mère Sainte Claire succède à la mère Sainte Ursule, 23 mars 1861. — L'office de Sainte Angèle devient obligatoire pour l'Église universelle. — Les Ursulines du monde entier s'associent au projet de l'érection d'une statue à leur fondatrice dans la basilique du Vatican. — Une jeune protestante convertie au catholicisme. — La bonté de la mère Sainte Claire envers sa famille religieuse s'accroît de jour en jour. — Sa sympathie pour celles qui souffrent. — Attachement inébranlable à la règle. — Sa manière de commander.

Les trois années de la mère Sainte Ursule étant écoulées, la mère Sainte Claire dut reprendre le gouvernement de la communauté. C'était le 23 mars 1861. Elle avait cinquante ans. Son affliction de se voir encore supérieure fut extrême. Elle pleura beaucoup. Mgr Pallu du Parc qui présidait à l'élection, la voyant si désolée, lui dit : « Ma chère mère, je sais bien pourquoi vous pleurez tant ; c'est parce que vous avez faim et soif d'obéissance ; mais soyez tranquille, si vous êtes destinée à mourir supérieure, vous mourrez dans l'obéissance, parce que vous vous arrangez toujours de manière à obéir. »

On a trouvé indiquées, dans ses notes, les dispositions avec lesquelles la pauvre mère recevait ce fardeau :

« 1° Je veux accepter ma charge de supérieure

par le même amour avec lequel Notre-Seigneur Jésus-Christ accepta sa croix ;

« 2º Je dois demeurer dans cet emploi avec l'amour et le repos d'âme qui accompagnèrent Notre-Seigneur pendant tout le temps qu'il resta sur la croix ;

« 3º Enfin, je ne veux chercher dans cette charge que ce que Notre-Seigneur chercha sur la croix, c'est-à-dire à *souffrir, à aimer, à glorifier* Dieu.

« Souffrir tout de la part d'autrui et ne faire souffrir personne.

« Désirer vivement la sanctification des âmes que je dirige, et prier beaucoup à cette intention.

« Témoigner toujours beaucoup de bonté.

« Tenir un langage prudemment affectueux.

« Ne jamais laisser paraître d'impatience, ni d'ennui.

« Laisser agir la grâce, n'exigeant que ce qui est nécessaire, et excitant *doucement, modérément* à ce qui est de perfection.

« Employer toutes les industries naturelles et surnaturelles, mais à la condition de ne compter que sur la grâce de Dieu. »

Mgr Dupanloup eut l'occasion de venir quelques jours après au monastère. Il fut frappé des qualités éminentes de la mère Sainte Claire qu'il ne connaissait pas auparavant. Voici en quels termes le grand évêque rendit son impression : « Il ne faut pas beaucoup de temps pour voir la supériorité de cette femme vraiment *supérieure*. Quelle délicatesse ! Quelle fraîcheur de cœur ! J'ai rarement rencontré une nature aussi belle et aussi complète. »

Un événement marqua les premiers mois de son gouvernement. Par un décret en date du 11 juillet, notre Saint-Père le Pape rendait obligatoire pour toute l'Eglise la récitation de l'office de sainte Angèle. La mère Sainte Claire, de concert avec M. l'abbé Richaudeau, avait obtenu cette gloire à la fondatrice des Ursulines. Plusieurs années auparavant elle avait parlé au vénérable aumônier de ses regrets de voir le culte de sainte Angèle restreint à des églises particulières. M. Richaudeau très-touché lui avait dit : « Il n'est pas impossible d'obtenir de Rome que cette fête soit célébrée par l'univers catholique. Ecrivez aux Ursulines de tous les pays du monde, et dites-leur que vous ambitionnez cette couronne d'honneur pour sainte Angèle. Priez-les d'intéresser leurs Evêques respectifs à votre projet. De mon côté, je rédigerai une supplique au Pape dans ce sens, et je demanderai à tous ces prélats de daigner y apposer leur signature. C'est la voie à suivre ; et certainement de cette manière ce que vous désirez s'accomplira. » La mère Sainte Claire et M. Richaudeau firent, chacun de leur côté, les démarches les plus actives. Leur projet fut accueilli partout avec la plus vive joie ; les Evêques s'y montrèrent très-sympathiques, et Rome accorda ce qui lui était demandé.

L'allégresse fut grande dans tous les monastères de sainte Angèle quand on eut connaissance du décret ; et, depuis ce temps, un lien de douce charité les unit à celui de Blois d'où leur vint une consolation si précieuse. La mère Sainte Claire pensa avec M. Richaudeau qu'il fallait répondre à cette attention du pape Pie IX, par un acte éclatant et par un monument durable qui affirmât à perpétuité la reconnaissance des Ursulines. L'église de Saint-Pierre de Rome, qui donne sous ses voûtes asile à tant de grands souvenirs, contient les statues des fondateurs d'ordres, saint Bruno, saint Ignace, saint François, saint Domique, etc. Dans une sage prévoyance, plusieurs niches sont vides et semblent attendre les saints de l'avenir. A cette noble réunion manquait sainte Angèle. Canonisée seulement en 1807, sans doute on n'avait pas encore eu le temps de s'occuper de lui donner cette gloire. La mère Sainte Claire eut l'idée de faire sculpter la statue de sainte Angèle, et de l'offrir à la basilique du Vatican. Il fallait une somme d'argent considérable. Tous les couvents de l'ordre qui goûtaient avec tant de bonheur cette pensée y contribuèrent, aussitôt qu'un appel leur eut été fait. Des dons s'ajoutant d'autres côtés, la mère Sainte Claire put bientôt disposer d'une somme de 40,000 fr. pour la statue. Les Ursulines de Rome surveillèrent avec intelligence cette œuvre importante. Elles choisirent le bloc de marbre, le sculpteur ; Son Eminence le cardinal Patrizi, leur protecteur, donna ses précieux encouragements; et, du ciseau habile de l'artiste sortit sainte Angèle, aimable et douce comme la pureté, montrant à lire, avec une dignité charmante, à une petite fille qui est vivante.

C'est de cette manière qu'au pape qui avait accordé la récitation de l'office de sainte Angèle à toute l'Eglise, les Ursulines du monde entier répondirent, faisant ainsi respirer dans le marbre, sous la plus touchante image, leur vive reconnaissance pour ce bienfait. Ce nouvel acte acheva de cimenter l'union de tous les couvents d'Ursulines avec celui de Blois. Et l'âme de ce mouvement était la mère Sainte Claire et M. l'abbé Richaudeau.

L'année où l'Eglise catholique tout entière célébra pour la première fois la fête de sainte Angèle, la mère Sainte Claire eut de douces consolations. Elle amena dans les bras de Notre-Seigneur une pauvre petite brebis égarée au milieu des arides régions du protestantisme. C'était une jeune fille de quinze ans entrée au pensionnat sans savoir le français, et avec l'expresse recommandation de sa mère qu'il ne lui fût jamais dit un mot de religion. Cependant la famille avait dû consentir à ce que l'enfant suivît tous les exercices, même religieux, de la maison. Tant que la jeune Anglaise ignora notre langue, les choses se passèrent sans incident. Mais il faut lui rendre cette justice, qu'elle était vraiment protestante du fond de l'âme. Elle montrait un attachement prononcé à ses croyances, et un profond mépris pour les nôtres. Ainsi, chaque jour, au scandale des enfants, leur compagne hérétique refusait de s'agenouiller à la sainte messe, au moment de l'élévation ; et elle s'arrangeait de manière à ne rester dans la chapelle qu'en tournant le dos au Saint-Sacrement. Cependant, vivant au milieu de Françaises, elle fut bientôt assez initiée à leur langue pour comprendre les conversations et suivre les cours. Dès lors étant obligée, sinon d'écouter, du moins d'être présente à toutes les instructions ou explications du catéchisme que, deux fois par semaine, M. l'Aumônier faisait aux enfants, elle commença à en éprouver un véritable ennui, qui se traduisait par des malaises subits. Elle était obligée alors de quitter la salle. Néanmoins on priait, et Dieu faisait son œuvre. Après de longs combats contre la grâce, l'heure vint où la jeune fille dut s'avouer vaincue, et réclamer des instructions particulières pour se préparer à la grâce du baptême et de la sainte communion. Ce fut M. l'abbé Morisset qui fit couler l'eau sainte sur son front, et qui lui donna le noms de Marie-Thérèse Claire. Ce dernier dit assez quelle part la vénérée mère eut à sa régénération spirituelle. La cérémonie se fit au milieu du chœur des religieuses, en présence de toute la communauté, et des pensionnaires des deux établissements ravies d'un spectacle si rare pour elles et si édifiant.

La mère Sainte Claire, surchargée de travail, nomma la mère Saint Joseph maîtresse des novices, dont elle se réserva d'être la mère, continuant comme par le passé de les diriger, de leur faire les instructions et les chapitres. « Elle ne pouvait se séparer, » disait-elle, « de ses chers petits voiles blancs. »

A cette époque, son zèle pour sa chère communauté parut augmenter encore. L'amour que jusqu'ici elle avait eu pour chacune de ses nombreuses filles prit je ne sais quel accroissement touchant, et une nuance surnaturelle plus prononcée. « Elle nous avait toujours gouvernées jusqu'ici, » dit une religieuse, « avec des sentiments de mère ; mais, dans ces sentiments qui nous étaient si connus, nous vîmes bientôt quelque chose de plus exquis et de plus délicat. C'est que sa sainte âme se pénétrait de plus en plus de Dieu. » Elle voyait réellement toutes ses filles avec son cœur en quelque sorte constamment placé sous le regard magnétique de Dieu. On sentait dans un coup d'œil, dans une parole, dans un geste sa bonté. Mais c'était une bonté digne, une tendresse forte, enveloppée dans une retenue modeste bien remarquable. Un ange eût été tendre de cette manière. Elle avait mille attentions. Tantôt c'est une sœur qui lui semble souffrir du froid. Elle quitte ses petites manchettes de laine et les lui met, en s'excusant de lui offrir une chose qu'elle a déjà portée. « Elle ne savait pas la chère mère, » dit une religieuse, « que c'était cela même qui leur donnait le plus de prix. » Tantôt c'est une jeune malade qui n'a pas de fichu de laine, et à qui elle donne gracieusement le sien. Une autre fois, c'est une novice souffrante qui n'a pas eu le courage de prendre, au réfectoire, le petit déjeuner préparé pour elle. La supérieure, retenue par une indisposition dans sa cellule, l'apprend et fait appeler la jeune sœur, qui, très-embarrassée, ne se sent pas assez à l'aise pour voler auprès de sa mère. Elle arrive lentement, comptant sur des reproches. La bonne mère est assise à son secrétaire, ayant devant elle une tasse de chocolat ; et, quand la coupable entre timidement, elle la regarde en souriant : « Eh bien ! ma petite fille, il paraît qu'on ne veut pas déjeuner au réfectoire aujourd'hui ? » Et elle présente à la novice ce qu'on lui avait préparé pour elle-même. Si elle remarque au réfectoire qu'une religieuse manque d'appétit, elle lui fait servir des mets plus délicats. Qui n'aurait à citer une foule de traits de ce genre ? Et encore quand on acceptait ses prévenances, il semblait qu'on lui rendait service. Ainsi, en toute rencontre, elle trouvait moyen d'exercer la charité aux dépens même de son temps, de sa santé, de tout ce que la nature pouvait légitimement désirer.

Les religieuses savaient bien qu'elles étaient pour cette mère tendre un sujet de constante sollicitude. Elles disaient : « Vraiment la moindre souffrance qui nous peut survenir l'affecte plus vivement que nous-mêmes. » Voici un trait raconté par la mère Sainte Claire, qui naturellement tait ce qu'il contient d'éloges pour elle, et ne voit qu'une délicatesse de cœur dans la sœur dont il est question. Le médecin avait jugé à propos de « faire subir à la sœur Sainte Anne une opération très douloureuse. Il s'agissait de lui amputer l'index de la main droite, à l'articulation du poignet, pour éviter l'extension de la carie des os. A peine la scie du docteur avait achevé de faire tomber le doigt que son premier mouvement fut inspiré par la piété filiale. Elle avait vu que sa supérieure, sur le point de se trouver mal, avait été forcée de sortir de l'infirmerie. Alors, plus occupée de sa mère spirituelle que d'elle-même, elle dit à une religieuse : « Allez rassurer notre mère, dites-lui que tout est terminé, que ce n'est rien. » Puis, s'efforçant de sourire malgré les larmes que la souffrance lui faisait verser, elle ajouta : « Dites-lui que je ris. » —« Conduite admirable, » poursuit la mère Sainte Claire, « où l'on ne sait ce qui l'emporte, de l'empire sur soi-même ou de la délicatesse du sentiment » ; il faut ajouter et du cœur de la mère qui savait inspirer de telles attentions.

Quand les sœurs avaient quelque chagrin, la mère Sainte Claire s'empressait de les consoler. Elle allait au devant de leurs pensées. C'était plus fort qu'elle ; la tendre mère ne pouvait voir de la peine à quelqu'un. « Un jour que je pleurais pendant les vêpres, » raconte une religieuse, « la mère Sainte Claire me vit ; elle écrivit sur-le-champ et m'envoya un petit mot. » Elle aperçoit une âme qui souffre, c'est pendant l'office, n'importe. » « Je l'ai vue, » continue cette religieuse, « aller trouver, à neuf heures du soir, une religieuse qui avait du chagrin. » —« Au milieu de pénibles angoisses, » nous raconte une autre sœur, « par une seule parole de sa bouche je me sentais toujours soulagée, affermie... Il y avait réellement quelque chose de Notre-Seigneur en elle. Et j'étais si convaincue qu'il me parlait par sa bouche que je n'avais pas même l'idée de raisonner. Sur sa parole, j'allais, sinon en paix sensible, toujours en paix solide fondée sur la soumission à la volonté divine... » Et cette religieuse ajoute : « Un jour, je m'en souviens, j'étais accablée d'une peine extrême. Apprenant que je versais des larmes, elle me fit venir, m'accueillit avec une bonté profondément compatissante. Après m'avoir écoutée, elle me dit simplement : Ma chère petite enfant, dites à Notre-Seigneur : Mon Dieu, je veux tout ce que vous voulez. Ce fut assez. Mes larmes cessèrent de couler ; la plaie fut fermée, et mon âme un instant auparavant si tourmentée revint à un calme tout céleste. »

Il faut le dire : cette bonté extraordinaire ne l'empêchait pas de poursuivre toujours la nature et de la briser. Mais là, comme dans l'imposition du sacrifice, elle continuait de mettre beaucoup de délicatesse de cœur. Elle craignait souvent, nous assure-t-on, que les observations qu'elle faisait, les réparations qu'elle exigeait parfois ne laissassent au fond de l'âme de l'amertume ; et elle avait grand soin de s'en rendre compte, mettant à cela toute la finesse d'observation dont elle était douée, et apportant le baume quand il le fallait, sans se départir un instant de son énergique fermeté.

Quant aux pénitences corporelles à conseiller aux religieuses, elle était d'une très-grande discrétion. On sait que ceux qui sont les plus rudes pour eux-mêmes se montrent souvent les plus doux pour les autres. Il en fut du moins ainsi pour la mère Sainte Claire. Elle a déclaré dans des confidences intimes qu'elle n'aurait pas voulu permettre à ses filles ce qu'elle avait cru devoir s'imposer à elle-même. « Nous ne sommes pas Carmélites, » disait-elle, « mais Ursulines; et il est bon d'entretenir notre santé et nos forces pour rendre plus utile notre vocation de religieuses enseignantes (1). »

La mère Sainte Claire était suavement consolante auprès des religieuses qui perdaient leurs parents. Se réservant le soin d'annoncer la nouvelle désolante, elle procédait avec délicatesse. Pour épargner de douloureuses insomnies, elle évitait toujours de rien laisser percer vers le soir. L'heure choisie par l'excellente mère était ordinairement celle de l'oraison du matin, quand l'âme avait déjà eu le temps de se placer en la présence de Dieu, et de remettre à Notre-Seigneur toute sa volonté. Elle faisait appeler la sœur, lui recommandait de beaucoup prier pour la personne aimée dont la santé sérieusement atteinte donnait les plus graves

---

(1) *Petite notice sur la mère Sainte Claire.*

inquiétudes. Elle lui disait affectueusement : « Faites la sainte Communion pour elle ; de mon côté, je vous aiderai de tout mon cœur. » Et après la messe, quand elle savait son âme réconfortée par notre divin Sauveur, elle lui insinuait toute la vérité, pleurant comme s'il se fut agi d'un des siens, et s'efforçant de la consoler par des paroles pleines d'espérance.

« N'avait-elle pas, » écrit une religieuse, « une sorte d'intuition céleste dans ces circonstances ? Je sais que le jour de la mort de mon pauvre frère, après m'en avoir annoncé la triste nouvelle, elle me dit : Ce matin, au moment de réciter ma prière « O bon et très-doux Jésus, » votre frère est la première personne qui s'est présentée à mon esprit. Je me suis bien gardée de vous le dire ; mais j'ai eu le pressentiment que c'était fini ! Mon frère était mort la nuit, à une heure ; et les dernières nouvelles avaient été meilleures. »

Ajoutons que, en toute chose, elle s'intéressait vivement aux familles de ses chères filles, et leur rendait service le plus qu'elle pouvait. Enfin, il lui était doux, quand cela pouvait causer quelque consolation utile aux parents, de dire aux religieuses de leur écrire, même en temps de carême, où ordinairement on ne fait pas de lettres. « La fête de mon père se trouvait en carême, » raconte une religieuse, « je ne lui écrivais jamais à cette occasion, pour ce motif. Une année elle me dit : Pourquoi n'écrivez-vous pas ? Nous pouvons nous imposer à nous des sacrifices de cœur, mais pas à nos parents. Il faut leur prouver que la tendresse ne se perd pas, mais augmente dans la vie religieuse, auprès du bon Dieu. »

La mère Sainte Claire n'en était pas moins, pour cela, extrêmement attachée à la règle. Quand on lui demandait certains changements en s'appuyant sur des raisons qui n'étaient pas sans valeur, elle répondait « non » invariablement, encore qu'il est expressément dit dans la Bulle du Pape que la supérieure pourra changer les règles, les modifier, les limiter, les corriger et en ordonner d'autres de nouveau avec l'approbation de l'Ordinaire. Elle disait à ce sujet : « Monseigneur, il y a déjà longtemps, me proposa d'apporter des changements ; on les lui avait demandés, car on trouvait la règle trop austère. Je le suppliai en grâce de n'en rien faire. Je lui exposai mes raisons, il les trouva bonnes et décida qu'on laisserait les choses telles qu'elles étaient. » — « Gardons la règle, » concluait-elle, » et nous deviendrons des saintes ; gardons-la telle qu'elle est, ne l'altérons pas quant au fond. Si l'on fait des changements aujourd'hui, dans vingt ans, on aura encore besoin d'en faire, et où cela mènera-t-il ? A l'anéantissement de la règle. »

Par une condescendance plus favorable au désir des familles que conforme à la garde stricte de la clôture, on avait laissé, durant un certain nombre d'années, les parents des religieuses éloignés pénétrer dans les salles du Pensionnat, pour y voir sans grilles ces filles et ces sœurs chéries dont, à cause de la distance, ils ne pouvaient se rapprocher qu'à de longs intervalles. Mais la vénérée mère voyait avec peine cette violation de la règle. Quand elle crut le moment venu, elle annonça que cette coutume ne serait plus désormais tolérée. « Il a été convenu, » dit elle, « avec M. Morisset, notre supérieur, que les parents ne seront plus admis qu'au parloir. » La mère en cela imposait à sa famille et s'imposait à elle-même une privation sensible; car annuellement ses sœurs venaient, à l'époque des vacances, lui consacrer quelques jours, heureuses de les passer le plus près possible d'elle. La détermination une fois prise, les demoiselles Boutros restèrent au parloir, en dehors de la grille; et, dignes de la mère Sainte Claire, elles applaudirent à une mesure qui favorisait le maintien de la règle. Une religieuse fait ici cette réflexion : « Si la vénérée mère n'avait eu en cela sa part de renoncement, elle n'eût pas été aussi à l'aise pour prescrire cette réforme; mais certainement elle se réjouit dans son âme de pouvoir donner l'exemple du plus entier détachement. »

La règle que la mère Sainte Claire apprenait aux religieuses à tant vénérer jetait sur elle un reflet d'autorité qui allait devenir une sorte d'auréole. Peut-être jamais supérieure ne fut plus obéie, et le prestige du commandement n'exerça jamais plus d'empire. Et cependant il apparaissait dans l'autorité considérable dont elle jouissait je ne sais quoi d'humble et d'ineffablement simple, à l'inverse de ce qui est susceptible d'arriver pour les personnes qui ont une longue habitude du commandement. Rien absolument d'impérieux dans sa parole, dans sa pose, dans son air, à quelque moment qu'on la surprît, ni dans quelque circonstance qu'elle se trouvât. C'était plutôt une certaine crainte d'amour et un parti pris très-accentué de prévenir toujours d'honneur ses inférieures, de ne leur rien demander qu'au nom de la raison, de la piété, et qu'en faisant jouer les plus nobles ressorts de l'âme. Elle excelle ici par sa délicatesse, sans jamais cesser un instant d'être digne et ferme. « Elle ne commandait, » nous disent les religieuses « qu'avec une sorte de crainte, et plutôt en priant qu'autrement. Combien de fois, lorsqu'elle nous imposait si maternellement et avec une si simple humilité ses raisons, n'avons-nous pas été tentées de lui dire : mais, chère mère, votre commandement nous suffit ; nous n'avons pas besoin de connaître vos motifs. Néanmoins nous la laissions dire. N'eût-il pas été cruel de ne pas nous prêter à la satisfaction d'un attrait qui primait tout chez elle : l'amour de l'humilité. »

CHAPITRE QUATORZIÈME

On retranche à la mère Sainte Claire, en 1863, quelques-unes de ses pénitences. — Dieu veut qu'elle souffre. — Nouveau triennat en 1864. — Elle perd son frère. — Comment les élèves suivaient les leçons de la mère Sainte Claire. — Sa grande tristesse quand l'une d'elles venait à mourir. — Une fête jubilaire.

La mère Sainte Claire continuait toujours de pratiquer les mortifications qu'elle avait embrassées avec tant d'ardeur. M. l'abbé Richaudeau, son confesseur ordinaire, appréhendant avec raison l'épuisement de sa santé, l'obligea, en 1863, à cesser l'usage des instruments de pénitence durant la nuit. Il ne lui retranchait rien au reste pour le jour. La mère Sainte Claire obéit avec la simplicité d'un enfant. Toutefois, elle crut devoir en informer l'homme de Dieu qui était pour elle un oracle, et qui jusqu'ici l'avait soutenue dans cette voie austère.

Le Père *** était un éminent religieux. Investi des charges les plus considérables de son Ordre, en possession de la confiance de plus d'un évêque, savant théologien, directeur d'une grande autorité, il avait avec tout cela le prestige de la sainteté. Son nom est mêlé à l'histoire intime d'une foule d'âmes d'élite qui lui doivent leur essor définitif vers la perfection. Une longue expérience des choses d'en-haut lui donnait une facilité étonnante pour comprendre, consoler, affermir, éclairer ceux que Dieu lui adressait. Sa charité dut se multiplier à l'infini pour répondre à ces milliers de personnes affluant sans cesse vers lui. Ame à la fois grande et simple, en lui on trouvait, non sans attendrissement, avec une finesse de la meilleure marque, la naïveté des saints et leur chaleur de cœur. Pour l'extérieur, on l'eût reconnu entre mille, à cette noblesse de tenue, à cette démarche qui annonçait l'énergie, à cette figure sculptée par la mortification où rayonnait une vie céleste; surtout à cette parole ardente, tombant dans les âmes en étincelles, et y allumant d'une manière merveilleuse et presque incroyable l'amour divin. La mère Sainte Claire écrivait à quelqu'un qu'elle avait mis en rapport avec lui : « Toute votre vie vous bénirez Dieu d'avoir connu ce Père ; pour moi, je puis dire que je lui ai d'immenses obligations, et que je ne cesserai de bénir Notre-Seigneur qui a permis que je le rencontre. »

La mère Sainte Claire exprima donc à son directeur, avec un accent résigné, le regret qu'elle éprouvait de se voir enlever une partie de ses pénitences. Le Père *** lui dit avec ce tact qui le distingue : « Obéissez à votre confesseur et soyez bien tranquille ; Notre-Seigneur vous accordera lui-même ce qu'il inspire à M. Richaudeau de vous refuser ; et ce qu'il vous donnera de sa main sera meilleur que ce qu'il permet qu'on vous enlève. » Il est certain que Dieu rendit toujours à la mère Sainte Claire, en souffrances très-aiguës, les pénitences dont son confesseur ordinaire jugea bon de la priver. Le Père***, à ce propos, dit un jour au vénérable aumônier : « Dieu veut qu'elle souffre ; si elle ne se fait pas souffrir elle-même, elle souffrira davantage d'une autre manière. » Depuis cette époque surtout, la maladie commença donc à jouer un grand rôle dans sa vie, et fit de ses jours en religion une longue chaîne de fatigues et de douleurs. Ses chères filles ne purent que gagner à cela, et le divin Maître les eut sans doute elles-mêmes aussi en vue, voulant que leur mère ressentît pour leurs propres souffrances une compassion tendre que l'expérience seule de la maladie est capable d'inspirer. Si jusqu'ici la douleur a eu pour la mère Sainte Claire des intermittences, désormais elle ne lui laissera guère passer de jours sans souffrir.

Cette grande grâce de la souffrance fixe à cette époque son attention. A tout prix, elle en veut être reconnaissante ; surtout elle éprouve le besoin de l'aimer. Elle est obligée de combattre vigoureusement la nature pour y arriver ; et, s'ouvrant sur ce sujet au religieux dont il vient d'être parlé, elle reçoit de lui la réponse suivante :

« Ma chère fille en Notre-Seigneur.

« La paix de Jésus !

« Depuis votre dernière lettre, à laquelle j'aurais si vivement souhaité répondre plus tôt, j'ai prié bien des fois pour vous ; et le mercredi de Pâques j'offrirai le Saint Sacrifice, afin qu'il plaise à Notre-Seigneur d'affermir le fruit de votre retraite.

« Vous pouvez m'en rendre compte à l'ordinaire.

« Aimer la souffrance est une grâce de choix qui mérite d'être achetée par beaucoup de prières, d'humilité, de confiance et de persévérance. Vous l'avez déjà en partie ; plus tard elle vous sera accordée avec plus d'abondance.

« A vous de cœur en celui de Jésus. »

En 1864, la mère Sainte Claire fut nommée de nouveau supérieure, pour trois années, à l'unanimité. Elle fit comme précédemment son sacrifice, et eut besoin pour cela de toute sa force d'âme.

Dieu lui demanda, peu de temps après, un autre sacrifice qui fit saigner son cœur. Le 12 mai, une fièvre pernicieuse enlevait en quelques heures M. Félix Boutros. Ce frère bien-aimé laissait une femme et un enfant en bas âge. Ce qu'il y eut de plus malheureux, c'est que, quand le prêtre vint pour recevoir sa confession, le pauvre malade avait perdu l'usage de la parole. Sans doute il avait toujours vécu de la manière la plus honorable ; mais malheureusement, comme tant d'autres, il s'était tenu en dehors des pratiques du christianisme. Ainsi l'amour de sa sœur qui avait embrassé la vie religieuse pour obtenir son salut allait se trouver bien cruellement déçu. Cependant Dieu, qui voulait jusqu'au bout éprouver la foi de sa servante, n'oubliait pas cette âme que tant de prières touchantes lui recommandaient depuis si longtemps. Un rayon de soleil, le plus doux qui puisse luire sur un malade dans une pareille extrémité, éclaira cette agonie. M. Boutros mourut en baisant avec une pleine connaissance et une visible émotion la médaille miraculeuse de la sainte Vierge que sa femme lui présenta ; et le prêtre lui donna l'absolution dans cet acte attendrissant. Aux yeux de la mère Sainte Claire, ce sourire de la sainte Vierge eut un indicible prix. C'était le gage d'une espérance qui ne pouvait être confondue. Elle fut bien consolée quand sa belle-sœur, pour adoucir ses regrets, lui donna la médaille précieuse, doux souvenir du regard de miséricorde jeté sur son frère expirant par la meilleure des mères. La tendre sœur porta sur elle l'objet sacré; et on ne le lui enleva après sa mort que pour le remettre à Mme Félix Boutros qui le réclama pieusement.

CHAPITRE QUATORZIÈME

La nuit de la mort de ce frère chéri, la mère Sainte Claire fut éveillée soudain par trois coups distincts qu'elle entendit frapper à la porte de sa cellule. Pensant que ce bruit ne pouvait être que l'effet de son imagination, elle cherchait à s'endormir, quand les mêmes coups retentirent de nouveau. Aussitôt la pensée de Félix se présenta à son cœur, et elle fut convaincue que c'était l'ange de ce frère bien-aimé qui, le voyant sur le point de rendre le dernier soupir, venait recommander à ses prières cette âme sur le seuil de l'éternité. Cette attention d'un ange s'entremettant entre une sœur et un frère qui s'aimaient tant, en un moment pareil, n'eut rien pour elle d'étonnant. Il ne manquait sans doute qu'une prière pour que Marie, la fidèle par excellence à l'heure de la mort, bénît, en sauvant son frère, tous les sacrifices qu'elle avait faits pour lui. L'ange venait lui demander cette prière décisive. La mère Sainte Claire, en pensant de la sorte, pouvait avoir raison ; et ce pouvait être vraiment un doigt d'ange qui était venu ainsi frapper.

Cependant la mère Sainte Claire exerçait une influence de jour en jour plus fructueuse sur les établissements d'éducation. Il est difficile d'exprimer à quel point elle faisait passer dans les enfants, et sa foi vive, et son cœur généreux. Il y avait, grâce à elle, parmi toute cette jeunesse, une vie exubérante de charité, de bonté exquise, de sentiments pleins de fraîcheur; et tout cela se traduisait par des traits touchants.

Le 16 juillet 1865, une des plus grandes élèves du pensionnat fut atteinte d'une érésipèle qui ne causa pas d'abord d'inquiétude sérieuse. Mais bientôt le mal prit un caractère alarmant; et, une congestion cérébrale s'étant déclarée, les médecins ne dissimulèrent ni le danger, ni l'urgence de penser aux derniers sacrements. Plusieurs amies de la jeune malade résolurent d'obtenir sa guérison par la récitation non interrompue du saint Rosaire. Aussitôt elles s'ouvrent de leur projet à la mère Sainte Claire dont elles connaissent les angoisses. La permission est donnée. Alors s'organise une garde continuelle, non-seulement de toutes les enfants de Marie, mais aussi des autres pensionnaires qui veulent se joindre à elles. D'heure en heure, une ou plusieurs enfants viennent s'agenouiller aux pieds de la sainte Vierge. Les congréganistes, dans un élan de confiance que la bonté du cœur de la sainte Vierge expliquera toujours, apportent le ruban bleu de leur compagne, insigne pieux de sa dignité d'enfant de Marie et y joignent les leurs. Puis, remettant l'aimable faisceau entre les mains de la statue placée sur l'autel, elles disent : « C'était notre bonheur de les porter à vos fêtes... mais nous ne les prendrons plus, que quand, avec nous, notre amie si malade pourra porter le sien. »

Tout ce jour, d'heure en heure, les élèves se relevèrent auprès de la sainte Vierge. « Nous y passerons encore la nuit, » se dirent-elles. « Demandons-le à la mère Sainte Claire. » Le soir donc on lui député un messager chargé de la prier de se rendre un instant au milieu de ses enfants, qui sont réunies et l'attendent avec impatience. Aussitôt que la mère Sainte Claire paraît, toutes se jettent à ses genoux et sollicitent la faveur de se succéder pendant la nuit, aux pieds de la Sainte Vierge, pour demander la guérison désirée. La chère mère est émue ; son cœur, si plein de sensibilité, est partagé ; d'une part, elle voudrait sauver la pauvre malade ; d'une autre, elle craint de fatiguer cette vingtaine d'enfants qui sacrifient si volontiers une heure de sommeil pour intéresser à leur cause celle qu'on n'invoque jamais en vain. Les insistances des jeunes filles se renouvellent avec tant d'affection que la vénérée supérieure vaincue consent à accorder cette faveur pour une nuit.

La sainte Vierge voulait éprouver la foi de ses enfants ; car, dans la nuit du 22 juillet, vers deux heures du matin, la mère Sainte Claire fut appelée auprès du lit de la jeune malade, dont l'état devenait de plus en plus inquiétant. Ne doutant pas de l'imminence du danger, elle fit immédiatement demander M. l'Aumônier afin de procurer à la chère enfant les secours de la religion. Pendant qu'on préparait tout pour la cérémonie de l'Extrême-Onction, la vénérée mère s'adressait à Marie sous l'invocation de Notre-Dame du saint Rosaire et lui disait : « Si vous voulez que l'association du Rosaire soit établie dans la maison, donnez pour preuve la guérison de cette enfant. » Au moment où cette prière se faisait, on avait tout lieu de craindre que la malade ne vécût pas même jusqu'à la fin de la cérémonie. Le lendemain matin, grande fut la désolation des enfants de Marie quand elles devinèrent plutôt qu'elles n'apprirent les événements de la nuit. Il fallait redoubler de ferveur : on se mit à prier avec plus d'amour encore. Aux heures laissées libres par les études, on courait à l'oratoire pour chanter et méditer les mystères du Rosaire. Le soir venu, on renouvela, auprès de la mère Sainte Claire, la scène de la veille ; et, la cause fut si éloquemment plaidée par tous ces jeunes cœurs, que la permission fut encore accordée pour une nuit. Le seul fait de la prolongation de la maladie ranimait de plus en plus la confiance ; et la famille même de la pauvre enfant accourue pour lui donner les derniers soins, pensait-elle, commençait sinon à espérer, du moins à ne plus rejeter la possibilité d'une convalescence. L'assiduité des enfants aux pieds de la sainte Vierge ne se ralentissait pas. On était déterminé à poursuivre non-seulement la neuvaine de jour, mais aussi la neuvaine de nuit. A la demande qui lui fut faite de passer une troisième nuit, la mère Sainte Claire hésita sérieusement ; cependant on fit valoir que c'était au moment d'être exaucée qu'il fallait redoubler de ferveur ; que la grâce désirée ne tenait plus qu'à un fil. On assura que jamais on n'avait mieux dormi, jamais on ne s'était mieux porté. On pria, on supplia ; on déclara être décidé à ne point partir avant d'avoir obtenu une réponse favorable. « Oui, » dit à la fin la mère Sainte Claire ; « je me décharge, pour cette nuit encore, du soin de votre santé sur la sainte Vierge ; mais je ne dois pas ainsi constamment tenter sa bonté ; ce sera la dernière fois. » Le lendemain, elle se montra d'autant plus inexorable que la famille de la malade, apprenant ce qui s'était passé, suppliait à son tour qu'on ne permît plus à ces admirables enfants de s'imposer une telle fatigue. La jeune fille, d'ailleurs, semblait sauvée, et, à moins qu'une rechute ne survînt, la convalescence était certaine. Or, il n'y eut point de rechute, et la neuvaine se continuant (1) durant le jour, bientôt la malade put sortir de son lit et recevoir les visites empressées que tour à tour lui firent ses compagnes. Le 15 août, les enfants de Marie triomphantes allaient reprendre leurs rubans à l'autel de l'oratoire ; et elle étaient heureuses d'accompagner leur malade, maintenant guérie, à la procession de la sainte Vierge.

L'auguste Marie, en rendant cette jeune fille à l'amour de sa famille et de ses compagnes, répondait à la mère Sainte Claire que son désir était de voir le Rosaire établi dans la maison. Il ne tarda pas à l'être.

Le cœur de la mère Sainte Claire était surtout brisé quand la mort venait frapper quelque jeune fille, non pas seulement parmi ses élèves du moment, mais encore parmi celles qui, leurs classes finies, étaient rentrées dans le monde, et entretenaient avec elle d'intimes rapports. Ce deuil ne pouvait pas manquer d'arriver. Là surtout on voyait combien elle était mère. C'est ainsi qu'elle

---

(1) Pour se dédommager du sacrifice imposé de suspendre la prière durant la nuit, on plaça naïvement une rose mystique effeuillée aux pieds de la sainte Vierge, afin d'aider les anges gardiens à réciter le saint Rosaire à la place des enfants qui en étaient empêchées.

pleura Mathilde de la Salle, une admirable enfant, d'une élévation d'âme, d'une grâce, d'un charme inexprimables. On sent, au reste, combien elle avait raison de le faire, quand on a sous les yeux les résolutions de cette jeune fille. En voici quelques unes qui ont l'intérêt tout particulier de refléter fidèlement l'éducation de la mère Sainte Claire fécondée par l'action intelligente d'une mère aussi distinguée que bonne :

« On nous dit qu'une jeune personne peut et doit exercer un apostolat des plus actifs autour d'elle. — Mon Dieu, inspirez-moi, conduisez-moi par la main dans l'étroit sentier de la perfection ; conservez-moi toujours parmi vos enfants de prédilection ; que je ne sois jamais ingrate ; vous m'avez tant aimée ! Là où un homme, un prêtre même ne pourra rien faire, la femme peut travailler efficacement, en employant la douceur, l'affection, la persuasion, en compatissant à la douleur, pleurant avec ceux qui souffrent, ouvrant les trésors de sa charité, de son cœur aimant. Elle peut exercer sur sa famille, sur ses amis, une influence salutaire qui porte au bien, attire à Dieu, fait aimer et pratiquer la vertu. Voilà ce que peut faire une enfant de Marie sincèrement pieuse. — Et moi, ai-je rempli ces obligations ? »

Rien n'avait été épargné pour la prémunir contre le monde; et nous trouvons, grâce à cette lumière, dans un âge où tout est encore illusion, une maturité de jugement bien rare.

Elle écrit : « Que le monde est faux et trompeur ! J'ai dix-huit ans et j'en ai déjà vu assez pour l'apprécier à sa juste valeur. Je ne puis pas ne pas y aller; mais, chaque fois que j'irai aux bals, aux soirées, je ne danserai jamais les danses tournantes, je n'assisterai à tout cela qu'en spectatrice, ayant soin de me recueillir de temps en temps. J'aurai un extérieur grave et posé, ne me permettant jamais de manières légères, n'oubliant pas que mon titre d'enfant de Marie m'oblige à plus de retenue; par ce moyen je ferai du bien. »

Et ailleurs : « Les bals me laissent toujours du noir dans l'âme ! Même dans un salon, j'ai souvent été sur le point de pleurer. Je ne puis m'expliquer l'effet que produisent sur moi ces danses stupides. »

Mathilde de la Salle définissait ainsi l'amabilité :

« Pour être aimable, il faut trois choses : 1° de la raison; 2° de l'abnégation; 3° du dévouement. Il ne faut pas viser à l'être pour plaire au monde, mais pour plaire à Dieu seul. » Et la pensée d'apostolat revient : « Mon Dieu, donnez-moi l'occasion de faire du bien, d'exercer cet apostolat dont j'ai le besoin le plus urgent. C'est comme une vie pour moi, et je crois que je ne pourrais m'en passer. Je suis si heureuse maintenant avec ma confrérie, mon école, mes pauvres ! Quelle jouissance, quelle différence avec les plaisirs du monde ! Mon Dieu, je veux travailler toujours à votre gloire, vous aimer et vous faire aimer ; et pour cela je veux être bonne et pieuse, agir toujours comme une vraie enfant de Marie... Ah ! si je pouvais sauver une seule âme, ce serait assez de bonheur dans ma vie !... »

Et encore : « J'ai une mission spéciale à remplir dans le monde ; je dois m'y préparer dès maintenant, en m'exerçant à la pratique des vertus qui me seront nécessaires. — Je dois défendre la religion, l'Eglise dans le monde, les y faire aimer par mon exemple. »

Voici à quel point elle portait ce zèle pour les âmes :

« Je fais le sacrifice de tous les mérites que je pourrai acquérir pendant ces jours pour les appliquer à l'âme de *** que je veux sauver à tout prix. Je tâcherai de ne laisser échapper aucune occasion de me mortifier. Peut-être Dieu se laissera-t-il vaincre par tant de prières. Lui seul peut la sauver et la ramener de son égarement. Je la mets dès maintenant sous la protection spéciale de Marie et de Joseph ; puissent-ils toucher son cœur et le guérir ! Mon Dieu, vous êtes trop bon et trop miséricorlieux pour n'avoir pas pitié d'elle. Faites-moi souffrir à sa place ; mais sauvez-la, consolez ceux qu'elle a si cruellement affligés. »

Elle dit encore : « Jusqu'ici j'ai porté une couronne de roses, faudra-t-il plus tard que celle d'épines me soit donnée ? Non ! j'aime mieux souffrir en cette vie, et jouir toujours ensuite. Je ne sais pourquoi l'avenir m'effraye. Je suis si heureuse ! Mon Dieu ! tout ce que vous voudrez, pourvu que vous me donniez votre grâce, votre secours. »

C'est dans ces grandes pensées, dans ces nobles sentiments qu'on élevait, sous la puissante impulsion de la mère Sainte Claire, les jeunes personnes du pensionnat des Ursulines de Blois.

Une fête jubilaire qui eut lieu au mois de février de l'année 1866 donnera quelque idée de l'esprit de famille que la mère Sainte Claire s'appliquait à entretenir dans son cher monastère, par les plus aimables moyens. En mettant sous les yeux cette scène d'intérieur ravissante, nous croyons inutile de dire qu'une foule d'événements analogues, bien que peut-être tous ne fussent pas aussi solennels, se produisaient souvent dans cette maison bénie de Notre-Seigneur.

La mère Sainte Ursule atteignait ses cinquante années de vie religieuse. « Dans cette vénérable ancienne, dit la mère Sainte Claire à cette occasion, j'ai trouvé une soumission, une bonté et un dévouement que je n'oublierai jamais. Elle mérite que nous la fêtions de tout notre cœur. » Rien ne fut épargné. Le matin du grand anniversaire, la mère Sainte Ursule fut couronnée de roses blanches et de fleurs d'oranger. A son entrée au chœur, une douce mélodie se fit entendre : c'était le *Jesu corona Virginum*. Et tandis que les religieuses venaient les unes après les autres donner à l'humble mère, rajeunie en ce moment de cinquante années, le baiser de paix, souvenir de celui qu'elle-même avait donné le jour de sa profession, on chantait le touchant psaume *Ecce quam bonum et quam jucundum : Qu'il est bon, qu'il est doux pour des frères d'habiter ensemble.* Une communion générale, faite à l'intention de la vénérée mère, fut la meilleure expression des vœux que chacune adressait pour elle à Dieu.

Après la messe, on se rendit au réfectoire. Ce lieu, d'un aspect un peu sévère ordinairement, était devenu gracieux sous une parure de fleurs écloses comme par enchantement, et enchâssées au milieu de merveilleuses dentelles finement taillées dans du papier docile à reproduire sous des ciseaux habiles les plus charmants dessins. La mère Sainte Ursule occupa la place d'honneur à une table couverte exprès pour elle d'une nappe plus blanche que la neige; et là des mets exquis, étonnés de se voir servis à d'humbles religieuses, et qu'une famille amie avait fait apporter pour la fête, étaient habilement disposés parmi les fleurs, pour le plaisir des yeux. La joie fut vive, la gaieté franche et pleine d'entrain. On donna au repas sa couronne ordinaire qui consiste dans d'humbles actions de grâces adressées à Dieu, puis la mère Sainte Claire conduisit la reine du jour à sa cellule. Là encore des fleurs, et des plus belles. Ces charmantes créatures ont si bien empreint sur elles le sourire de Dieu, que leur présence est d'obligation là où on veut appeler l'allégresse. La mère Sainte Ursule prit place sur un vieux fauteuil momentanément rajeuni sous une tapisserie odorante de feuillages et de fleurs, richesse des serres, qu'on avait littéralement dévalisées. Parmi tant de poésie il fallait bien un peu de terre-à-terre, ne fut-ce que pour faire rire. Le premier acte de la mère Sainte Ursule, une fois en possession de son siège, fut d'offrir gracieusement à son entourage une prise de tabac que chacune s'empressa de refuser pourtant; et ensuite on devisa avec beaucoup de gaieté.

Tout ce qui tient à l'esprit de famille intéresse vivement l'Eglise; et les premiers pasteurs pénétrés des pensées de cette mère incomparable sont toujours heureux de s'associer aux solennités de ce genre et de les bénir. Mgr Pallu du Parc vint donc dans l'après-midi. Il bénit avec effusion la vénérable ancienne, qui fut assez humble pour faire bonne et gracieuse contenance sur le petit trône qu'on lui avait élevé au milieu de tentures artistement disposées. Elle cherchait bien un peu à s'effacer derrière l'image de sa patronne qu'on avait représentée en grandeur naturelle, tête et mains peintes à l'huile, robe de gaze d'or, rehaussée d'hermine, de perles d'or et de boutons de roses, et tout entourée de lis d'or. Mais au fond, malgré l'embarras de la situation pour une humble religieuse, toute dépaysée au milieu de cette gloire, la mère Sainte Ursule était profondément émotionnée en voyant toutes les attentions de la supérieure pour elle. La fin de la journée semblait annoncer la clôture de la fête, quand tout-à-coup la nuit s'évanouit dans de féeriques clartés. La voûte des cloîtres était semée de radieuses étoiles, et la grande salle étincelait de mille feux réfléchis par le cristal de lustres magnifiques. Les ouvriers qui travaillaient pour la maison avaient voulu spontanément se charger de ce côté brillant de la fête. Les enfants prirent naturellement leur part de ces réjouissances. Tout le monde en ce jour fut heureux ; mais personne plus que la mère Sainte Claire.

CHAPITRE QUINZIÈME

Piété de la mère Sainte Claire envers la sainte Eucharistie. — Elle pensait depuis longtemps à faire construire une nouvelle chapelle. — Les fondements sont jetés en 1866. — La mère Sainte Claire refuse de nouveau la charge de supérieure. — Elle tombe malade. — Bénédiction de la première pierre de la chapelle. — Apostolat de la mère Sainte Claire. — Epreuves. — Son amour pour la France et pour l'Eglise.

Toute sa vie la mère Sainte Claire eut un tendre amour pour la divine Eucharistie. Etait-ce l'empreinte que son angélique mère lui avait laissée, comme le trait de ressemblance qu'il était le plus doux à son cœur de lui voir porter ? On se rappelle ce qu'était Mme Boutros pour l'adorable Sacrement. Etait-ce une conséquence de l'élévation de son intelligence et de son cœur, les ineffables beautés eucharistiques ayant tout spécialement pour les natures de ce genre des harmonies ineffables, capables de les ravir à jamais ? Il est certain que la mère Sainte Claire avait la plus grande piété pour le saint Sacrement de l'autel. Elle aimait à prier devant le tabernacle. « Volontiers, » disait-elle, « je passerais là ma journée. » Elle s'écriait parfois : « Mon Jésus, tandis que je suis avec vous, je me crois dans le ciel ! » Elle le quittait cependant gaiement ; parce que, à ses yeux, le faire aimer était plus que jouir de lui. Très-volontiers elle ajournait son bonheur au jour de la vision béatifique, où entre elle et lui il n'y aurait plus de voiles. Aussi, laborieuse par amour pour lui, elle se passait allègrement de sa présence, pour être son apôtre et lui amener des âmes. Mais le temps que la règle lui ordonnait de demeurer près de lui était toujours pour sa piété d'un prix infini. « Nous avons souvent fait cette remarque, » nous disent ses chères filles, « à moins d'un empêchement insurmontable, elle ne se privait jamais de son heure d'adoration aux jours où le saint Sacrement était exposé. Dans des jours d'occupations extrêmes, après des nuits de cruelles souffrances, elle recueillait ses forces et se trouvait toujours au divin rendez-vous. « J'ai tant besoin de lui, » disait-elle, « je dois tout faire pour profiter de l'audience qu'il me donne. »

Avec ces sentiments pour l'Eucharistie, depuis longtemps la mère Sainte Claire souffrait. Elle ne fut jamais de ces cœurs que les souvenirs de la crèche et de la paille où fut étendu le bon Dieu consolent de la pauvreté du Sauveur dans le saint Sacrement ; et la chapelle des Ursulines était bien un peu misérable. La généreuse mère qui aurait voulu voir entassées dans la demeure du Dieu du ciel et de la terre toutes les richesses de l'art, se trouvait loin de la réalisation de ses désirs.

Quand on lui demandait où était la chapelle, avec la pensée que dans une maison comme la sienne Notre-Seigneur devait être abrité splendidement; n'ayant à montrer que l'humble maison où, depuis si longtemps déjà, il résidait, sans d'autre gloire que l'amour caché au fond des cœurs, la mère Sainte Claire était d'une tristesse indicible.

Depuis longtemps elle rêvait au bonheur de construire un petit temple plus convenable. A force d'y penser, de s'ingénier pour trouver les ressources nécessaires, elle finit par être en mesure d'exécuter ce projet. M. l'abbé Richaudeau fut d'un grand appui pour elle dans cette entreprise. Un architecte distingué enrichissait depuis longtemps déjà le département de Loir-et-Cher des trésors de son art aussi pur que religieux. Personne ne pouvait saisir mieux que lui la pensée de la mère Sainte Claire dans la forme à donner à l'édifice qui devait être un acte d'amour à la divine Eucharistie. M. de la Morandière consentit à se charger de la chapelle des Ursulines. Il fit un plan délicieux sur une base de ressources limitées. L'exécution en révéla plus tard la savante et pieuse harmonie. Au printemps de l'année 1866 on jeta les fondements, à la vive satisfaction de la communauté. Ce fut un des derniers actes importants de la mère Sainte Claire dans ce triennat.

Avant de déposer le fardeau de l'autorité, elle eut

la douleur de voir mourir la mère Sainte Ursule. C'était le 7 janvier 1867. Sous l'émotion de regrets touchants la vénérée supérieure s'exprime ainsi : « Son obéissance et son humilité étaient admirables. Jamais elle n'eût fait la plus petite chose sans permission, et, même dans ses dernières années où elle était souffrante et infirme, il lui est arrivé de se priver de certains soulagements, n'ayant pu les faire sanctionner par l'obéissance, dont elle voulait que tous ses actes portassent le cachet. Elle conserva jusqu'à la fin un calme parfait, sa tranquillité d'âme, sa présence d'esprit. Monseigneur vint la bénir. Elle se montra heureuse de cette précieuse grâce. »

La mère Sainte Claire ne dit pas que tout ce parfum de vertu aimable exhalé par la vénérable ancienne lui était dû en grande partie. Dans un contact continuel avec elle, la mère Sainte Ursule avait pris un ensemble de formes que sa nature seule ne lui eût pas données, et dont l'absence laissait voir, on se le rappelle, le côté exclusivement austère de la vertu. La mère Providence et les autres anciennes gagnées suavement comme elle par la mère Sainte Claire avaient pris insensiblement la physionomie générale du couvent, c'est-à-dire la distinction, l'aménité, la vertu attrayante.

La mère Sainte Ursule mourut à quatre-vingt-six ans, dans la cinquante-et-unième année de sa profession.

Au mois de mars 1867, il allait falloir procéder à l'élection d'une nouvelle supérieure. On n'était pas sans un certain embarras. La jeune génération donnait des espérances brillantes ; mais elle n'avait pas encore eu le temps de mûrir. On revint à l'idée de demander, en attendant, à Rome une dispense pour élire encore la mère Sainte Claire. Celle-ci, ayant connaissance du projet, y opposa les meilleures raisons. Elle déclara devant le chapitre rassemblé que si Monseigneur l'obligeait à reprendre l'autorité, elle se tiendrait pour avertie de faire au plus tôt sa préparation à la mort. Une pareille violation de la règle à son sujet mériterait ce châtiment. « Notre-Seigneur, » leur dit-elle, « se chargera de me délivrer de ce fardeau, si vous me l'imposez. » La communauté qui, autrefois dans le même cas que les Ursulines, s'était décidée à demander à Rome une dispense pour maintenir sa supérieure, n'en avait pas joui longtemps. Celle-ci était morte l'année suivante. La mère Sainte Claire leur rappela cet exemple. Et elle ajouta : « Ma vie n'est rien ; et il y a une chose à laquelle je tiens bien plus, c'est à la bénédiction de Dieu. Vous savez bien que Dieu ne nous bénirait jamais pour une semblable irrégularité. Ayez confiance en sa bonté, » conclut-elle, « il saura bien donner à ses chères filles ce qui leur est nécessaire. Il suscitera des capacités que vous ne soupçonnez pas. »

Mgr l'Evêque qui l'appréciait de plus en plus, revint aussi à la charge. La mère Sainte Claire lui répondit : « Je l'ai déjà dit à la communauté, et j'en suis convaincue ; si l'on me choisissait de nouveau, je comprendrais par là que Dieu veut me faire avertir de me préparer à la mort. Plus j'y pense, Monseigneur, plus je trouve de répugnance à cela. Est-ce que ce serait vrai ? Quoi ! On compterait plus sur moi que sur le bon Dieu ! La Providence n'est-elle pas venue maintes fois à notre secours, en suscitant les personnes qu'il nous fallait devant tel ou tel besoin ? » Soutenue du vénérable aumônier, la mère Sainte Claire se défendit avec tant de force qu'elle triompha, et l'évêque la laissa suivre la règle dans toute sa rigueur.

Voyant donc qu'il était impossible de la gagner sur ce point, on se résigna avec tristesse, et on l'entoura d'une affection plus grande que jamais. C'était pour ses filles la bonne manière de lui témoigner leurs regrets. La mère Sainte Claire, profondément touchée, répondait chaque jour à ces démonstrations d'attachement par un dévouement plein de tendresse ; mais elle n'en était pas moins joyeuse de déposer le fardeau. Elle manifeste ses sentiments au P. Bouleau dans une lettre, quelques jours avant le 23 mars, époque désignée par Mgr l'évêque pour le choix de celle qui devait la remplacer ; et elle termine ainsi : « Je compte sur vos saintes prières, et je vous en remercie à l'avance du fond du cœur. Tout me fait espérer que les choses se passeront bien. La communauté est triste, mais résignée et calme. Je suis extrêmement touchée de l'affection qu'elle me témoigne et j'y réponds sincèrement ; mais je n'en suis pas moins heureuse de donner ma place à une autre. »

Le samedi 23 mars, Monseigneur vint dire la messe à la chapelle et présida les élections qui donnèrent pour supérieure à la communauté la mère Emmanuel. Le premier acte de cette religieuse distinguée fut de prendre la mère Sainte Claire comme sous-prieure, de lui confier en outre le soin des jeunes professes, des novices et du pensionnat.

Ces charges secondaires devaient sans doute peser à la mère Sainte Claire ; mais le principal lui était enlevé, et elle regardait cela comme une grande grâce de Dieu. Sa joie fut bien vive.

Le jour même de cette élection, elle fut atteinte de cruelles douleurs durant sept heures, et réduite à un grand état de faiblesse. Les médecins déclarèrent que cette crise n'aurait pas de suite, et qu'après un mois de repos tout irait bien. Le lendemain matin, elle put vaquer à différentes fonctions de sa nouvelle charge. En sortant du chœur, à six heures et demie, pour aller faire la prière aux enfants, elle rencontra la mère Emmanuel, maintenant sa supérieure. Se mettant à genoux elle lui dit : « Ma mère, veuillez me donner votre bénédiction afin que ce soit bien en vertu de la sainte obéissance que je me rende auprès des enfants. »

Le 9 avril suivant, la mère Sainte Claire écrivait au P. Bouleau : « Je suis bien contente. Après m'avoir accordé une grande grâce accompagnée de la joie la plus douce, Notre-Seigneur m'a mise sur la croix. C'était raison que je lui paye par quelques souffrances le bonheur d'être déchargée et de voir l'autorité entre les mains de la mère Emmanuel. Cette mère, ma fille spirituelle, est d'une rare vertu, d'un beau talent, d'une grande bonté de cœur. Toute la communauté est enchantée et pleine d'espérance. »

Les douleurs continuaient toujours ; et tout le monde qui semblait vivre de la vie de la mère Sainte Claire en éprouvait le contre-coup. Au pensionnat, on priait, on offrait à la sainte Vierge des sacrifices touchants pour sa guérison. La mère du Saint Sacrement écrit, le 10 mai, à une ancienne élève : « Unissez-vous beaucoup à nous pour solliciter la guérison de notre bien-aimée mère Sainte Claire, aujourd'hui sous-prieure, dont les crises deviennent presque continuelles. Elle a enfin consenti à prendre un repos indispensable pour quelques semaines. Mais vous comprenez quelles sont nos tristesses au sujet de cette santé si altérée. Les médecins persistent à nous dire que tout est névralgique, et ils espèrent une amélioration par suite d'un nouveau traitement. C'est à la prière surtout que nous voulons recourir. Nos chères enfants, pour s'unir à nous, ont commencé aujourd'hui même une neuvaine de silence. Demandez à la sainte Vierge que cette neuvaine soit exaucée, et pour cela qu'elle soit entièrement faite. »

Cependant les fondations de la chapelle commencées au printemps de 1866 arrivaient à fleur de terre. Le moment de poser la première pierre était venu. Pour associer le nom de la mère sainte Claire à l'ineffaçable souvenir de la première bénédiction du monument, Monseigneur voulut que cette cérémonie eût lieu le jour de la fête de sainte Claire. Il savait que cette attention serait une grande douceur pour toute la communauté, car les religieuses lui en avaient exprimé le désir d'une manière pressante.

Le prélat était de retour de Rome depuis peu de temps. Accompagné de M. Morisset et de

M. Richaudeau, il présida la pieuse cérémonie à laquelle M. de Soubeyran, préfet de Loir-et-Cher, avait voulu prendre part. Toutes les religieuses, toutes les élèves étaient là. On déposa sur la première pierre le nom des personnes présentes, et trois médailles de bronze bénites par notre Saint Père le pape Pie IX, la même année, 18 février.

Monseigneur, au moment de consacrer par les prières de l'Eglise la première pierre de l'édifice, ravit tout l'auditoire par sa parole qui s'était faite onction et lumière. Il parla de sa joie en voyant s'élever le gracieux temple. « Au moins, nous aurons un abri plus digne de la divine majesté. Votre amour souffrait tant de voir le divin Jésus dans cette pauvre chapelle ! » Rappelant alors avec délicatesse la pensée qui avait porté la mère Sainte Claire à bâtir ce temple, Monseigneur s'écria : « Jusqu'ici l'étranger qui venait chez vous cherchait du regard le palais où vous adoriez votre Dieu... Et vous étiez tristes en l'entendant vous dire : « *Ubi est Deus tuus?* Maintenant l'habitation de votre Roi, d'elle-même se présentera aux regards... On ne vous dira plus : *Ubi est Deus tuus?*.. Mais voici ce qu'on vous dira : Quels sacrifices il vous a fallu faire !.. Le Bien-Aimé repose dans un sanctuaire qui est le don de votre pauvreté, bien plus que de votre abondance ; mais la pauvreté est riche à ses heures ; et, quand il s'agit de Jésus-Christ, elle sait être parfois d'une opulence presque royale. Que de privations vous avez dû vous imposer ! Oui, la demeure de votre Dieu est une douce fleur éclose de vos sacrifices ! »

La mère Sainte Claire, sous-prieure, se donna corps et âme aux devoirs de sa charge, à la culture des novices et des jeunes professes, et à l'éducation des enfants. Elle cessa seulement de s'occuper de la comptabilité dont elle était demeurée chargée depuis 1851. La mère Emmanuel, très versée dans ces sortes de choses, prit ce soin. Il est difficile de dire sur quel point de préférence se porta l'activité de la mère Sainte Claire durant ces trois années. Nous voyons surtout son apostolat prendre une extension étonnante, et par là même la vénérable mère grandir dans sa vocation d'Ursuline.

Les lettres des anciennes élèves et de leurs parents affluent de plus en plus. Cette correspondance déjà considérable est augmentée par celle de toutes les personnes qui la connaissent, et qui, sentant le besoin de ses conseils pour leur âme et pour leurs affaires temporelles, lui écrivent à chaque instant. Par mois elle recevait des centaines de lettres qu'elle ne laissait jamais sans réponse. Comme les questions traitées avaient toujours un caractère essentiellement personnel, la mère Sainte Claire était obligée d'écrire tout de sa propre main. A cause de cela l'encombrement ne tardait pas à se produire, pour peu qu'elle fût empêchée ou par des occupations, ou par la souffrance. Afin de se reconnaître, elle classait soigneusement les lettres reçues, et les marquait à mesure qu'elle y répondait. Maintes fois le temps lui manquait de lire tout son courrier le même jour. Une série d'empêchements l'ayant ainsi privée de prendre connaissance d'une lettre qu'elle avait déjà depuis plusieurs semaines, elle écrit : « Croiriez-vous, ma chère enfant, que c'est à l'heure même que j'ouvre votre lettre du 26 mars ? j'en suis toute confuse... Et vraiment j'aurais pleuré en la lisant, à la pensée de la peine que j'ai dû vous faire bien involontairement..... Aussi bien vite je quitte tout. »

Pour se faire pardonner ses retards, elle avait souvent cette excuse à alléguer : « J'ai plus de cent lettres qui attendent des réponses, et je ne sais quand je pourrai m'acquitter. » Il eût été bien difficile de lui en vouloir dans ce cas, et deux lignes d'elle étaient une véritable faveur. Le caractère des lettres de la mère Sainte Claire était la sincérité, l'ardeur, l'empressement, la persuasion. Vous y trouviez des traits pleins de finesse, beaucoup de délicatesse et de raison, avec un fond de simplicité et de vivacité charmantes. Ecrites au courant de la plume, le style en était correct et aimable. Enfin, dans un mot la mère Sainte Claire savait mettre une lumière. Tout, jusqu'à l'écriture, la blancheur immaculée du papier, l'absence de la plus petite rature ou surcharge, donnait à ses lettres un délicieux cachet. Et pourtant elle les faisait vite. Grâce à sa merveilleuse facilité, vingt, trente lettres de suite n'étaient pour elle qu'un jeu. Dans ce travail, à chaque instant, on venait l'interrompre. Elle répondait à tout le monde avec son bon sourire, sans impatience, tranquillement. « Nous admirions, » disent les religieuses, « son égalité d'âme qui la faisait s'interrompre plus de vingt fois d'une lettre, et s'y remettre pour être dérangée encore. » Il faut dire que souvent elle ne s'interrompait même pas; mais elle parlait et écrivait à la fois; et, tout en donnant un conseil, un encouragement, une décision sérieuse, elle poursuivait agilement sa correspondance.

Les lettres à écrire, à certains moments de grande presse, la suivaient parfois jusqu'en récréation. Elle s'installait gaiement avec son encrier et sa plume, et les religieuses étaient à l'avance assurées d'un surcroît d'allégresse pour ces instants-là. En même temps que sa main courait rapide et légère sur le papier, elle faisait rire par quelques bienveillantes malices, ou captivait par des récits intéressants. Les religieuses lui disaient : « Ma mère, reposez-vous donc un peu ; vous allez vous rendre malade. » Elle répondait : « Mes chères petites, je n'ai plus que trente lettres à écrire ; ce n'est pas beaucoup, comme vous voyez. » Le lendemain, elle en avait autant et quelquefois davantage.

Ainsi, par cette correspondance, la mère Sainte Claire vivait dans le monde avec les enfants qu'elle avait élevées et épuisait pour les aider toutes les ressources de son amour. Son grand bonheur était de les voir revenir près d'elle. Elle les y invitait ; et, quand quelque circonstance les pouvait amener au couvent, les élèves s'en faisaient une fête de cœur.

A l'une elle écrivait : « Je veux vous assurer que nous vous recevrons avec le plus grand plaisir, n'importe quel jour. Venez donc en toute assurance et comptez sur l'accueil le plus affectueux. » Elle écrivait à une autre : « Si vous pouvez obtenir de venir nous voir... nous serons enchantées de vous recevoir ; et toutes vos maîtresses vous prouveront qu'elles ne vous ont pas oubliée le moins du monde. »

Elle les pressait surtout de venir à l'époque des retraites données au pensionnat ; et une foule de jeunes filles entrées dans le monde se rendaient avec empressement à son invitation.

La mère Sainte Claire continuait d'exercer sur les maîtresses des différents établissements une influence précieuse. Elle n'avait rien tant à cœur que de les encourager et les soutenir. S'occuper d'elles, c'était travailler au bonheur des jeunes filles. « Il faut toujours penser, » leur disait-elle, « que vous êtes les anges gardiens des enfants. Vos anges gardiens ne se fâchent pas, ne s'impatientent pas de vos défauts. Ayez la même charité. Votre action alors sera efficace. » Elle excelle dans les avis qu'elle leur donne sur la manière de tenir les enfants, de les reprendre, de se comporter vis-à-vis d'elles. On la voit recommander, avec les plus suaves accents, la concorde et l'entente entre les maîtresses d'un même établissement. Elle prêche l'esprit conciliant. « Sachons faire des concessions entre nous, » disait-elle, « ne craignons pas de céder, d'avoir le dessous. C'est le dessus alors, en réalité devant Dieu. » Et elle riait agréablement en disant cela. « Pour une religieuse, est-ce qu'il y a des dessus et des dessous ? » ajoutait-elle. Cette phrase lui était familière ; elle l'accompagnait toujours d'un sourire gracieux et aimable, et tout le monde s'efforçait de pratiquer ce qu'elle enseignait si bien.

Avec les élèves la mère Sainte Claire se dépense comme toujours. Elle fait plus que jamais sa chère spécialité des enfants difficiles. Il n'est, au reste, personne qui n'ait une place dans sa sollicitude de mère. On la voyait alors aller aux plus jeunes enfants, les faire jouer, prendre leur petit langage, se diminuer à leur taille, et chercher à les charmer en leur parlant du Jésus de la crèche et de sa divine mère. Nous avons sous les yeux une lettre de quelques lignes, tout petit format, pour que ce soit plus en rapport avec sa jeune correspondante, une petite fille qui ne pourra pas la lire, mais qui sera heureuse d'être traitée comme si elle était déjà grande. Ecrasée d'occupations, elle trouve du temps pour mener près du lac, où se jouent d'aimables oiseaux aquatiques, une toute petite fille qui veut les voir et qui la supplie de venir avec elle. On la rencontre un instant après parmi les jeunes communiantes, leur faisant promettre de ne plus offenser le bon Dieu, et les électrisant par ces paroles : « Soyez généreuses envers Jésus ! » Puis c'est aux classes qu'on la voit se rendre, pour lire les bulletins, encourager, mettre l'amour du travail dans toutes ces âmes. Les petites filles des classes pauvres ont le privilège d'un sourire plus tendre de sa part. D'autres fois elle est occupée à insinuer quels cadeaux il faut faire à la sainte Vierge quand approche une de ses fêtes. « En qualité de petites jardinières, » écrit une enfant, « nous avons le projet d'offrir à la sainte Vierge une corbeille de fleurs. Les fleurs représentent les vertus pratiquées. Nous déposerons aussi aux pieds de Marie deux habillements complets pour les premières communiantes des classes gratuites. » La mère Sainte Claire quitte ces aimables enfants pour aller former par ses instructions les novices, les jeunes professes, ou donner son concours à la mère supérieure pour le gouvernement de la maison.

On était à la fin de l'année 1868. Le lendemain de Noël, la mère Sainte Claire ferma les yeux à une religieuse avec qui elle avait fait son noviciat, la mère Sainte Philomène. Elle exprime sa peine en ces termes ; « Je l'aimais depuis près de trente ans » — « Elle nous laisse un grand vide, à moi surtout. Depuis le mois d'avril, cette mère était de retour de Pologne où on l'avait prêtée aux Ursulines de ce pays. » Ce ne fut pas la seule plaie de son cœur alors. Nous la voyons, en ce moment, préoccupée en Dieu des affaires de sa famille qu'elle ne perd point de vue. La maladie qui éprouve, en outre, ses chers absents lui cause de l'inquiétude. Mais elle a soin de dire à Dieu que si elle souffre, elle souffre pour lui avec amour.

En ces jours-là mêmes, la maladie vint aussi la visiter. Ce n'est pas que la souffrance, son amie depuis tant d'années, lui eût été un seul instant infidèle ; mais elle n'interrompait pas ordinairement ses travaux. Obligée cette fois de suspendre sa vie si active, la courageuse mère écrit en janvier 1869 : « Depuis le premier jour de l'an, j'ai été tellement souffrante que je n'ai rien fait absolument. Heureusement nos chères enfants étaient en congé, et je n'ai pas eu besoin de me faire remplacer auprès d'elles. » Elle dit que ses préférences, quant au sentiment, sont pour l'état de santé suffisante avec laquelle il lui soit possible de travailler à la gloire de Dieu ; mais, quant à la volonté, elle n'a qu'un désir : « celui de faire toujours ce que Notre-Seigneur veut, et rien que cela. »

Guérie au bout de trois semaines, elle dit adieu avec une joie sensible « au coin du feu où elle avait dû se tenir et aux mille précautions propres à favoriser la sensualité. » — « C'est pour moi, » écrit-elle, « une tout autre vie quand je puis remplir mes devoirs, suivre la règle... Et cependant je veux être entièrement soumise à la volonté de Dieu. » Elle ajoute ce petit mot charmant : « Ah ! si saint Paul sentait en lui deux hommes, je vous assure que je sens en moi deux femmes, dont l'une est bien insupportable. »

La mère Sainte Claire avait une âme essentiellement française. N'est-ce pas dire qu'elle aimait profondément l'Eglise ? Tout ce qui pouvait intéresser l'honneur, la félicité de la France et de l'Eglise fixaient son attention. Suffisamment grande pour planer en liberté sur les questions secondaires, elle se tenait dans des hauteurs où la vue acquiert toujours une vive pénétration, et le jugement puise une saine appréciation des choses. Au commencement de 1869, elle se sentit saisie par l'inquiétude. On eût dit qu'elle avait à l'avance l'intuition de grands malheurs. Elle pria beaucoup pour la France ; et, à la veille de l'ouverture du concile œcuménique d'où allait sortir une si vive et si bienfaisante lumière, elle demanda tout spécialement à Dieu que cette grâce précieuse ne fût pas achetée au prix de trop grands orages. Ce noble côté de l'âme de la mère Sainte Claire initiée d'une manière si intime à ce qui touchait sa patrie du ciel et sa patrie de la terre, — c'est ainsi qu'elle appelait l'Eglise et la France, — a été peu connu, parce que la prudente mère enveloppait sous le voile d'une très-délicate discrétion ses sollicitudes. Sa haute raison lui interdisait de les révéler aux chères enfants qu'elle élevait de tout son cœur dans l'amour de l'Église et de la France, mais en ne leur montrant ces deux grands objets de leur culte que sous des images pleines de douceur, et incapables d'altérer la sérénité de leur vie au pensionnat. Elle ne s'ouvrait complètement sur toutes ses alarmes et ses espérances que quand elle rencontrait des esprits placés comme le sien aux grands points de vue, et c'est par là qu'on a su qu'elle avait toujours réellement le vrai mot des choses et des situations.

CHAPITRE SEIZIÈME

La mère Sainte Claire est élue de nouveau. — Bénédiction de la chapelle, 8 avril 1870. — Joie de la mère Sainte Claire. — Elle tombe sérieusement malade. — Il lui faut renoncer à ses mortifications. — Manière dont elle se compense. — La mère Sainte Claire au chœur. — Ses recommandations sur la déférence mutuelle. — Toujours l'allégresse et la dilatation du cœur. — La mère Sainte Claire en récréation. — Emploi de ses journées.

Le 19 mars 1870, la mère Emmanuel remit le pouvoir entre les mains de la mère Sainte Claire, élue à sa place. Durant son triennat, la chapelle s'était construite, et on avait enfin le charmant édifice que la mère Sainte Claire avait rêvé. L'architecte attribue modestement à l'inspiration de la pieuse mère ce petit bijou d'église; mais il ne réussira jamais à se dépouiller de la douce gloire qui lui appartient. Il a adopté le style du XIIIe siècle, le plus noble dans sa simplicité, le plus religieux dans son aspect. Ce temple est ce qu'on peut imaginer de plus léger dans une architecture où figure la pierre. L'autel que surmontent des gradins et un tabernacle en bronze doré d'une grande richesse, est décoré de marbres et de belles peintures. Les piliers formés de colonnettes élancées, et couronnés de chapiteaux gracieusement sculptés, supportent des voûtes élégantes. Ils sont distribués avec art, de façon à laisser voir de tous les points de l'édifice le prêtre dans l'acte de l'immolation de la divine Victime. Les boiseries du sanctuaire ont reçu de fines peintures représentant les apôtres; et la même main pieuse et inspirée à qui on les doit a représenté dans des chapelles latérales sainte Angèle et Notre-Dame de prompt secours.

Une lumière discrète éclaire l'église et donne aux peintures simples dont elle est revêtue depuis son pavé de marbre jusqu'à ses voûtes, je ne sais quel éclat mystérieux et plein de fraîcheur. C'est surtout au jour des fêtes qu'il faut considérer cet ensemble, sous l'impression de la suavité des chants religieux, et dans l'éblouissement de ces décorations merveilleuses dont la communauté des Ursulines semble avoir le secret. L'architecte avec ce sens si chrétien qui le distingue a eu soin d'isoler des bruits de la terre ce petit chef-d'œuvre destiné à abriter dans leur rencontre de chaque moment Dieu et sa créature. Une avant-cour en éloigne le tumulte de l'extérieur, et favorise le recueillement. A cause des exigences claustrales et de l'emplacements dans lequel on se trouvait circonscrit, rien n'était difficile comme cette construction; mais les problèmes les plus insolubles ont été si bien un jeu pour l'habileté de l'artiste, que toutes les difficultés se sont tournées en choses gracieuses et en ornements aimables. « Non-seulement M. de la Morandière mit tous ses soins à cette construction, » nous disent les Ursulines pleines de reconnaissance, « mais encore il voulut y laisser deux touchants souvenirs. » Au-dessus de la porte principale de l'église est une statue de la sainte Vierge, aux pieds de laquelle on lit cette inscription : « Elle est leur mère »; et à la retombée des nervures de la voûte au dessus du sanctuaire, on voit un ange soutenant un phylactère sur lequel sont tracés ces mots : *Deus est hic*. Ainsi l'artiste, par ces deux symboles et ce double acte de foi si vivant, s'est fait l'apôtre de l'amour de la sainte Vierge, et des consolations qui découlent du cœur d'un Dieu toujours présent. La mère Sainte Claire vit avec bonheur qu'elle ne s'était pas trompée en se confiant au génie de l'architecte; et la ville de Blois se trouva ainsi enrichie d'un monument très-gracieux.

C'est le 8 avril, jour où l'on célébrait cette année la fête de la Compassion de la sainte Vierge, que fut dite la première messe dans la chapelle. Mgr Pallu du Parc, alors au Concile du Vatican, ne pouvait consacrer le pieux sanctuaire. Dans l'espérance d'avoir à son retour cette consolation, il donna à M. Morisset le pouvoir de le bénir provisoirement. M. l'abbé Richaudeau fit la cérémonie, le vénérable supérieur des Ursulines se trouvant alors retenu à sa chambre par la maladie. La chapelle fut placée sous le vocable du Verbe Incarné auquel avait été également dédiée l'ancienne église bâtie au XVIIe siècle, et détruite par la Révolution à la fin du XVIIIe.

Le jour même eut lieu l'érection du chemin de croix dans le chœur. On se contenta de replacer celui qui, durant tant d'années, avait suffi à la pauvreté des anciennes mères. Plus tard on en aurait un autre mieux en harmonie avec la beauté de l'église. Les croix furent bénites à la grille du chœur par le Père Chaignon, qui remplaçait le Père Fessard, supérieur du grand séminaire, à Rome en ce moment comme théologien de Mgr l'Evêque de Blois au Concile. Ce jour fut rempli de consolation pour la mère Sainte Claire arrivée au comble de ses vœux, et toute la communauté partagea son bonheur. « L'absence de l'Evêque, » dit la mère Sainte Claire avec émotion, « et du digne supérieur de la communauté est le seul côté par où l'on sent aujourd'hui qu'il n'est pas ici-bas de joie sans tristesse. »

A cette époque, une maladie grave faillit enlever la pieuse mère à l'affection de ses filles. Les trois années précédentes, elle avait éprouvé des douleurs d'entrailles qui déterminèrent à la fin une péritonite aigüe. La désolation parmi les religieuses et les jeunes élèves fut extrême. Tout le monde fit au ciel les plus ardentes prières ; et on crut longtemps que sa vie ne se prolongeait que grâce à ces supplications continuelles adressées à Dieu par tant de cœurs dévoués. Arrachée enfin à la mort par l'amour de ses filles, et guérie presque miraculeusement, ou si l'on veut prêtée encore à la communauté pour quelque temps, elle conserva un germe de maladie qui ne lui laissa désormais la santé que par intermittence, sans suspendre un instant les douleurs ; et la souffrance ne fit en elle de différence que par le plus ou le moins d'intensité. « Le mal se traduisait surtout, » nous disent les religieuses, « par des crises d'estomac à faire pitié. » Il lui fallut réduire sa nourriture ; et, ne pouvant supporter que difficilement la viande, elle n'en prit presque plus.

C'est alors que M. Richaudeau lui ordonna de renoncer définitivement à ses pénitences. Elle laissa donc ses disciplines et ses instruments de fer, et consentit à se chauffer l'hiver, après avoir passé plus de huit années sans voir le feu. Parlant plus tard de ce retranchement qui était un événement dans sa vie, elle s'exprime par ces mots empreints d'une teinte mélancolique, indice du regret qu'elle devait éprouver : « J'ai toujours eu un grand attrait pour la mortification corporelle, et je n'étais jamais ni la nuit ni le jour sans un instrument de pénitence. Je suis devenue malade, et alors on m'a tout retranché... Je m'en suis consolée en m'appliquant, d'après le conseil du Père***, à toutes les tendresses de la charité envers le prochain et à la mortification intérieure. » Ce Père, en effet, dont elle sollicitait toujours les lumières dans les grandes circonstances, lui dit de suspendre toutes ses pénitences et l'engagea à s'immoler, comme compensation, à l'amour du prochain. « Votre corps ne peut plus supporter les plaies ; à votre cœur de recevoir maintenant les blessures pour épargner aux autres la peine. » C'était une pieuse pensée de faire bénéficier ainsi le prochain de toutes les mortifications qu'elle ne pouvait plus s'infliger, et de transformer ces pénitences en attentions délicates et tendres pour lui. On ne saurait dire avec quel bonheur elle accueillit cette indication de son directeur. Elle ajouta à cette résolution celle d'accepter plus que jamais avec reconnaissance les mille contrariétés qui se présentent journellement, et se promit surtout de ne se pas plaindre. Sa pensée se porta enfin vers les humiliations. Les « recevoir amoureusement, et ne jamais ouvrir la bouche pour me défendre, voilà, mon Dieu, ce que je vous promets, » écrit-elle alors. On ne saurait dire à quel point elle se montra fidèle, tout le reste de sa vie, à cette dernière résolution. Son pli fut si bien pris que, dans les circonstances où le devoir lui commandait de se défendre, il fallait, pour qu'elle le fît, un ordre formel de ses supérieurs. Et encore elle disait avec ingénuité : « C'est bien inutile ; je suis si maladroite quand je veux me défendre ! Vraiment je n'y entends rien. Ma grande consolation est de savoir que Dieu voit et connaît tout. N'est-ce pas assez ? »

Nous n'oserions pas dire qu'elle poussa ceci un peu loin. Il y a des âmes délicates qui planent si haut au-dessus des appréciations humaines, que ce leur est une sorte de supplice d'en venir au terre-à-terre des explications pour justifier les actes les plus purs ; et le bien de l'humiliation acceptée se présentant à elles pour fortifier leur noble répugnance, on conçoit qu'elles se réfugient dans le silence et s'abandonnent. Au reste, la mère Sainte Claire demandait volontiers grâce de cette disposition, et elle suppliait qu'on lui passât d'être charmée outre mesure de ces mots de saint Augustin : « Jésus ne *pouvait grandir en montant ; il a trouvé le moyen de croître en descendant.* » — « Si je me défends, je m'empêche de descendre, » concluait-elle, « et cela me fait de la peine. » Il faut dire que si la mère Sainte Claire, obéissante comme une enfant, ne toucha plus à ses instruments de supplice, l'esprit de pénitence lui resta toujours, et au milieu des petits détails qui passent inaperçus dans la vie, elle sut constamment trouver quelque épine pour se faire souffrir. Elle évitait de s'appuyer ; elle restait dans une posture gênée ; se privait de regarder, etc., etc. La voyant avide d'occasions de ce genre, Dieu lui en faisait trouver à souhait. « Tachons, » disait-elle, « de n'être jamais tout-à-fait à notre aise. Rien ne fait plus de bien qne de se sentir gênée par quelque chose. » — « Cet esprit de pénitence, » nous dit-on, « se faisait jour à chaque instant et partout. »

Appuyée sur ce fonds nouveau de mortifications, la mère Sainte Claire disait : « Rien ne me coûte à souffrir ; mais je serais inconsolable si je faisais souffrir quelqu'un... Oui, tout souffrir et tâcher de ne faire souffrir personne... Tout souffrir et ne pas me plaindre. »

Une fois hors de danger, la vénérable mère reprit sa tâche avec une infatigable ardeur. Elle se faisait remarquer, comme toujours, par sa ponctualité aux exercices. On la voyait surtout la **première** au chœur. Dans la sainte fonction de chanter les louanges de Dieu à l'imitation des Anges, son zèle et son esprit de foi éclataient. Sa psalmodie était pieuse, grave et très-soutenue. Elle observait parfaitement l'accentuation. Sa direction intérieure de la maison, ses rapports avec le dehors, ses instructions aux religieuses, aux novices, aux enfants, en l'épuisant, auraient pu être pour elle une excuse de ne pas chanter, au moins à certains moments. Elle n'a jamais cessé de donner toute sa voix. Son absence faisait un véritable vide. On la voyait revenir avec bonheur. Elle était, de plus, extrêmement attentive aux cérémonies.

Désireuse de voir à sa chère communauté toutes les vertus, et même les qualités qui rehaussent les vertus et leur donnent je ne sais quelle grâce aimable, la mère Sainte Claire recommandait souvent cette exquise politesse et ce bon ton, indices d'une personne bien élevée. Il est une sorte de distinction provenant d'une mesquine recherche de soi-même qui, à défaut d'autre mérite, fait qu'on est bien aise d'attirer l'attention par une manière d'agir qui n'est pas, en effet, celle du commun. La mère Sainte Claire avait en horreur ce genre de distinction. Elle voulait, au contraire, cette simplicité de langage, cette aisance de manières, cette possession de ses mouvements que peut seul donner le véritable esprit religieux. Mais elle ne pouvait souffrir qu'on s'autorisât de la simplicité qu'il faut avoir en religion pour se permettre certaines manières de faire qui ne sont pas admises dans le monde entre personnes de bonne éducation. « Par respect pour nous-mêmes, par respect pour les autres, par respect pour Notre-Seigneur surtout dont nous sommes les épouses, évitons, » disait-elle, « de nous laisser entraîner par cette vulgarité d'action qui n'impose aucune gêne à soi-même, et qui exerce souvent la patience des autres. A cette loi résultant de notre titre et de notre dignité de religieuses, si nous joignons l'obligation où nous sommes de former nos enfants, de leur apprendre à vivre dans le monde, nous verrons que nous devons, en conscience, veiller beaucoup sur nous-mêmes, pour ne pas introduire ou adopter ce sans-façon qui ne convient pas dans un salon, et bien moins encore parmi des religieuses qui toutes sont des *princesses du ciel.* » Mgr Pallu du Parc lui répétait souvent : « Dites à vos religieuses, ma mère, qu'elles doivent se traiter entre elles comme des *princesses.* »

Pour prémunir ses filles contre ce danger où l'on est, par la pente même de la nature, de se porter vers la manière de faire la plus commode, elle avait demandé aux novices de lui consigner par écrit ce qu'elles avaient pu remarquer à cet égard ; et ces notes lues ensuite à haute voix, sans qu'on sût qui en était l'auteur, amenaient de temps en temps quelques réformes utiles.

Aux conférences, elle avait soin d'appeler l'attention sur ces infractions aux règles de la politesse, de la déférence, des égards mutuels, ou seulement de la dignité à garder vis-à-vis de soi-même et des autres dans les usages les plus vulgaires de la vie. « Comment, » disait-elle parfois, « conserverons-nous à nos enfants ces habitudes distinguées exigées dans la bonne société si nous les perdons nous-mêmes?... Et que nulle n'objecte qu'elle n'est pas employée directement à l'éducation, pour en tirer cette conséquence qu'elle est dès lors dispensée de se surveiller d'aussi près. Toutes, nous sommes Ursulines; toutes, à un moment donné, nous pouvons donc être désignées par la sainte obéissance, soit pour remplacer accidentellement une maîtresse qui manque à l'improviste, soit pour surveiller des enfants malades qui, alors même, ne doivent pas se départir du bon ton que leur éducation et leur rang social demande. » En cela, au reste, comme en toute chose, elle voulait qu'on gardât la juste mesure; et de ce qu'elle disait sur ce point, il ressortait clairement que si l'étiquette cérémonieuse des salons n'était pas du tout ce qu'il fallait à ses filles, il ne leur convenait pas davantage de prendre, à quelque petit degré que ce fût, ce *sans-gêne* que l'esprit de notre époque a trop introduit dans les familles; et elle voulait qu'on se tînt dans ce milieu qu'inspire le double sentiment chrétien qui voit Dieu dans l'autorité, et un frère dans le prochain quel qu'il soit.

Toute sa vie elle eut pour le silence une sorte de culte. Ce lui était comme un besoin de le recommander à chaque instant, non pas d'une manière vulgaire, mais avec un accent qui montrait la grande idée qu'elle avait de ce moyen de sanctification. Elle cherche, à cette époque, à en inculquer de plus en plus l'amour à ses filles. Selon elle, le silence est le gardien de la charité, de l'obéissance du respect mutuel. « Je comprends difficilement, » disait-elle, « qu'une religieuse qui a manqué au silence puisse demander la permission d'une communion de dévotion, sans avoir auparavant fait connaître sa faute. On ne parle pas seule : il y a donc mauvaise édification donnée à celles qui voient enfreindre la règle, entraînement et mauvais exemple pour celle qu'on fait parler, et pour l'une et l'autre désobéissance. Puis on ne parle pas sans dire quelque chose, et les paroles purement inutiles sont rares ; il y a presque toujours de petites plaintes, de légères critiques, des blâmes, des médisances, des indiscrétions, des imprudences. On ne sait pas jusqu'où peut aller l'effet produit par une seule parole. »

Un homme de Dieu, à sa prière, était venu développer devant la communauté, sur le silence, des sentences remarquables, qu'elle prit le soin d'écrire de sa main. On les a retrouvées dans ses papiers. En voici quelques-unes :

« Oui, c'est dans le silence qu'une âme cherche Dieu.

« Oui, c'est dans le silence qu'une âme écoute Dieu.

« Et c'est par le silence qu'une âme trouve Dieu.

« Comme par le silence une âme entend son Dieu.

. . . .

« Combien le saint silence fait le bonheur du cœur.

« Puisque dans le silence Dieu parle à notre cœur.

« O charme du silence ! O langage du cœur ! »

« Je chante et le silence m'appelle au fond du cœur !

. . . .

« Qui connaît le silence aime et connaît son Dieu.

« Tout est pour lui silence, il n'aime en tout que Dieu.

. . . .

« Aux passions, silence pour obéir à Dieu.

« Aux troubles, prompt silence, pour entendre son Dieu.

« Amour de moi, silence ! ennemi de mon Dieu.

« Aux maux, aux biens, silence, la volonté de Dieu !

. . . .

« A tous les chants, silence pour mieux entendre Dieu.

« Sans chants le seul silence me fait entendre Dieu.

« Et le chant sans silence ne saurait plaire à Dieu.

« C'est l'amour en silence qui chante à notre Dieu. »

La mère Sainte Claire composa pour ses filles cette prière sur le silence : « Divin cœur de Jésus, nous venons humblement nous prosterner à vos pieds pour vous promettre de garder, le plus parfaitemment qu'il nous sera possible, la règle du silence. S'il nous échappe quelques fautes, nous vous promettons d'aller nous en accuser, et d'en demander une pénitence. Nous prenons cet engagement, ô divin Jésus, pour faire plaisir à votre cœur adorable, et pour obtenir de votre infinie miséricorde un regard d'amour sur l'Eglise et la France. »

Si la mère Sainte Claire insistait sur ces recommandations austères, elles travaillait avec plus d'ardeur encore à la dilatation du cœur. On la voyait semer partout autour d'elle une douce et sainte allégresse. La gaîté inspirait toujours sa première parole, et une foule de mots aimables lui venaient sur les lèvres en abordant tout le monde. Le regard, le visage souriaient à la fois.

Personne autant qu'elle ne savait mettre l'entrain dans les heures de récréation. « Elle nous faisait parfois rire aux larmes, » disent les religieuses. L'excellente mère reproduisait avec un talent inouï d'imitation les réponses naïves ou les conversations originales qu'elle entendait quelquefois; mais elle mettait à cela un tact si grand qu'elle ne perdait jamais rien de sa dignité. Elle avait des réparties malicieuses dans le sens le plus aimable du mot; mais elle ne faisait de peine à personne. Les religieuses, comme les élèves, le remarquèrent toujours : lorsque la récréation avait été particulièrement animée, et que la mère Sainte Claire avait eu de ces plaisanteries et de ces bons mots qui seraient parvenus à réjouir les esprits les plus mélancoliques, c'est qu'alors la vénérée mère avait de la peine et souffrait. Elle utilisait en récréation son temps de la meilleure manière. On la voyait raccommoder la dentelle des aubes ou des nappes, art dans lequel elle excellait; ou travailler au trousseau des jeunes religieuses aux approches des cérémonies de vêtures; ou, plus prosaïquement, mettre une pièce au bas d'une bonne sœur converse, voire même lui en tricotter de neufs. Lorsqu'elle venait à la récréation des élèves, elle apportait son modeste ouvrage. On nous dit que ce n'était pas un minime sujet d'édification pour les jeunes filles de voir la chère mère ainsi occupée ; et « quand la vénérée supérieure était appelée pour un instant par quelque affaire, » raconte une des élèves, « on estimait bien heureuse celle d'entre nous qu'elle jugeait travailler assez bien pour lui confier momentanément la reprise ou la couture interrompue. »

Voici comment se trouvaient remplies les journées dans lesquelles la mère Sainte Claire espérait trouver le plus de tranquillité. Elle-même nous l'apprend : « C'était le 18 janvier, anniversaire de ma profession. Le matin, je m'étais promis de rester toute la journée bien unie à Notre-Seigneur ; je l'avais supplié de me garder auprès de lui. Les souvenirs de ce grand jour étaient encore tous présents à ma mémoire, et je désirais dans chacun de mes exercices faire revivre les impressions de ma première journée de religieuse... Le matin donc, je fis la sainte communion à six heures ; mais, à six heures et demie, un Père qui ne faisait que passer à Blois désirant vivement m'entretenir quelques intants, je me rendis au parloir; de là je revins assister à la messe de communauté. A huit heures, j'allai au pensionnat pour lire aux enfants la liste de leurs notes. J'assistai ensuite à la grand'messe de neuf heures, après laquelle je me réjouissais d'aller au dîner au milieu de toutes mes sœurs, bonheur que ma santé m'avait refusé depuis quelque temps. Mais j'avais compté sans les enfants de la mère Saint A... On vint me chercher pendant l'examen, et il était trop tard ensuite pour entrer au réfectoire. J'allai faire alors le chemin de la croix. A onze heures, à la place de la récréation, les enfants me présentèrent leurs vœux de bonne année que les circonstances du dedans et du dehors avaient fait ajourner jusque-là. — A midi, je déjeunai et je ne pus ainsi assister au chapelet. — A une heure, je me rendis dans la salle des enfants de la mère M...; c'était une récompense qu'on leur avait promise depuis bien longtemps... En revenant, on me demanda au parloir, où les visites se succédèrent presque sans interruption jusqu'au salut. J'étais encore au chœur quand on vint de nouveau me chercher pour le parloir, où m'attendait une personne très affligée. A six heures, seconde séance des enfants; puis, trop fatiguée de ma journée, je ne pus assister à l'office. Quelle journée en comparaison de celle que j'aurais voulu passer!... Que de fois j'avais supplié

Notre-Seigneur de me tenir à côté de lui, de me laisser prier tranquillement, tout entière à mes souvenirs !... Et tout le temps Notre-Seigneur m'avait retenue loin de lui ! »

La plupart des journées de la mère Sainte Claire ressemblaient à celle-là. Chacune de ses heures se trouvait marquée par un acte de renoncement ; car, à tout instant, des circonstances imprévues venaient déranger ses projets ; et elle faisait face à tout avec une égale sérénité : « Notre mère, » dit une religieuse ancienne, » était surchargée de travail ; on venait l'interrompre dans un calcul, l'appeler pour le parloir quand elle comptait terminer une lettre pressée, la surprendre même au milieu de ses prières et jamais elle ne témoignait ni ennui, ni impatience. » Si l'on ajoute à cela la direction de toutes les religieuses, et les différentes autres fonctions de sa charge, on peut se faire une idée de la vie laborieuse de la mère Sainte Claire.

CHAPITRE DIX-SEPTIÈME

La guerre. — Inquiétudes de la mère Sainte Claire. — La prophétie de Blois. — Mort de différentes religieuses. — Fête de la mère Sainte Claire cette année-là. — Sacrifice touchant. — Différentes améliorations dans la maison. — Mort de M. Morisset. — Abjuration. — Autres pertes très-sensibles à la mère Sainte Claire. — Nouvelle abjuration. — Consécration de la chapelle. — La mère du Saint Sacrement.

La mère Sainte Claire fut surprise dans ses œuvres de zèle par la guerre. A la veille de nos grands désastres, elle écrit : « En ce moment, les esprits et les cœurs sont tristement préoccupés. Nous suivons, autant qu'il nous est possible, le mouvement de nos armées ; car tout est du plus haut intérêt pour nous. D'abord, il s'agit du salut de la France ; et puis, presque toutes les religieuses ont là des frères, des oncles, des neveux, des parents. Pour ma part, j'ai deux cousins germains et quatre neveux. Tous sont partis avec courage ; mais, hélas ! combien reviendront ? C'est le secret de Dieu seul. »

En septembre, bien des malheurs étaient consommés. Les plus vives inquiétudes remplissaient son âme. Elle ne pouvait s'empêcher de frémir à la pensée de tant de religieuses et de si nombreuses jeunes filles dont elle avait la garde. L'alarme était dans toutes les communautés. On appréhendait les périls de l'invasion. Les amies de la mère Sainte Claire, préoccupées de ce qui arriverait dans le cas où les Ursulines seraient obligées de se disperser, s'empressèrent de lui offrir de différents côtés pour ses filles un refuge. Une ancienne élève, désireuse de l'avoir elle-même dans sa famille, lui écrit, au nom de sa mère : « Venez avec nous, et regardez notre château comme votre maison. » La mère Sainte Claire lui répond : « Comment vous remercier de votre aimable lettre? J'en ai été touchée aux larmes. Dites donc bien à votre excellente mère toute notre reconnaissance. Je sais que ma famille me réclamerait avec instance si les choses en arrivaient là. Mais, à moins qu'on ne me chasse la baïonnette à la main, je resterai fidèle à mon poste; et, si j'étais forcée de partir, je voudrais veiller au sort de toutes les religieuses, comme une mère veille à ses enfants. Alors, plutôt que de m'éloigner, j'aimerais mieux mendier pour les autres et pour moi. »

Malgré le tumulte causé par les populations qui fuyaient devant l'invasion, les uns s'éloignant de Blois, d'autres y venant chercher un refuge, la mère Sainte Claire voulut qu'on ouvrît les classes le 1er octobre comme à l'ordinaire. L'horizon devenant de plus en plus sombre, elle écrit : « Nous traversons des temps fâcheux et déplorables. La tristesse est dans tous les cœurs ; mais malheureusement la foi n'y est pas assez. Prions donc pour ces pauvres aveugles qui méconnaissent la conduite de Dieu. Jusqu'ici on nous laisse fort tranquilles. Nous prions nuit et jour pour ceux qui ne prient pas... pour notre pauvre France si prodigieusement abaissée. »

La mère Sainte Claire savait que cette tranquillité n'était que momentanée. Bien que ses craintes fussent grandes en voyant l'ennemi avancer toujours, elle montrait un calme imperturbable. Cette attitude, qui n'avait d'autre cause que sa confiance en Dieu, rassurait tout le monde autour d'elle. « J'eus le bonheur de la voir à plusieurs reprises, durant ces jours d'angoises, » nous raconte une de ses anciennes élèves qui s'était faite petite sœur des pauvres. « Je me sentais saisie de respect en l'approchant. Cette parole plus maternelle que jamais, cet œil si pénétrant, si doux, excitaient en moi une vive émotion. » Au milieu de l'épouvante dont tout le monde était glacé et qu'elle partageait, douée comme elle l'était d'une nature très-impressionnable, on l'eût dite dans la plus profonde paix ; et ses paroles, par la sérénité de leur accent, et les pensées célestes qu'elles exprimaient, contrastaient avec l'agitation de tout le monde. « Dans un de ces jours-là, » raconte encore son ancienne élève, « elle me dit : Oh! chère enfant! travaillez à devenir une sainte ! Le bon Dieu vous a donné une si belle vocation ! Oui, si je n'étais pas Ursuline, je voudrais être petite sœur des pauvres. » Ainsi, au milieu des jours les plus sombres, elle sut constamment faire luire comme un rayon de soleil sur sa chère communauté si inquiète, et sur les personnes qui venaient près d'elle chercher la consolation.

La prophétie de Blois faisait grand bruit en ce moment. Sans vouloir par là insinuer un jugement sur cette affaire que le temps pourra éclaircir, nous dirons que la mère Sainte Claire ne fut pas la cause de cet éclat. Sur ce point, elle a montré la remarquable discrétion qu'elle avait en toute chose. Quelqu'un lui ayant demandé confidentiellement ce qu'il fallait penser de la prophétie, elle répondit avec sa franchise habituelle : « Je ne puis vous répondre comme vous le désireriez, et comme je le souhaiterais moi-même ; car je n'ai rien d'authentique à vous donner. Je ne puis que rappeler mes souvenirs, et vous les dire avec simplicité. Il est vrai qu'en 1804 une bonne tourière, morte en odeur de sainteté, a fait à Mlle de Leyrette, alors pensionnaire et plus tard religieuse sous le nom de mère de la Providence, des révélations relatives à notre maison qui se sont accomplies à la lettre. Mais la bonne mère n'a jamais écrit un seul mot à cet égard. Ce que je considère comme très-heureux ; car de toutes parts on nous demande cette prophétie, et je suis charmée de pouvoir répondre à tout le monde : Nous ne possédons rien. »

La capitulation de Metz amena de nouvelles transes. La mère Sainte Claire écrit : « Quels tristes temps nous traversons! Mais adorons la volonté de Dieu qui nous châtie, et comptons sur sa miséricorde. Elle est plus grande que notre malice... Nous prions nuit et jour pour obtenir par le saint Rosaire la protection de la divine Marie. Nous sommes pleines de confiance. » Si la sainte Vierge en personne fût venue lui promettre que l'ennemi ne toucherait pas à son couvent, elle n'eût pas montré plus d'assurance et de sérénité. Elle comptait sur le cœur de cette incomparable Mère.

Au mois de novembre, elle offrit à l'administration l'ancienne chapelle pour servir d'ambulance à nos soldats blessés qu'on envoyait à Blois. Ce local fut bientôt rempli. La mère Sainte Claire y venait tous les jours pour s'assurer si les malades recevaient tous les soins désirables. Elle adressait à chacun des paroles de consolation ; et ces hommes étaient si touchés qu'ils s'écriaient les larmes aux yeux, aussitôt qu'elle était partie : « Mon Dieu! qu'elle est bonne! » Les recommandations les plus pressantes et les plus affectueuses étaient faites à la sœur infirmière de mettre tout en œuvre pour adoucir leurs souffrances. On les laissait se promener à des heures fixées dans les jardins de la communauté, et on avait réellement pour eux les plus grands égards. Il faut dire que les militaires luttèrent avec les religieuses de délicatesse; ils mirent tous leurs soins à respecter les saintes habitudes du cloître, et s'appliquèrent à ne rien faire qui fût de nature à les troubler. Ils se prêtaient même avec empressement à tous les exercices de piété qu'on leur proposait. Quand la cloche tintait l'*Angelus*, l'infirmière se mettait à genoux et disait : « Qui veut le dire avec moi ?... » Et tous les fronts de se découvrir; toutes les voix de répondre à l'*Ave Maria*. Les dimanches, les soldats convalescents se rendaient à l'église. Tous s'approchèrent des sacrements, à l'exception d'un seul que les malades avaient surnommé « le vieux loup des Ardennes ».

Cependant la mère Sainte Claire faisait prier de plus en plus. Tout le jour le chapelet était récité à haute voix dans l'église, à l'intention de nos héroïques soldats que la victoire s'opiniâtrait à abandonner. Dieu entendait ces cris unis à ceux que, sur tous les points du territoire, la France poussait dans sa détresse. Il ne jugea pas à propos de les exaucer; et, en décembre, Orléans était envahi pour la seconde fois. Blois comprit que le même sort l'attendait. En effet, quelques jours après, de sérieuses menaces de bombardement obligèrent les habitants à prendre des précautions. Le 10 décembre, à huit heures du soir, la mère Sainte Claire annonça que, au premier coup de feu, tout le monde devrait descendre dans les caves souterraines où quelques matelas avaient déjà été portés pour les plus jeunes enfants dont le sommeil ne devait point être interrompu. On se tint prêt. A dix heures, bien que rien n'indiquât les approches de l'horrible pluie de projectiles, les religieuses et les enfants étaient réunies dans les caves. Parmi elles se trouvaient un bon nombre d'anciennes élèves qui étaient venues se réfugier au couvent pendant l'invasion. La mère Sainte Claire se multipliait afin de donner à chacune une parole fortifiante.

On s'attendait d'un moment à l'autre à entendre retentir le canon, et, quand vint l'heure de minuit, la mère Sainte Claire pria M. l'Aumônier qui veillait aussi de donner la sainte communion à celles dont la santé délicate aurait peut-être trop à souffrir des fatigues et des émotions. Cette communion en pleine nuit, alors qu'on ne savait pas s'il y aurait une messe le lendemain, dimanche, avait quelque chose de saisissant. On arriva au matin sans incidents, et ce fut seulement le mardi que l'ennemi vainqueur envahit la ville. Une jeune sœur, au moment de l'entrée des Prussiens, eut son voile percé par une balle ; mais ce fut tout ce que le couvent devait souffrir.

L'ennemi cherchait dans la ville des logements pour ses troupes. Un soldat vint chez les Ursulines. Profitant de l'entrée du jardinier dans la clôture, il le suivit hardiment, et, d'un pas assuré, s'avança vers un bâtiment dont il ignorait la destination. La mère Sainte Claire, avertie aussitôt, s'empresse d'accourir, et le rejoint au moment où il allait franchir la porte du chœur. Alors le soldat réclame impérieusement le logement d'une cinquantaine d'hommes, et d'un nombre égal de chevaux. La supérieure fait observer que la maison renferme un pensionnat de jeunes filles, et qu'ainsi il est impossible d'en mettre la moindre partie à la disposition de l'armée allemande. Le Prussien tient bon, et se retire en inscrivant le nombre désigné par lui. Mais, peu après, un officier supérieur se présente à son tour. Reçu par la mère Sainte Claire au parloir, il regrette ce qui s'est passé et déclare que la communauté n'aura aucun logement à donner. Il faut dire que les Ursulines avaient bien eu leur part de dévouement depuis le commencement de la guerre. Pendant plus de trois mois, elles tinrent une ambulance où furent soignés

Français et Allemands constamment au nombre de vingt-cinq.

Les émotions de cette année terrible, et les privations qu'il fallut endurer surtout pendant l'occupation prussienne furent nuisibles à la mère Sainte Claire dans l'état maladif où elle se trouvait toujours. Les chaleurs qui survinrent durant l'été augmentèrent encore ses souffrances. Elle écrit au mois d'août : « Mes douleurs d'entrailles ne me quittent guère pendant ces chaleurs excessives. » Mais rien ne pouvait arrêter son zèle.

Vers cette époque, une âme qui lui devait beaucoup, alarmée de la voir s'acheminer trop vite vers le ciel, conçut la pensée de la retenir sur la terre où son absence eût fait un vide si difficile à combler. La question ne pouvait être traitée qu'avec le maître de la vie. Cette personne, dans sa foi ardente, se dit : « Eh bien ! je m'adresserai à lui directement et je lui dirai : Faites-moi mourir à la place de la mère Sainte Claire. » Elle consulta M. l'abbé Morisset si capable de comprendre l'élévation de cette idée. Le pieux prêtre lui répondit : « Comme vous, je crois à l'efficacité du sacrifice ; et cette substitution de victime est touchante. Dans votre cœur le sacrifice est déjà consommé. Vous direz à Dieu : Je voulais vous demander de mourir pour elle. Mon directeur ne me le permet pas. J'obéis. De la sorte, mon enfant, au lieu d'un sacrifice, il y en aura deux ; et le Seigneur qui ne se laisse jamais vaincre en générosité, conservera la mère Sainte Claire et vous. » M. Morisset ne se trompa point en jugeant ainsi le cœur de Dieu.

Le 11 août étant venu, on pensa, selon les traditions, à faire la fête de la mère Sainte Claire; mais elle s'y opposa. « Hélas ! » dit-elle, « il n'y a plus en ce moment de fêtes à la vue des désastres de notre pauvre patrie, dont l'avenir n'est pas plus rassurant que le présent et le passé. » Monseigneur voulut cependant que le jour de Sainte Claire ne passât point inaperçu ; et il le choisit pour venir donner la confirmation aux élèves. La cérémonie fut magnifique. Soixante-dix jeunes filles reçurent l'Esprit-Saint, et formèrent à cette mère tant aimée une assez belle couronne de tous leurs cœurs embaumés des grâces du ciel. Cette journée fut une des plus douces de la mère Sainte Claire.

Toujours attentive à tout ce qui pouvait procurer à ses filles quelque avantage dans l'ordre spirituel comme dans l'ordre temporel, nous la voyons demander l'affiliation des Ursulines de Blois au tiers-ordre de Saint-François. Quand cette faveur lui fut accordée, elle montra une vive joie. En même temps elle faisait construire, pour mettre à l'abri de l'intempérie des saisons les humbles sœurs chargées de laver le linge, des bâtiments spacieux où celles-ci devaient désormais trouver une installation commode. Entrant dans les détails les plus simples, par un aménagement ingénieux, elle facilita à celles qui avaient le soin de la laiterie leur tâche utile ; et les animaux eux-mêmes, mieux logés, donnèrent avec plus d'abondance leurs doux produits.

En 1872 Dieu imposa à la mère Sainte Claire un grand sacrifice, en lui ôtant l'appui de M. l'abbé Morisset qu'il appelait au ciel ; « perte immense, » écrit la vénérée mère. Ces deux mots, elles les répétera jusqu'à la fin de sa vie. Mgr Pallu du Parc, dont la santé était profondément altérée depuis son séjour à Rome, voulut bien, pour consoler la communauté dans un si grand deuil, consentir à en être lui-même le supérieur. Mais en même temps il désignait un prêtre distingué pour le représenter et agir en son nom. La mère Sainte Claire retrouva M. Morisset dans M. l'abbé Chevallier. Parole magnifique, empruntant une grande partie de sa beauté à la sainte Écriture et aux Pères ; zèle touchant et infatigable pour les âmes ; pureté et solidité de principes ; piété profonde détrempée de ce parfum que laissent toujours les incomparables souvenirs de Rome ; attachement filial à la sainte Eglise ; science théologique remarquable ; enfin, une délicieuse et aimable humilité couvrant tout cela, tel était le prêtre dont Mgr Pallu du Parc faisait présent aux Ursulines pour interpréter et réaliser auprès d'elles toutes les intentions bienveillantes de son cœur.

La mère Sainte Claire, dont la vie était en quelque sorte identifiée avec le pensionnat, suivait, depuis longtemps, avec attention deux enfants qu'on lui avait confiées. Ces petites filles n'appartenaient pas à l'Eglise catholique. On comprend la raison de ce redoublement d'amour et de ces soins délicats. L'une de ces enfants surtout y correspondait. Avant même de compter parmi les membres de l'Eglise, elle honorait la sainte Vierge d'un culte particulier. Ses compagnes remarquaient que, même au milieu de l'hiver, quand l'*Angelus* du matin venait à sonner, elle sortait de son lit et s'agenouillait pour saluer celle que déjà elle considérait comme sa mère, et à laquelle il lui était si doux de demander chaque jour la faveur de devenir catholique. Les deux jeunes filles obtinrent de leurs parents la permission d'entrer dans l'Eglise de Jésus-Christ, mais à la condition que leur abjuraration serait tenue secrète. Elles furent donc baptisées dans le chœur des pensionnaires, sans autres témoins que M. l'Aumônier qui administrait le sacrement et la mère Sainte Claire qui tenait lieu de marraine — par procuration — à l'aînée, âgée seulement de dix ans. Cette enfant fut appelée au baptême Marie Claire, en souvenir de ces deux mère du ciel et de la terre qui avaient le plus contribué à la convertir. Aussitôt après son baptême, elle-même servit de marraine à sa plus jeune sœur qui reçut les noms de Marie Joséphine Angèle.

Marie Claire était un ange de piété. On la voyait recourir avec bonheur au sacrement de Pénitence. Elle eut hâte de se faire recevoir dans la Congrégation des saints Anges, au grand étonnement des ses compagnes, qui ignoraient encore qu'elle fût catholique, et qui crurent plutôt à une décoration de récompense qu'à un sérieux engagement pris entre l'enfant et son charitable gardien. L'époque de la première communion approchait. Notre petite convertie, pour éloigner tout soupçon, demanda publiquement à la mère Sainte Claire la permission de suivre la retraite, et même de prendre pour le beau jour le costume blanc des premières communiantes. Bien entendu, la permission fut accordée sans peine ; et, le matin de la première communion, la jeune Américaine se rendait seule, bien avant la messe, à la grille du chœur des pensionnaires pour y recevoir Notre-Seigneur dans son sacrement. La mère Sainte Claire se tenait près d'elle, unissant sa prière à la sienne, et lui suggérant les actes de reconnaissance et d'amour que la chère petite âme redisait avec une admirable ferveur. Cette enfant privilégiée retourna bientôt avec sa famille en Amérique.

Trois autres abjurations, qui eurent lieu également en 1873, vinrent réjouir le cœur de la mère Sainte Claire.

Cette même année, dans la chapelle, fut érigé un chemin de croix à l'usage des fidèles, don précieux de personnes charitables. « Notre mère, » nous disent les religieuses, « était sensiblement touchée de tout ce qu'on faisait pour le béni sanctuaire dont la beauté la rendait si heureuse. »

A l'expiration de ses trois années de supériorité, la mère Sainte Claire fut maintenue dans sa charge. La mort, à cette époque, vint coup sur coup visiter le monastère. Ce fut d'abord la mère Providence que la mère Sainte Claire eut à pleurer; puis, à peu de distance, la mère Saint Alexandre, la sœur Saint Jullien. Toutes, la mère Sainte Claire les assista à leurs derniers moments avec un cœur admirable. C'était son habitude de ne pas quitter ses filles mourantes, et d'attendre leur dernier soupir. « Une supérieure, » disait-elle, « est nécessaire à ce moment si grave. Qui sait ce que la mourante peut avoir à lui dire? » Quand l'agonie était longue, on lui disait : « Allez donc prendre un peu de repos. » Mais c'était inutile; on ne pouvait la détacher de ses chères filles. Elle répondait : « Mon premier devoir est d'être là. » — « J'ai toujours admiré, » dit une religieuse, « son assiduité et sa grande piété dans ces circonstances. C'est ce qui me faisait vivement désirer d'être assistée par elle à mes derniers moments. » La vénérée mère ensevelissait ses chères mortes; et jamais elle ne céda à personne sa place pour ce pieux devoir. Enfin, elle se consolait de la douleur de les perdre en pensant à leurs vertus, dont elle fixait le souvenir dans de pieuses pages comme celle-ci : « Dieu nous a enlevé la mère Saint Alexandre. Chargée de la sacristie, on peut dire qu'elle s'en est occupée jusqu'à ses derniers moments... Le soin de la maison de Dieu... c'était sa pensée... c'était sa vie. Les peines, les fatigues, rien ne lui coûtait. Elle a beaucoup souffert pendant plusieurs mois, et toujours avec une patience admirable. Pas une plainte, pas un mouvement d'humeur dans les douleurs les plus aiguës. Elle a eu constamment le sourire sur les lèvres. »

A l'occasion de ces vides, la mère Sainte Claire écrivait toute désolée : « Le Seigneur nous éprouve d'une manière bien douloureuse. Trois fois en moins de quatre mois la mort nous a visitées. » Mais de précieuses consolations furent bientôt placées par Dieu à côté de ce vif chagrin. M. l'Aumônier reçut dans la chapelle l'abjuration d'une mère et de sa fille ; tandis qu'une autre conversion du même genre, mais extrêmement touchante, se préparait toujours sous l'inspiration de la mère Sainte Claire.

Une jeune fille protestante était entrée au pensionnat si pleine d'aversion pour notre religion qu'elle répétait avec conviction : « J'aime mieux aller en enfer que de me faire catholique. » Auprès de la mère Sainte Claire, ses préjugés ne pouvaient longtemps subsister. Aussi, insensiblement la lumière se faisait, et la pauvre enfant manifestait de moins en moins son éloignement pour nos divines croyances. Ce qui lui inspira le plus longtemps un véritable effroi, ce fut la confession. Son orgueil se révoltait à cette seule pensée. Et quand le désir d'embrasser le catholicisme se faisait plus vivement sentir à son âme, elle répondait : « Non, non, je ne dirai jamais mes péchés à un homme ! » Néanmoins, un jour la grâce parlant plus fort, elle se décida à faire cette démarche si humiliante, et la consolation qu'elle en ressentit dissipa toutes ses craintes. Mais elle ne pouvait abjurer sans le consentement de son père et de sa mère. Là était le point difficile. Elle savait ce qu'avait eu à souffrir une sœur de son père pour avoir pris une semblable détermination.

Plusieurs de ses parents avaient cessé toutes relations avec elle. Cependant la voix de Notre-Seigneur se faisant toujours entendre et parlant plus haut que la voix du sang, la jeune fille demanda le consentement nécessaire. Plusieurs semaines se passèrent sans réponse. Elle continuait cependant à se faire instruire, à pratiquer même cette religion à laquelle son cœur appartenait déjà.

Sur ces entrefaites, une circonstance de famille obligea la jeune protestante à quitter le pensionnat. Le lendemain même de son départ, arrivait au couvent une lettre de sa mère qui lui accordait l'autorisation tant désirée. La mère Sainte Claire envoya les précieuses lignes à la chère enfant qui s'empressa de faire son abjuration dans l'église du lieu où elle se trouvait alors. Puis, étant entrée au pensionnat du Sacré-Cœur, elle y reçut le baptême, la sainte Communion et la Confirmation, après avoir été préparée avec le plus grand soin par un Père de la Compagnie de Jésus. La jeune fille racontait plus tard en termes émus l'émotion de ce grand jour : « Il me semblait que la chapelle privée dans laquelle je fus comblée de tant de faveurs, chapelle habituellement sombre, s'éclairait tout-à-coup d'un soleil resplendissant dont tous les rayons se tournaient vers moi, et donnaient à la blancheur de ma robe un éclat qui n'était qu'une faible image de la pureté intérieure dont Notre-Seigneur voulait me revêtir. » La grâce ne s'en tint pas là : après l'avoir arrachée à l'erreur, elle la ravit au monde. La jeune fille entra au noviciat d'une maison religieuse.

Au milieu de ces joies de l'apostolat, nous en trouvons une autre d'une grande douceur encore : celle que vint apporter à la mère Sainte Claire et à ses chères filles la cérémonie imposante de la consécration de la chapelle. On avait toujours remis cette fête, dans l'espérance que Mgr Pallu du Parc, dont la santé était si chancelante, se rétablirait et couronnerait lui-même des grâces précieuses de la consécration ce temple qui n'avait plus d'autre beauté à attendre que celle-là ! Le Pontife, sentant que ses forces étaient lentes à revenir, eut la délicatesse d'appeler Mgr d'Outremont pour accomplir cet acte solennel. Le 25 juin au matin, l'église apparut couverte de fleurs et de tentures élégantes ; et on vit l'évêque d'Agen appeler sur elle toutes les bénédictions du ciel au milieu d'un très-pieux concours. L'évêque de Blois assista à la messe pontificale, entendit avec consolation la belle homélie du Prélat consécrateur, et le soir donna lui-même la bénédiction du Saint-Sacrement. « Ce fut un jour du ciel passé sur la terre, » écrit la mère Sainte Claire ; « le bon Dieu a mis le sceau à ses bontés. »

Le 8 septembre suivant, le modeste chemin de croix du chœur des religieuses était remplacé par un autre magnifique. « Ce *via crucis*, » nous disent les religieuses, « est un touchant souvenir de notre mère bien aimée; car elle en fut une visiteuse assidue. Il porte en quelque sorte l'empreinte de ses pas. » Grâce à ses soins, deux mois plus tard les élèves eurent la consolation de posséder aussi un chemin de croix, et de pouvoir de la sorte faire à leur gré cet exercice si salutaire.

La mère Sainte Claire dut bientôt accompagner encore jusqu'à la porte du ciel une jeune religieuse qui partait avec une inexprimable joie. Cette enfant avait été l'objet de ses soins et de sa tendresse. Admise par le chapitre à prendre l'habit, sœur Saint Charles faisait dans le recueillement sa retraite préparatoire, quand elle sentit les premières atteintes d'un mal qui, en quelques mois, devait la conduire au tombeau. Tout espoir fut bientôt perdu. Le 3 novembre, la mère supérieure, voyant la mort imminente, annonça à la malade qu'elle ferait ses vœux le lendemain, jour de la fête de son patron, et premier vendredi du mois, consacré au Sacré-Cœur. Sœur Saint Charles passa la nuit dans de pieuses aspirations; et, le matin, dès les premières heures, la communauté se réunit près de son lit de douleur. Ses sœurs du noviciat formaient autour d'elle une blanche couronne, et venaient assister à cette fête du départ dans laquelle la pieuse exilée allait revêtir la parure nuptiale, pour se rendre aussitôt à sa céleste patrie. L'enfant avait une figure radieuse. Elle écoutait avec une émotion visible l'exhortation touchante que lui adressait M. l'Aumônier, pour lui faire apprécier davantage la miséricorde et l'amour du cœur de Jésus. Ces vœux que peut-être elle ne pratiquerait que quelques heures, ils allaient être inscrits dans le ciel ; et, à son dernier soupir, le divin Epoux serait là pour recevoir son âme purifiée et enrichie par le second baptême de la profession religieuse !... Aussi, avec quelle allégresse sœur Saint Charles, ayant reçu le saint Viatique, recueillit toutes ses forces pour prononcer d'une voix aussi ferme que possible, en présence de la sainte Hostie, les vœux sacrés après lesquels elle n'avait plus qu'à mourir !... Mais la récompense devait se faire attendre, et, la maladie trompant les prévisions des médecins, la nouvelle professe languit encore quatre mois. Notre-Seigneur semblait jaloux d'embellir la couronne de sa jeune épouse, et de lui faire ajouter au mérite de ses vœux celui de les avoir accomplis. Tant que dura l'épreuve, le dévouement de la mère Sainte Claire fut infatigable ; à chaque crise, elle revenait promptement, récitait les prières de l'Eglise et s'entretenait avec la chère enfant des joies qu'elle allait bientôt goûter. « Petite voleuse de paradis, » lui répétait-elle en souriant, « voyez comme le bon Maître vous gâte!... » Enfin, une nuit, tout fit pressentir que l'heure de la récompense allait sonner. La vénérée mère reprend son poste de charité, et prie longuement auprès de la mourante qui, conservant sa parfaite lucidité, répondait à toutes les oraisons jaculatoires, et redisait souvent avec un désir empressé : *Veni Domine Jesu!* Puis elle se plaignait de n'être point encore exaucée : « Oh! qu'il est longtemps à venir, » disait-elle. Mère Sainte Claire continuait à recommander aux saints l'âme de la malade. A un moment sœur Saint Charles, entendant qu'elle invoque saint Pierre, reprend aussitôt : « Ah! à la bonne heure! notre mère, vous allez le réveiller, car je crois bien qu'il dort; et moi, j'attends qu'il vienne m'ouvrir la porte du ciel. » On eût dit les préparatifs d'un festin, plutôt qu'une agonie. Après avoir amené plus d'une fois le sourire sur les lèvres de ses compagnes par des réflexions empreintes d'une céleste gaieté, le dernier soupir qu'elle attendait, auquel elle s'exerçait naïvement, vint enfin, et elle expira dans la joie. Voilà comment Notre-Seigneur adoucissait parfois à la mère Sainte Claire le lourd fardeau de la supériorité, et lui faisait trouver de la consolation dans les choses même les plus capables de l'attrister.

Au mois de juillet 1875, elle perdit sa sœur aînée, M{^{lle}} Aimée, après une longue et douloureuse maladie ; et, à la fin de novembre, elle avait encore à pleurer une de ses filles bien aimées, la mère du Saint Sacrement. Cette religieuse, formée de ses mains, était une personne accomplie. De bonne heure, Dieu lui avait pris son père et sa mère; l'excellente mère Sainte Claire lui en tint lieu tout le temps de son éducation. La jeune fille ne la quitta que pour aller passer une année dans le monde ; et, ce temps à peine écoulé, elle s'empressa de venir la retrouver, toujours pleine de confiance et d'abandon. Touchée de son énergie, de sa raison, de sa vive sensibilité, la mère Sainte Claire, après l'avoir admise à la profession religieuse, lui avait donné peu à peu toute sa confiance ; et déjà depuis longtemps, la communauté voyait avec bonheur ces deux cœurs n'en faire qu'un. « L'une, soit qu'elle commandât, » nous dit-on, « soit qu'elle conseillât, était toujours sûre de trouver une volonté parfaitement souple ; et l'autre ne savait adopter de jugement et d'appréciation qui ne fût le jugement et l'appréciation de sa mère. » La mère du Saint Sacrement n'avait que quarante ans, et tout faisait croire qu'elle était destinée à continuer l'œuvre de la mère Sainte Claire. Dieu l'enleva au pieux monastère désolé après quatre jours seulement de maladie. Maîtresse générale du pensionnat, elle avait inspiré aux enfants de vifs sentiments d'attachement. Les jeunes filles comprenaient sa valeur et sa tendresse dévouée jusqu'aux dernières limites. « En apprenant le danger, » écrit la mère Sainte Claire, « nos chères enfants dont nous ne pourrons pas oublier la tendre affection, se mirent en prières, récitant le rosaire à tour de rôle, et voulant absolument obtenir un miracle. Elles demandèrent à passer la nuit au pied de l'autel de Marie, et trouvèrent dur qu'on le leur refusât. Elles firent brûler des cierges, promirent des neuvaines et des pèlerinages en union avec la communauté en pleurs. Mais notre chère malade était mûre pour le ciel, et Dieu nous demandait le sacrifice de sa douce présence. »

Cette explosion de tendresse de la part de ces enfants, durant la dernière maladie de leur maîtresse, n'étonne pas, quand on entend la mère Sainte Claire nous dire d'elle : « Maîtresse générale du pensionnat, son amour pour le bien des élèves était à toute épreuve... Douée d'une très-grande sensibilité, qu'elle savait maîtriser par la foi, et qu'elle manifestait par ses actions plutôt que par ses paroles, elle s'identifiait à toutes les peines du prochain, et rien ne lui coûtait pour adoucir tous les genres de souffrance qu'elle pouvait soulager. Les larmes d'une enfant la touchaient, et elle voulait qu'on respirât à l'aise autour d'elle. » On reconnaît bien là les leçons de celle qui l'avait formée. La mère Sainte Claire écrit encore d'elle : « Nous avons trouvé dans ses cahiers de retraite cette résolution écrite de sa main : « J'irai toujours vers ce qui me coûtera le plus. » Et la vénérée mère ajoute : « Nous savons jusqu'à quel point elle y était fidèle. »

La mère Sainte Claire eut à consoler toute la communauté de cette perte immense. Frappée plus qu'aucune de ses filles, elle s'oublia et fit tout pour adoucir leur douleur. Un incident se produisit durant l'office des morts qu'on vint réciter aussitôt que la mère du Saint Sacrement eut rendu le dernier soupir. Les voix trop émues ne pouvaient plus continuer les prières, et on finissait par ne plus entendre que des sanglots. Mais la mère Sainte Claire d'une voix ferme soutint constamment la psalmodie; elle seule se faisait entendre au milieu des pleurs; et personne, cependant, n'était plus brisé par l'émotion qu'elle. Après avoir enseveli la défunte, elle s'enferma seule dans sa cellule afin de donner un libre cours à ses larmes, si énergiquement comprimées jusque-là.

En la recommandant aux suffrages de tout l'ordre, la mère Sainte Claire insinue à ses chères sœurs que la communauté aussi a besoin de prières, pour supporter ce coup, et après avoir dit : « Cette mort nous a plongées dans une grande affliction, » elle ajoute : « Veuillez penser devant Dieu à notre communauté, afin que cette épreuve crucifiante nous sanctifie. »

Quelques jours après, la mère Sainte Claire écrit à une ancienne élève :

Ma chère ***,

« Si le temps me le permettait, j'aurais une douce consolation en vous entretenant longuement et à cœur ouvert de notre bien-aimée défunte ; mais j'ai reçu près de cent lettres auxquelles je tiens à répondre moi-même, afin de prouver le cas que je fais de cette sympathie universelle, dont nos cœurs seraient consolés s'ils pouvaient l'être. Mais quelle douleur et quelle perte, mon Dieu ! Jamais cette crainte ne s'était présentée à mon esprit. Je croyais que cette chère enfant, la moitié de moi-même, me fermerait les yeux, et c'est moi, au contraire, qui ai dû assister pendant seize heures à son agonie, recevoir son dernier soupir, l'ensevelir, la déposer dans le cercueil et la conduire au caveau tumulaire de la communauté !!... Je me demande comment j'ai pu faire tout cela sans mourir de chagrin. Ah ! il faut que la grâce soit bien puissante dans de pareils moments pour qu'on s'élève ainsi au-dessus de la nature.

« Priez avec nous, ma bonne et bien chère ***. Gardez-nous votre pieuse affection et comptez toujours sur notre plus tendre attachement en Notre-Seigneur. »

Au milieu de cette grande douleur, le souvenir de la perte de sa sœur aînée lui revient fréquemment. Ceux qui restent, elle le sent, sont plus à plaindre que ceux qui s'en vont ; et voilà pourquoi elle s'attriste à la pensée de la solitude où doit se trouver maintenant sa sœur Claire. Elle écrit au P. Bouleau, le fidèle ami de la famille : « J'ai de temps en temps des nouvelles de ma pauvre Claire qui est toujours bien triste de sa solitude. Il s'est fait tant de vides autour d'elle depuis quelques années !... Elle n'en peut prendre son parti, et je le comprends. Aussi je la recommande instamment à vos saintes prières. »

La mère du Cœur de Jésus, maîtresse des novices depuis quelques années, fut appelée à remplacer la mère du Saint Sacrement, comme directrice générale du pensionnat.

CHAPITRE DIX-HUITIÈME

La mère Sainte Claire dans ses rapports avec Dieu. — Son genre d'oraison. — On ne peut la ranger parmi les âmes contemplatives. — Son attrait pour les prières de l'Eglise. — Dévotion au Sacré-Cœur et à la sainte Vierge. — Sa netteté dans les affaires de son âme. — Habitude de lutte indomptable. — Esprit de foi. — Véritable humilité. — Ses retraites. — La mère Sainte Claire dans ses rapports avec la communauté. — Sa vive sensibilité. — Son esprit d'ordre. — Sa parole. — Témoignage de son directeur.

Notre vénérée mère touchait à la fin de son sixième triennat. Ce ne sera pas sans un pieux intérêt qu'on s'arrêtera un instant à considérer, dans son ensemble, la physionomie de cette âme qui va jeter autour d'elle son dernier éclat avant de s'envoler au ciel.

Mère Sainte Claire avait une piété naïve envers Dieu, une touchante candeur de dévotion. Ce qui l'occupait par dessus tout, c'était Notre-Seigneur. En tête de ses lettres on lit : « Tout pour Jésus », — « tout pour le cœur de Jésus ; » — « tout pour le cœur de Jésus dans le Sacrement de l'autel. » Pour elle, réellement Jésus était tout. Ce que nous connaissons de son caractère dispense de dire qu'elle ne fut jamais, à proprement parler, une âme contemplative. Son oraison ordinaire était ce que Bossuet appelle l'oraison de pure foi. C'étaient des cris vers Dieu, expression d'un ardent désir de lui être unie, d'être humble, de reproduire les vertus du divin modèle. Son oraison était rarement la douceur du repos. Elle s'entendait là avec Notre-Seigneur pour les choses qu'elle avait à faire..... lui promettant de ne pas l'oublier un instant dans la vie pratique, en échange de la bonté qu'il aurait de l'avertir intérieurement aussitôt qu'elle manquerait à la grâce. Ce que Notre-Seigneur était très fidèle à faire. Elle accueillait avec une grande délicatesse les avertissements divins.

Cette disposition aux actes dans l'oraison plutôt qu'à la contemplation suave qui repose, la mère Sainte Claire la portait dans tous ses exercices pieux. Ses pratiques journalières de dévotion offrent un certain caractère de complication. Là cependant on voit une âme qui a vivement à cœur de témoigner son respect, sa reconnaissance pour les bienfaits de Dieu ; qui craint de les oublier, et qui en fait le plus grand cas. Durant la semaine, elle récitait donc successivement les oraisons du Missel en l'honneur de la sainte Trinité, du Saint-Esprit, des saints Anges, de saint Joseph, du saint Sacrement, de la Passion, de l'Immaculée Conception : une oraison pour chaque jour ; et durant l'année celles du Missel en l'honneur de sainte Angèle, de saint Augustin, de saint Joseph, de la Bienheureuse Marguerite Marie, de Marie immaculée, du Sacré-Cœur, de saint Ignace de Loyola, de sainte Claire, de saint François d'Assise, de sainte Ursule, de sainte Gertrude, de sainte Thérèse : une pour chaque premier vendredi du mois. On sait quelle piété se trouve dans ces prières de l'Eglise. Si la mère Sainte Claire multiplie les pratiques, au moins elle va les chercher à la source la plus vénérable. Elle croit, d'ailleurs, que ces ineffables mystères, que ces saints admirables, objets de sa dévotion, méritent bien qu'elle s'astreigne ainsi à faire mémoire d'eux.

Elle ne manquait jamais de dire chaque jour cette prière de saint Ignace de Loyola : « Prenez, Seigneur, et recevez toute ma liberté, ma mémoire, mon entendement et toute ma volonté; tout ce que j'ai et tout ce que je possède : vous me l'avez donné, Seigneur, je vous le rends; tout est à vous, disposez-en selon votre bon plaisir. Donnez-moi votre amour ; donnez-moi votre grâce : elle me suffit. »

La mère Sainte Claire composa pour la messe différentes prières qui ont un grand cachet de netteté et de simplicité. C'est quelque chose qui va à la pratique ; pas de périphrase ; la grâce qu'elle demande est appelée de son nom, sans adjectif ou épithète.

Elle était fidèle à toutes ses prières d'association, à sa couronne d'or, à son heure de garde d'honneur du rosaire. Les jours qui lui étaient assignés pour ces deux dernières pratiques avaient une particulière douceur; et, dès le matin, elle les saluait par la récitation du *Magnificat*.

La dévotion au Saint-Sacrement et au Sacré-Cœur qui avait été toute la lumière de sa vie se développait en elle de jour en jour davantage. En dehors de son heure d'adoration, quand le Saint-Sacrement était exposé, elle allait au pied de l'autel le plus qu'elle pouvait, disant qu'elle ne se trouvait bien que là. Son respect et sa tenue étaient pour ceux qui la voyaient alors une sorte de révélation de la présence réelle. La sainte communion ayant à ses yeux la plus grande importance, sur un petit cahier qui ne la quittait jamais elle portait écrites des sentences de nos divins livres pour s'exciter à la préparation et à l'action de grâce, dans le cas où son cœur ne trouverait rien à dire à l'adorable Bien-Aimé.

La sainte Vierge se trouvait intimement liée à l'histoire de sa vie. Du plus loin qu'elle se souvînt, à cette époque même où elle n'était qu'une petite orpheline, elle trouvait la douce mère du ciel lui souriant déjà. Elle avait vu, par un délicieux instinct, que c'était sur elle qu'il lui fallait se reposer en toute chose. L'instinct fit place à l'expérience. Elle demanda tout à Marie, et l'incomparable mère lui donna toujours plus qu'elle ne demanda. Arrivée à la fin de sa vie, tant de bienfaits et tant de douceurs de la part de la sainte Vierge la faisaient fondre de tendresse ; sa piété pour elle était quelque chose d'inexprimable.

Pour résumer, la pensée religieuse remplissait son âme. Le matin, dès son réveil, la fête du jour lui arrivait à la pensée ; et, par quelque verset de l'Ecriture, elle rendait aussitôt ses pieux sentiments. Elle célébrait avec une grande dévotion les anniversaires de son entrée au noviciat, de sa prise d'habit, de sa profession. Son baptême, sa première communion, sa confirmation lui apportaient aussi chaque année de douces émotions.

L'attitude extérieure de la mère Sainte Claire dans ses actes religieux était imposante et impressionnait. Sa manière de prier avait quelque chose de grand, de fort, en même temps que de très humble. On sentait qu'elle ne parlait à Dieu qu'avec un profond respect et une révérence pleine d'adoration et de crainte. Il suffisait de l'entendre psalmodier le saint office d'une voix mâle et accentuée, pour se sentir entraîné à la ferveur. Telle était la mère Sainte Claire dans ses rapports avec Dieu.

Dans les affaires de son âme, comme en toutes

choses, elle mettait une rare netteté. Le Père ***, cet éminent religieux qui l'a si intimement connue, et entre les mains duquel ont passé des milliers d'âmes d'élite, nous dit : « Extrêmement docile au directeur, elle mettait dans ses communications une sincérité, une loyauté remarquables ; parlant de ses défauts comme s'il se fût agi d'une autre... Je dis défauts... mais des défauts accentués, je n'en vois point. Une habitude de lutte indomptable en laissait à peine percer la pointe qu'elle brisait aussitôt. Je lui retirai l'examen particulier pour le transformer en vigilance sur elle-même, afin de ne rien donner à la nature. »

L'esprit de foi dominait dans la mère Sainte Claire ; une raison humaine n'eût jamais pu la déterminer à agir. Ce qui rend si compréhensibles ces autres paroles du Père *** : « Elle savait passer par toutes les peines, les difficultés pour faire ce que Dieu lui demandait. » Tous les motifs surnaturels qu'elle pouvait avoir dans ses actes venaient se fondre en celui-ci : « Envisager Dieu en tout. » Hors de ce principe, tout lui paraissait néant. Et le Dieu autour duquel il lui souriait le plus de grouper ainsi toutes ses pensées, tous ses actes, c'était Notre-Seigneur Jésus-Christ sous l'aspect touchant de son cœur sacré au saint Sacrement de l'autel. On sentait que toute sa vie était là.

Elle traitait assurément des autres motifs surnaturels qui doivent nous faire agir, en parlant aux religieuses ; mais celui-ci les résumait tous pour elle, et avait visiblement ses préférences. Et elle disait avec un accent qui vibre encore dans le cœur de celles qui l'ont entendue : « Si vous ne cherchez pas Dieu seul en tout dans la vie religieuse, mes sœurs, que chercherez-vous donc? Après avoir tout quitté pour lui, irez-vous vous attacher à ce qui est moins que lui... à des bagatelles. Elevez vos vues ; et, à travers les personnes et les choses, ne voyez que Notre-Seigneur tout seul. » Et cette autre parole : « Oh ! qu'il fait bon de ne voir que Dieu en tout ! »

Ajoutez à cela une humilité simple, franche, une humilité qui réellement sortait de source, une humilité passée en nature. Il y en avait un fonds inépuisable en elle. Cette humilité qui venait du plus intime de son cœur était quelque chose de limpide, de vrai, de transparent ; et son langage n'était que le parfum de cette douce vertu. Parlant très-peu d'elle-même, quand il lui arrivait de le faire, c'était toujours en des termes qui révélaient qu'elle ne faisait de sa personne aucun cas. « La hauteur de l'orgueil n'était pas dans son genre, » nous dit-on ; « elle était trop grande pour cela. »

La mère Sainte Claire attendait beaucoup des retraites pour l'avancement de son âme. Elle en voyait arriver le temps avec une joie sensible, et soupirait après avec une étonnante ardeur. Dès qu'elle y était, elle s'absorbait tout en Dieu. Des grâces extraordinaires l'y venaient parfois visiter. Une religieuse, qui couchait dans sa chambre, en fut une fois le témoin ravi. Cette mère vénérable avait été la compagne de noviciat de la mère Sainte Claire. Dès ce moment, elle ne cessa de lui témoigner une affection de fille plutôt que de sœur, parce qu'elle la comprit toujours. Voici donc ce qu'elle raconte : « Une nuit que mère Sainte Claire était en retraite, je l'entendis se plaindre. J'accourus. Je la trouvai absorbée en Dieu..... J'eus de la peine à la faire revenir... Elle me dit enfin tout en pleurs : Nous ne sommes pas religieuses ; nous ne savons pas, nous ne comprenons pas ce que c'est que la vie religieuse. Elle me parla ensuite avec une grande émotion pendant plus de cinq minutes. Il y avait dans son accent tant de force, de piété, d'humilité que je tombai à genoux. Je sentais intimement une présence de Dieu qui me retenait dans l'adoration. Je fus si frappée que j'aurais voulu demeurer jusqu'au lendemain matin en prières avec elle. Elle m'obligea de me coucher ; sans cela j'eusse passé en oraison le reste de la nuit. » Quelques jours après, la religieuse voulut parler à la mère Sainte Claire de ce touchant incident. « Le bon Dieu seul sait ce que j'ai vu et compris dans cet instant, » lui répondit la mère Sainte Claire. « Le Père ***, auquel j'en ai rendu compte, m'a dit que c'était une des plus grandes grâces que Dieu m'ait jamais accordées. » Puis elle reprit : « Que cela nous serve pour travailler fidèlement à devenir des saintes ; mais qu'il n'en soit plus jamais question entre nous. »

La mère Sainte Claire ne manquait jamais de prendre des notes sur ses retraites. Depuis la première qu'elle fit en commençant son noviciat, jusqu'à la dernière qui précéda sa mort de trois mois, elle écrivit, chaque année, dans des cahiers qui sont restés, ses résolutions. Malheureusement les faveurs extraordinaires d'en haut, du genre de celles dont il vient d'être parlé, n'y sont pas consignées. Elle en garda toujours par humilité le souvenir au fond de son cœur. Ne lui suffisait-il pas d'avoir constamment sous les yeux, dans ses résolutions énergiques, les moyens pratiques de répondre aux divines bontés ?

Dans ses rapports avec la communauté, c'est toujours la même grandeur de vue, et le cœur se tient à la hauteur de l'esprit. Une de ses croix est de plus en plus l'obligation d'avoir les yeux à tout. Son âme ne cesse d'éprouver toutes les peines du monde à se répandre ainsi à l'extérieur, tandis qu'elle eût voulu goûter intimement les choses célestes. Mais elle se plie courageusement à ce devoir de sa charge et voit tout avec son cœur plein de Dieu. Sa surveillance de tous les instants prend quelque chose de plus gracieux encore et de plus suavement aimable. « Un jour je n'assistai pas aux vêpres, » raconte une religieuse, « la mère Sainte Claire s'en aperçut. Elle m'en parla aussitôt ; et je lui dis : « Quoi ! vous avez vu que je n'étais pas là ! » — « Oui, mon enfant, mon cœur vous cherchait. »

Sa sensibilité est toujours très vive. Elle ne peut entendre le récit d'aucune souffrance sans être émue et sans le paraître. Et ce n'était pas la douleur seule qui l'émotionnait. En face d'une grâce spéciale de la bonté ou de la miséricorde de Notre-Seigneur, l'on voyait ses yeux s'emplir de larmes et trahir ses sentiments intimes. Le récit des pèlerinages de Lourdes, des merveilles opérées à la grotte, lui faisait grande impression, et parfois elle disait : « Ah ! si j'étais là, il me semble que je pleurerais sans cesse !... » Et pourtant avec quelle énergie elle comprimait sa sensibilité, alors même qu'elle eût pu légitimement la laisser paraître. « Que de fois, » racontent les religieuses, « au milieu d'une lecture attendrissante, avons-nous entendu sa voix s'altérer sous l'impression ressentie ;

puis tout-à-coup se raffermir sous l'impulsion de la volonté. » La mère Sainte Claire était complètement maîtresse de sa vive sensibilité; et avec sa nature impressionnable, quand il le fallait, elle agissait comme si elle ne sentait point.

Malgré l'encombrement des affaires, cet esprit d'ordre qui la distingua toujours ne la quitta pas un instant. Les choses à son usage étaient rangées avec un soin parfait. Elle eût sans peine trouvé dans l'obscurité le moindre objet, parce que tout était admirablement à sa place. Souvent elle répétait que l'ordre extérieur est l'indice de l'ordre intérieur. Sans une vigilance attentive, elle eût peut-être mis quelque recherche dans la propreté. Elle disait qu'il fallait s'y attacher au moins comme à une demi-vertu. Sa cellule était donc proprement tenue; un grain de poussière lui déplaisait. Ses vêtements étaient toujours d'une extrême netteté; ses souliers bien cirés. Les reprises ne la gênaient pas; mais elle n'aurait point voulu prendre un vêtement qui eût une déchirure ou une tache. On voit que dans les plus petites choses elle portait avec elle la grandeur de son caractère; et elle passait ainsi, sans cesser un instant d'être elle-même, des plus simples occupations aux fonctions les plus considérables de sa charge.

Sa parole avait toujours une douceur, une force

étonnantes, un charme céleste. On y trouvait surtout de la lumière. La foi la plus vive perçait sous son accent. Dans ses improvisations, on voyait une aisance extraordinaire, mais jamais rien de vulgaire; et son sujet était traité avec sérieux et profondeur. Loin d'abuser de cette grande facilité d'élocution qu'elle avait reçue de la nature, elle ne voulait pas, malgré une si longue habitude, porter la parole sans préparation, toutes les fois qu'elle avait un instant de libre. Elle réfléchissait, avant ses conférences, sur ce qui était le plus opportun à dire, sur la manière de le présenter, et mettait même par écrit les principales pensées qu'il fallait développer.

Sa parole était écoutée avec un profond respect. Ses filles l'ont pieusement recueillie dans de nombreux cahiers qui formeraient plus d'un intéressant volume.

Avec cet esprit si large, qui voyait les choses de si haut, la mère Sainte Claire n'aurait jamais voulu faire quoique ce fût sans prendre avis. Elle consultait patiemment, donnait tout le temps nécessaire à peser ce qu'on lui pouvait dire, mais conservait intacte sa liberté d'action. Son jugement ne subissait l'influence ni des personnes, ni des choses. La raison seule, éclairée par la foi, entraînait son assentiment et la décidait à prendre un parti.

Ainsi, à l'époque où nous nous trouvons, toutes les qualités naturelles qu'on lui avait connues autrefois lui restent. C'est toujours cet esprit supérieur, fin, aiguisé; ce caractère charmant, aimable; cette intelligence vive et ferme qui lui ont attiré une confiance illimitée; et son tact, son jugement exquis joint à tant de simplicité religieuse et de sensibilité enchantent de plus en plus ceux qui traitent avec elle. Seulement je ne sais quel rayon de sainteté projette maintenant sur tout cet ensemble un éclat doux et consolant.

Voici le grave témoignage que rend d'elle alors son éminent directeur : « La mère Sainte Claire était au-dessus de toutes les petites choses féminines et gouvernait avec une grande hauteur de vue. Elle avait la tête d'un homme et le cœur d'une femme. Tendre et aimante, mais virilement, elle conduisait en ménageant la bonne volonté. Elle avait le zèle de l'amour et ne se laissait jamais dominer par la nature; mais elle tenait énergiquement la nature à sa place. Dans son appréciation des âmes placées sous sa conduite il n'y avait que la lumière de Dieu; rien d'humain ne s'y glissait; l'intérêt seulement du cœur de Jésus la guidait. L'unique motif de ses actes était la divine gloire. Parmi toutes les âmes d'élite que j'ai connues, elle occupe une place très-distinguée. Comme supérieure, elle est un type. Et, je dois le dire, j'ai vu beaucoup de supérieures ; celle-ci surpassait la mère sainte Claire comme intelligence, cette autre comme cœur, cette autre comme esprit ; mais aucune ne l'a égalée dans l'harmonieuse proportion des qualités d'ensemble qui font la supérieure éminente. »

CHAPITRE DIX-NEUVIÈME

25 mars 1876. — La mère Sainte Claire sous-prieure. — Elle tombe malade. — La prière de Pie IX et le mois de Marie. — Le 11 août. — Souffrances. — Retraite en décembre. — Ses travaux toujours considérables. — Elle perd sa sœur Claire. — Dieu appelle à lui Mgr Pallu du Parc. — Une novice âgée. — Retraite sur la mort. — La mère Sainte Claire et Jésus crucifié. — Prières pour l'élection qui approche. — Bénédiction du Saint-Père.

On touchait au moment où il allait falloir choisir une nouvelle supérieure, et la règle obligeait encore une fois le monastère à se priver de la direction si aimée de la mère Sainte Claire. Dans la prévision de ce sacrifice nécessaire, la communauté priait depuis longtemps. Neuf semaines avant le 25 mars, jour désigné pour l'élection, chaque lundi neuf religieuses étaient désignées, selon l'usage, pour communier afin de demander à Dieu une supérieure selon son cœur. Au noviciat, on priait même depuis la fête de Noël.

La mère Sainte Marie fut élue. Cette religieuse était l'enfant de prédilection de la mère Sainte Claire qui l'avait formée. Depuis l'âge de neuf ans, elle était demeurée constamment entre ses mains, sauf les deux ou trois années qu'elle passa au milieu du monde, son éducation une fois terminée.

Dans une circonstance si importante, Mgr Pallu du Parc, quoique malade, se rendit au couvent des Ursulines. D'une voix affaiblie et tremblante, il confirma l'élection et remit à la nouvelle supérieure les clés et le sceau du monastère. La mère Sainte Claire conduisit la mère Sainte Marie à sa stalle. On remarqua la vive allégresse qui rayonnait sur son visage. « Il me semble si doux, » dit-elle alors à plusieurs reprises, « de manger ce bon pain de l'obéissance qui va m'être rompu par les mains de mon enfant privilégiée. »

Deux jours après, elle manifestait ainsi sa joie par ces lignes : « Notre nouvelle supérieure est la mère Sainte Marie. Je n'ai pas besoin de vous faire son éloge. Vous la connaissez et vous avez pu l'apprécier. La communauté est très contente, et moi plus que personne. » Dans cette lettre écrite à une ancienne élève qui pense à la vie religieuse, elle dit encore : « Je vais être chargée des novices et des jeunes professes. Ainsi, vous tomberez dans ma corbeille. » La mère Sainte Claire avait été nommée sous-prieure, mère des novices et des jeunes professes, et directrice des trois établissements d'éducation.

Elle était toujours à sa joie de pouvoir maintenant obéir. Un jour elle dit en riant : « Le bon Dieu, bien sûr, va me faire payer mon bonheur. »

Elle ne se trompait pas. Ses terribles douleurs la reprirent bientôt. L'attachement des Ursulines pour leur vénérable évêque les ayant portées à s'associer à la fête de ses vingt-cinq années d'épiscopat, le prélat, de plus en plus affaibli, vint, les premiers jours de mai, remercier la communauté. Il fut attristé de ne pas voir la mère Sainte Claire au milieu de toutes ses filles. La souffrance la retenait dans sa cellule. Il y monta pour la consoler et la bénir.

C'est quand la vénérée mère se trouvait ainsi arrêtée par la maladie, que les religieuses étaient à même de voir de plus près tout ce qu'il y avait de délicat dans son cœur. La mère Sainte Claire leur témoignait à toutes la plus touchante reconnaissance. Pour le moindre petit service, elle se confondait en remerciements où perçait le vif sentiment de son indignité. Elle mettait beaucoup de réserve à accepter les soins qu'on eût voulu lui prodiguer. Ce qui fit qu'un jour une religieuse lui dit : « Mais, ma mère, dans une famille, les enfants s'empressent et sont heureux quand ils peuvent servir leur mère. N'est-ce pas encore mieux dans la vie religieuse qu'on trouve cela ? » La mère Sainte Claire sourit affectueusement, et elle se montra désormais plus prompte à accorder à ses filles le bonheur de la soigner. Mais elle ne cessa jamais de leur témoigner sa gratitude ; et ces religieuses dévouées nous disent : « Nous étions confuses de la politesse exquise avec laquelle notre mère nous remerciait des moindres services. Il nous arrivait parfois de nous en plaindre ; mais elle souriait et montrait plus d'amabilité encore. »

Les religieuses, les élèves comptaient beaucoup sur la guérison de leur chère malade durant le mois de mai ; et elles la demandèrent continuellement à la sainte Vierge. Notre Saint-Père le pape Pie IX daigna prier avec elles ; et quelques lignes tracées de sa main arrivèrent à la vénérée mère, pour lui en donner l'assurance. Le 31 mai, dans la soirée, la mère Sainte Claire put descendre enfin un instant, et s'agenouiller aux pieds de Notre-Dame de Lourdes. Dans tous les cœurs groupés autour d'elle, au milieu de la plus suave émotion, il y avait cette prière. « O Marie ! soyez bénie et achevez votre œuvre. Mettez un terme aux souffrances de notre chère malade. » Et les jeunes enfants disaient : « Voici venir la retraite de la première communion, souvenez-vous, ô Marie, que nous avons besoin d'un second bon ange ! »

La mère Sainte Marie ne fut pas peu édifiée de l'humilité, de l'obéissance, de la simplicité de la mère Sainte Claire. Cette vénérable mère lui rendait compte de son âme avec un abandon et une candeur admirables. « Toutes les fois que je la vois, » dit un jour la mère Sainte Marie, « elle me confond, en même temps qu'elle m'attendrit. » Un jour que la mère Sainte Claire était retenue dans sa cellule par la maladie, la supérieure à la conférence laissa déborder toute son âme. Elle entretint longuement les religieuses de l'édification que lui donnait la vénérée mère par sa parfaite obéissance. Elle ne tarissait pas sur son humilité, sa simplicité d'enfant, son entière ouverture de cœur, son esprit de mortification, de sacrifice et d'abnégation. L'accent si convaincu de la mère Sainte Marie trouva mainte fois un vif écho dans tous les cœurs.

La mère Sainte Claire allait lentement à la guérison. Elle écrit le 5 juin : « Je ne suis pas encore guérie. Le médecin me permet de me lever quelques heures par jour ; et il m'annonce que la convalescence sera très-longue. Je m'en aperçois, et je dis mon *fiat* de tout mon cœur. J'ai cependant repris depuis huit jours les instructions des novices ; mais je les fais quelquefois étant couchée. »

Malgré la souffrance, elle s'occupe toujours de ses enfants dans le monde. A l'une d'elles, que la grâce sollicite pour la vie religieuse et qui lui demande des instruments de pénitence, elle écrit : « Quant aux instruments de pénitence, remettez à plus tard ; et, pour le moment, disciplinez votre langue, votre imagination et cela suffira. » Elle écrit en juillet : « Je me remets tout doucement, » et le 11 août, veille de sa fête, elle peut recevoir les vœux de tout le monde, sans que la maladie jette autour d'elle, comme cela arrivait trop souvent, un nuage de tristesse. Ce mieux était l'effet des prières et de l'amour de ses filles qui, toutes triomphantes de se voir exaucées, donnèrent cet année-là à sa fête un éclat inaccoutumé. La cellule de la mère Sainte Claire fut transformée en fleurs.

Quoique sa santé fût meilleure, des crises revenaient de temps en temps ; et, à ce propos, elle disait un jour : « Hélas ! je n'aime pas la souffrance... Je la reçois de la main de Dieu. Je n'en murmure pas assurément ; mais d'une fois à l'autre j'appréhende le retour de ces crises aiguës trop douloureuses pour ma faiblesse ; priez donc à mon intention. »

Depuis la seconde quinzaine d'août jusqu'au mois de décembre, sa vie fut dépensée au milieu de la plus grande activité. L'époque de sa retraite étant arrivée, elle s'en réjouit ; et elle écrit, le premier jour : « Après une année passée dans un travail excessif, dans l'agitation, dans l'épreuve, la souffrance, il m'est doux et bon de me trouver seule avec Notre-Seigneur. J'en ai faim et soif. » Elle se plaint d'avoir manqué d'esprit de foi pratique, et elle demande à Dieu pardon de ses négligences dans l'oraison. Avec cet accent d'humilité qui ne la quitte jamais, elle s'écrie : « Que de découragements, que de tristesse et d'ennuis qui ne sont pas dans mon caractère, mais qui résultent de tentations lâchement combattues ! Que je suis donc peu généreuse pour me vaincre et m'oublier moi-même ! »

Le soir du second jour de sa retraite, elle écrit : « Toute la journée j'ai été froide, sans aucun sentiment d'amour pour Dieu... J'ai fait des actes de contrition, de repentir sincère, mais voilà tout. J'ai été attristée de l'horreur naturelle que j'ai de la souffrance, de la crainte excessive que j'ai de la mort. Une seule chose peut me consoler, c'est d'être désormais une religieuse de l'éternité et non du temps. Je le veux ainsi. » Elle poursuit : « La méditation sur le péché m'a laissée froide et insensible. J'ai néanmoins demandé pardon à Dieu ; et je lui ai promis non-seulement de ne plus pécher, mais de travailler sans repos ni trêve à le glorifier et à le faire glorifier, comme expiation. »

Arrivée au quatrième jour, elle écrit : « Décidément ma retraite se passe dans l'insensibilité la plus complète. » Et au sixième : « Dans la méditation des Etendards, j'ai compris, mais bien froidement, que l'acceptation des humiliations et des souffrances est absolument nécessaire, et j'ai senti une grande confusion de mes dispositions habituelles à cet égard. »

« Dans les trois degrés d'humilité que j'appelle volontiers degrés d'amour de Dieu, » poursuit-elle, « je trouve notre constitution de l'humilité qui est bien le sommaire de la perfection religieuse. C'est le trésor caché dans le champ des exercices de saint Ignace. Hélas! que j'en suis loin! Et pourtant je veux y tendre de tout mon cœur, malgré les réclamations de ma nature orgueilleuse et indépendante. »

Au septième jour : « Ces méditations sur la Passion m'ont fait du bien; et j'ai promis à Notre-Seigneur de m'attacher de plus en plus à mon crucifix qui va devenir mon livre et ma consolation, mon guide et ma lumière. Oui, je veux posséder mon crucifix par l'intelligence, l'étudiant et y cherchant la lumière de mon âme; par la volonté, pour accepter la souffrance et la croix... *Quotidie morior. Christo confixus sum cruci.* « Je meurs chaque jour. — Je suis attachée à la croix avec Jésus-Christ. »

Voici ses résolutions : « Mon Dieu, en terminant cette retraite sèche et aride, mais dans laquelle pourtant vous m'avez donné de vives lumières, je veux en assurer le fruit par des résolutions dont je sens le besoin :

« 1° Recueillement avant la prière.

« 2° Oraison élément de ma vie... et grande préparation.

« 3º Examen sur l'union à Notre-Seigneur. »

La mère Sainte Claire travaillait toujours beaucoup. Elle écrit au P. Bouleau en janvier : « Quoique j'aie le bonheur de n'être plus supérieure depuis près d'un an, je n'ai pas été déchargée. Notre nouvelle mère, si capable sous tous les rapports, a une mauvaise vue, et est obligée de s'en remettre à moi pour une foule de choses. Certes, je ne refuse pas le travail; mais le temps me manque souvent et cela me désole. »

Depuis quelques mois, la santé de sa sœur Claire l'inquiétait vivement. Une alternative de mieux et de pire jetait l'excellente mère dans des transes mortelles. Le 21 février 1877, la malade lui écrivit qu'il y avait de l'amélioration dans son état; et, au grand étonnement de tout le monde, même du médecin, elle mourut deux jours après sans agonie, n'ayant pu recevoir que l'Extrême-Onction en raison de ses vomissements continuels. Aucun membre de la famille n'était là pour annoncer cette perte à la mère Sainte Claire; et, dans la communauté, nulle ne se sentait assez autorisée pour placer à côté de la triste nouvelle des paroles de consolation. On pria M. Richaudeau de se charger du douloureux message. Le vénérable aumônier savait quel coup il allait porter à cette âme si aimante et si sensible. Il n'avait pas encore osé dire toute la vérité, quand la mère la devina et l'accepta aussitôt avec une admirable résignation. « Nous étions, » dit une religieuse, « bien affligées ; mais, à mesure que nous approchions de notre chère mère, pour lui promettre le concours de nos prières en faveur de celle qu'elle pleurait, nous étions frappées du calme, de la parfaite sérénité avec lesquels, toutes, elle nous accueillait, oubliant son propre sacrifice pour se reporter vers le bonheur de cette sœur chérie dont l'éternité la préoccupait tant. »

Elle écrivait à quelques jours de là : « J'ai appris samedi la mort de ma chère sœur, le dernier lien que j'eusse encore dans le monde, et la plus tendre affection de toute ma vie. Cette nouvelle que j'étais loin d'attendre m'a fort affligée. Je fais tout mon possible pour hâter son entrée dans le ciel, et je vous demande de m'aider de votre mieux. L'espoir de soulager ainsi cette âme bien-aimée est ma seule consolation, et je veux compter sur vous. »

La mère Sainte Claire, simple et naïve dans ses affections comme dans sa foi, pria longtemps pour avoir l'assurance du sort de sa sœur dans l'autre vie. Elle ne craignait pas pour son salut ; mais la pensée du Purgatoire l'inquiétait, et elle eût été heureuse de l'en savoir délivrée. Son directeur l'engagea à tout abandonner à Notre-Seigneur et à continuer ses prières avec un entier détachement de cœur. « Depuis ce temps, » disait-elle dans une confidence intime, « je suis tranquille et je laisse le divin Jésus disposer de mes prières comme il l'entend. »

Le 31 mars 1877, quelques jours après avoir remis entre les mains du Pape son diocèse et prié pour son successeur futur, Mgr Pallu du Parc quittait cette vie. Ses grandes charités, son touchant amour pour le clergé, son zèle à la fois suave et ardent pour le salut des populations qui lui avaient été confiées, sa tendre piété envers la sainte Vierge, un bien considérable accompli sans éclat, lui firent une belle escorte auprès de Dieu. Mais les Ursulines n'avaient plus de père. Tout affaibli qu'il était dans les derniers temps, sa bénédiction produisait toujours de doux encouragements. Personne ne regretta plus Monseigneur que la mère Sainte Claire. Durant vingt-cinq années, une confiance et une vénération réciproques s'étaient établies entre ces deux grandes âmes; et, si la mère Sainte Claire le consultait en tout, l'Evêque souvent, sur des questions difficiles qui se présentaient, n'était pas fâché de connaître la pensée de la mère Sainte Claire. Disons qu'il aimait à prendre ses avis. Fidèle à la reconnaissance, elle fit célébrer pour le regretté pontife un très grand nombre de messes.

En même temps qu'elle était très-occupée dans

les différents établissements d'éducation, la mère Sainte Claire, chargée du noviciat, consacrait de longues heures à la formation spirituelle de ses jeunes enfants. Elle soignait aussi avec cœur les sœurs converses, fonction humble qu'elle aimait entre toutes, et qu'elle n'avait pu se résigner à quitter depuis le jour de sa première élection. Malheureusement, la maladie venait à chaque instant sinon interrompre, du moins rendre plus lourds ces travaux si intéressants. Le 1er janvier 1878, elle est retenue au lit par une bronchite : « Le divin Maître, » écrit-elle, « a été bien bon de marquer pour moi le premier jour de l'année du sceau de l'épreuve et du sacrifice. » La maladie fut assez grave pour qu'elle écrivît : « Il s'en est peu fallu que je m'en aille; mais le bon Dieu ne m'a pas jugée digne de son beau Paradis, et il m'a laissée sur la terre. Pour combien de temps? Je l'ignore; mais peu m'importe. » Le 14, elle put reprendre son travail, mais les suites de la bronchite se firent sentir presque jusqu'au mois d'avril.

Depuis longtemps les pieuses filles de la mère Sainte Claire célébraient chaque année, en union avec elle, les grands anniversaires de sa vie. Ses maladies et les afflictions que Dieu commençait à lui envoyer la rendant de plus en plus chère, on mit encore plus de cœur à faire la fête de sa profession, le 18 janvier, et celle de sa première communion, le 13 février.

Dans ses travaux et ses souffrances, qui vont toujours en augmentant, nous la trouvons constamment appliquée à faire naître autour d'elle la dilatation du cœur. Ayant à proposer au conseil, le 11 juillet, la réception d'une novice, elle dit aux mères assemblées : « Le défaut capital de la sœur que je vous présente, et le seul vraiment grave, est son âge trop avancé; c'est pourquoi il me semble inutile d'attendre davantage dans l'espoir d'un amendement. Autant vaudrait procéder promptement à sa réception. » On rit beaucoup et on admit la religieuse à l'unanimité.

L'anniversaire de la naissance de la mère Sainte Claire approchant, les élèves pour le fêter selon l'esprit de leur chère maîtresse, confectionnèrent des fleurs, des ornements, des linges sacrés, afin de lui procurer le bonheur d'offrir ces objets à une église pauvre; et on joua pieusement une pièce édifiante : « Marie au temple. »

La mère Sainte Claire pensait déjà à sa retraite qu'elle devait commencer le 21 novembre. Au mois d'octobre, elle écrivit au pieux Bénédictin qui avait sa confiance pour lui demander un plan. « Je voudrais, » dit-elle, « que cette retraite, si elle ne doit pas être la dernière de ma vie, fût du moins l'une des plus ferventes, et comme un point de départ vers une perfection nouvelle... Vous êtes religieux depuis longtemps, vous savez ce que le bon Dieu doit demander des âmes consacrées à son service... Ayez donc la charité, je vous en supplie, de me choisir des sujets en conséquence. Je ne veux rien refuser à Dieu, ne craignez pas de m'imposer trop. L'obéissance a toujours fait ma force, et j'ai demandé à ma supérieure de faire ma retraite d'après vos inspirations. » Le P. Bouleau crut devoir appeler son attention sur la mort; et il lui donna ce grand sujet à méditer durant toute sa retraite. La mère Sainte Claire lui répondit aussitôt pour lui exprimer sa reconnaissance. Elle passa huit jours en face de sa dernière heure; et elle en éprouva toutes les angoisses. Il faut dire qne la courageuse mère ne parvint pas à s'apprivoiser avec la mort, envisagée comme une chose douce et naturellement désirable. La foi la lui faisait accepter de grand cœur; mais cette expiation suprême ne perdit pas pour elle une seule des cruelles épines que Dieu y a attachées, pour en faire le châtiment solennel du péché. Elle sortit de sa retraite craignant la mort comme autrefois.

Le P. Bouleau, ayant eu occasion de passer quelque temps après à Blois, lui fit rendre compte de la manière dont elle avait scruté un sujet si grave.

« L'admiration me saisit, » écrit le vénérable Père, « quand je l'entendis. Ses résolutions pour mériter la grâce d'une bonne mort furent énergiquement choisies. Elle n'avait plus besoin de l'avertissement de la dernière maladie pour mettre son âme dans les célestes conditions du départ. Ce résultat était obtenu. »

Le 5 janvier 1879, on commença les prières pour l'élection qui avait été fixée au 22 mars. Jusqu'à cette époque ce ne furent que travaux, souffrances, épreuves intérieures pour la mère Sainte Claire. « Elle aimait tant son crucifix, » nous disent ses chères filles, « qu'il fallait bien qu'elle en fût un vivant. » Il est certain qu'elle s'acheminait sensiblement vers la divine ressemblance. On a remarqué que plus que jamais alors la passion de Notre-Seigneur lui devint chère. « La passion, » nous dit-on encore, « était passée dans son âme. » Elle reçut le 18 janvier, pour l'anniversaire de sa profession, la bénédiction du Saint-Père. Cette consolation agit-elle sur sa santé? Pourquoi ne le pas croire pieusement? Du moins en février la souffrance se calme un peu. Elle écrit : « Ma santé n'est pas merveilleuse en ce moment; mes entrailles se plaignent, mais je ne suis pas arrêtée et je ne demande rien de plus. »

CHAPITRE VINGTIÈME

La mère Sainte Claire élue supérieure pour la septième fois. — Motif qui la porte à accepter la charge. — Dieu se réserve à lui-même de récompenser ses serviteurs. — La mère Sainte Claire associée aux souffrances du divin Jésus dans le jardin des Oliviers et sur la croix. — Son activité ne se ralentit pas un instant. — Retraite de Noël. — La volonté de Dieu. — Incident remarquable. — La vénérée mère toujours sur la croix. — Indomptable énergie. — Portrait moral de saint Ignace de Loyola. — Le 19 mars, saint Joseph semble confirmer que la mère Sainte Claire doit bientôt mourir.

LA mère Sainte Claire fut appelée, le 22 mars 1879, à remplacer la mère Sainte Marie. Elle avait soixante-sept ans. « Tout en elle était toujours élevé, éclairé, lumineux, fort et grand, » nous dit l'éminent religieux qui la dirigeait. On lui avait toujours vu un grand air tempéré par l'humilité, délicieux mélange qui lui faisait une majesté douce. Cela lui restait alors; mais l'empreinte de la souffrance s'y ajoutait. Son regard était moins vif, moins éclatant qu'autrefois, mais il avait quelque chose de plus profond, de plus pénétrant. On y lisait une ineffable tendresse, et la très-grande délicatesse de son cœur y était peinte.

La vénérée mère n'avait jamais tant redouté le fardeau qu'on lui imposait. Pourtant toutes les autres élections lui avaient causé de véritables angoisses. M. l'abbé Pornin nous dit : « Chaque fois qu'il lui fallait reprendre les fonctions de supérieure, elle m'écrivait ses doléances, ses regrets profonds, ses inquiétudes, ses tourments de se voir encore placée à la tête de la maison, et ainsi obligée d'assumer une responsabilité qui lui causait une frayeur involontaire. Je la rassurais le mieux qu'il m'était possible, lui recommandais l'entier abandon entre les mains de la Providence, et lui disais de laisser la volonté divine s'emparer d'elle, comme d'un terrain qui n'est à personne. Mais l'apaisement était quelquefois long à se faire ; et quand, après mes stations de Carême, j'étais de retour, je la trouvais encore toute contusionnée, toute meurtrie des combats qu'elle s'était livrés avant de faire son sacrifice. » Ce sacrifice, il n'y eut jamais que la croix, la perspective des tribulations qui pût la décider à le faire. La veille de cette dernière élection, elle dit à quelques religieuses : « S'il le faut, j'accepterai la charge. J'y vois des croix. » Et se prenant à pleurer, elle ajouta : « Jamais de ma vie je n'ai tant redouté ce fardeau. » Quelques jours après, elle écrivait : « J'ai reçu la charge avec une grande frayeur, prévoyant bien des peines, mais par la grâce de Dieu, avec un véritable esprit de foi, une ferme volonté de me dévouer sans repos. » Elle écrivait encore : « J'ai accepté tout ce que j'aurais à souffrir pendant ces trois années, me proposant de m'appliquer à la plus grande abnégation de moi-même, au dévouement le plus absolu à la gloire de Dieu et au bien des âmes. »

Elle choisit la mère Saint Bernard pour sous-prieure. « J'ai compris, » dit-elle, « que le bien ne se pourrait faire si je ne prenais une aide avec laquelle je puisse n'avoir qu'un cœur et qu'une âme. Notre-Seigneur m'a montré les choses si clairement que, le moment venu, je n'ai pas hésité. La nomination des conseillères s'est bien faite. J'espère que Notre-Seigneur a été content. »

Sentant toujours vivement son insuffisance, elle écrit au P. Bouleau : « Priez pour moi, je vous en conjure, sinon je vais succomber sous le poids du fardeau qui m'incombe pour la septième fois. Je ne me sens plus la force ni physique, ni morale de le porter comme je comprends qu'il faudrait le faire... Aidez-moi donc, cher bon Père, en ranimant ma confiance en Dieu, et en priant le Cœur de Jésus de me soutenir... Vraiment, je ne me croyais pas si faible... Je suis accablée plus que je ne l'ai jamais été, même il y a vingt ans! Cependant je ne suis pas malade, et je dois en remercier Dieu. J'adore ses desseins, je suis soumise à sa volonté ; je veux que ce dernier triennat soit une expiation des précédents ; mais je n'ai aucun courage. »

Une si humble défiance d'elle-même appuyée sur l'amour de la croix était de nature à lui attirer les plus grandes grâces de Dieu. On va voir en effet avec quelle force d'âme elle fait face aux tribulations qui déjà ont commencé à l'assaillir, et qui augmenteront jusqu'à la fin.

Dieu ne veut pas que ses serviteurs trouvent ici-bas leur rémunération. Toute autre main que la sienne qui les couronnerait ne serait pas assez douce ni pour leur cœur à eux, ni pour le sien proque. Il se réserve à lui-même ce soin. C'est pourquoi ceux qui, toute leur vie, ont purement travaillé pour lui seraient bien fâchés de mourir avec un éclat terrestre quelconque. Assurément il ne leur arrive pas toujours de pouvoir échapper à la gloire; mais devant Dieu avec quel cœur ils s'en défendent, c'est ce qu'on ne pourrait savoir qu'en pénétrant toute la délicatesse de leur amour. La mère Sainte Claire était de ces âmes-là. Et elle avait pris de bonne heure ses précautions pour qu'aucune récompense ici-bas ne fût donnée à son dévouement. Dans cette pensée, vingt ans auparavant, elle disait : « J'aspire après le moment où personne, sur la terre, ne fera cas de moi ; et où je serai profondément oubliée, et, s'il est possible, méprisée. » Et elle avait depuis souvent prié Dieu pour cela. La miséricorde infinie avait été émue ; et si, eu égard aux vertus vraiment touchantes en même temps qu'élevées de ses chères filles, il ne put l'exaucer dans toute l'étendue de ses désirs, il était décidé du moins à lui faire finir sa vie sur le Calvaire, en l'associant à l'inénarrable désolation de son âme, à l'agonie de son cœur, aux souffrances et aux plaies de son divin corps.

Dans son âme, elle éprouva ce qui, d'après un vénérable et savant auteur (1), consomme tout, à savoir : « ces douleurs... hautes... exquises, qu'il faut appeler divines parce qu'elles ont leur cause et leur racine dans la perfection de Dieu, dans sa beauté, dans son incommensurable sainteté, enfin en Dieu lui-même ; douleurs naissant en nous de ses procédés incompréhensibles, de la profondeur de ses voies, de ses délais, de ses éclipses, de ses absences, de ses apparentes dérélictions, enfin de mille blesures sans nom que nous cause son amour. »

Nous la voyons avec Jésus dans sa défaillance du jardin de Gethsémani et les horreurs de la croix. Elle participe aux troubles divins. Tristesse, agonie, abattement continuel, c'est maintenant sa vie. Elle rend ces douleurs sans nom par des cris qui lui échappent : « Affliction profonde, tristesse

---

(1) Mgr Gay.

et accablement; j'ai le cœur brisé. » Mais, après avoir constaté cette peine, elle se redresse et se reproche ce cri de douleur d'une manière touchante : « Que je suis malheureuse! Quoi, j'ai manqué de générosité dans la désolation... C'est alors que j'aurais dû retrouver tout mon cœur pour bénir Jésus!... »

Sa grande peine était cette sorte de disparition totale de Dieu. Dieu faisait à son égard comme s'il ne la connaissait pas... « Elle était jusque dans les derniers délaissements et au delà, » nous dit le Père ***, son directeur. La mère Sainte Claire rend son affliction en empruntant ces paroles du psaume : « Seigneur mon Dieu, mon Sauveur, je crie vers vous le jour et la nuit... Mon âme est accablée de douleur... Vous m'avez mis dans le lieu le plus ténébreux et le plus profond. » Et faisant allusion à des peines de cœur que Dieu lui envoyait d'autre part, elle continue : « Vous avez éloigné de moi mes amis; vous m'avez rendu un objet plein d'horreur à leurs yeux. La violence de mes douleurs a rendu mes yeux tout languissants. Pourquoi, Seigneur, abandonnez-vous mon âme... pourquoi me cachez-vous votre visage...? Je porte le poids de vos terreurs; je suis dans l'inquiétude et dans le trouble. » Ps. LXXXVII.

Ces peines s'accrurent de jour en jour, et, au mois

de juillet, elle laissait échapper dans ses notes ce cri navrant : « Ces trois mois ont été les plus douloureux de ma vie religieuse. Je n'ai jamais autant prié que je le fais depuis trois mois ; mais je sens le découragement m'envahir... » Son directeur nous dit qu'alors elle prenait sa perfection plus que jamais à cœur. Elle s'écrie encore : « Je n'ai jamais autant souffert ; mon cœur est brisé. » — « Si je n'étais pas, comme je le suis, forcément occupée et absorbée par des travaux qui ne me laissent pas un instant respirer, je me replierais sans cesse sur moi-même. » De temps en temps ce nuage si sombre se dissipait, pour lui laisser un rayon de lumière. Mais c'était bien court. Elle le constate dans ses notes : « Voilà une nuit et une matinée terribles... Au confessionnal, j'ai trouvé un vrai bonheur. J'ai senti une grande reconnaissance envers Notre-Seigneur qui a repris mon âme, et l'a mise dans un autre monde... C'est non-seulement la paix... C'est presque la joie... » Et bientôt le délaissement de Dieu se fait sentir plus vivement. Elle pousse des cris comme ceux-ci : « Depuis six mois, toujours accablée... triste, comme je ne l'ai jamais été. Je ne sais plus rire ; et naturellement j'ai besoin de joie... Des luttes perpétuelles dans lesquelles je vis résulte pour moi la tentation de découragement... Oh ! mon Dieu, ne permettez pas que je succombe. »

— « J'ai une peur excessive de la mort... Ah ! il me semble toujours qu'il y a un mur de séparation entre Notre-Seigneur et moi... Depuis six mois mon oraison n'a été qu'un cri : Mon Dieu, ayez pitié de moi. »

Et empruntant encore la divine parole qui donne à tous nos sentiments une expression toujours si vraie, si saisissante, elle s'écrie : « Il m'a conduite et il m'a amenée dans les ténèbres, et non dans la lumière. Il a tourné et retourné sans cesse sa main sur moi pendant tout le jour. Il a fait vieillir ma peau et ma chair ; il a brisé mes os. Il m'a environnée de fiel et de peine. Il m'a mise en des lieux ténébreux comme ceux qui sont morts pour jamais. En vain je crierais vers lui et je le prierais ; il a rejeté ma prière... Il a renversé mes sentiers, il m'a brisée, il m'a laissée dans la désolation... Il m'a remplie d'amertume ; il m'a enivrée d'absinthe... La paix a été bannie de mon âme ; j'ai perdu le souvenir de toute joie... Souvenez-vous de la pauvreté où je suis, de l'excès de mes maux, de l'absinthe et du fiel où je suis plongée... Le Seigneur est bon à ceux qui espèrent en lui ; il est bon à l'âme qui le cherche... Il ne refuse pas la justice qui est due à un homme aux yeux du Très-Haut... Vous vous êtes caché... Vous avez mis une nuée au devant de vous, afin que la prière ne passe pas... J'ai invoqué votre nom, ô Seigneur, du plus profond de l'abîme... Vous avez entendu ma voix. Vous vous êtes approché de moi... Vous avez dit : Ne craignez point. O Seigneur, vous avez pris la défense de la cause de mon âme, vous qui êtes le rédempteur de ma vie (1). »

Il lui était particulièrement cruel de n'avoir rien pour Notre-Seigneur à la sainte communion. « Avec le divin Jésus, sans ferveur, froide comme le marbre, cela se peut-il concevoir ? Mes oraisons sont pitoyables... voilà tout... mais la sainte Eucharistie !... Le chemin de croix est le seul acte dont je m'acquitte bien. » Aussi elle ne manquait pas de le faire tous les jours.

Nous entendons jeter à cette mère si affligée certains cris qui étonneraient. Mais remarquons-le : saint Paul, si vaillant, si magnanime, si constamment, si totalement uni à Dieu, confessait cependant qu'à force d'être affligé, il s'ennuyait de vivre (2).

Ces souffrances étaient visiblement une attention divine. Le saint religieux qui ne la perdait pas de vue lui écrivit au mois de novembre : « Tout ce que vous avez souffert a été providentiellement destiné

---

(1) Jerem. iii.
(2) 2. Cor. i. 8.

par Dieu pour votre sanctification. Je ne crois pas que jamais aussi grande grâce vous ait été accordée ; et vous avez pu et vous pouvez vous approprier le mot de saint Ignace d'Antioche : *Nunc incipio esse discipulus Christi.* Voilà que je commence à être disciple de Jésus-Christ. » La lettre est terminée par ces mots : « Simplifiez, simplifiez, simplifiez, et osez... »

De telles angoisses d'âme devaient nécessairement avoir leur contre-coup dans le corps, dont l'immolation, au reste, était commencée de longue date. En 1871, la mère Sainte Claire avait eu un grave ébranlement dans sa santé. Si alors elle ne quitta pas la terre, cela tint aux prières de ses filles. Mais il lui resta un germe de maladie qui, peu à peu se développant, lui causa des douleurs de plus en plus aiguës. Dans le courant de l'année 1874, le mal atteignit son plus grand accroissement. Des crises réellement cruelles se reproduisaient à des intervalles assez rapprochés ; et leur intensité ne cédait guère aux remèdes prescrits par les médecins. C'étaient d'affreuses souffrances d'estomac et d'entrailles qui amenaient de douloureux vomissements. Au mois de novembre, elle fut réduite à ne plus manger de pain. Cependant on ne jugeait pas le mal incurable, et on pensait que des soins assidus, joints à des instances multipliées auprès de Notre-

Seigneur, prolongeraient l'existence si précieuse de la vénérée mère; d'autant plus que ces crises ne l'empêchaient pas de vaquer à ses occupations et de présider à la plupart des observances religieuses. Il faut dire que, au milieu de ces tortures inouïes de l'âme et du corps, elle montrait une grande patience et s'efforçait de ne rien laisser paraître qui pût attrister ses filles. « Notre mère, » nous disent-elles, « conservait toujours un abord gracieux et aimable avec tout le monde, et à l'égard de chacune en particulier; et tout portait chez elle à la plus grande édification. »

De telles épreuves envoyées par Dieu, et supportées avec un pareil courage, devaient nécessairement donner une étonnante fécondité à son ministère auprès des âmes. C'est ce qui arriva. On devenait meilleur de jour en jour autour d'elle. Il lui était impossible de ne pas le voir. Elle s'écrie : « Je ne me sens de grâces que pour les autres. Si je fais une méditation, une instruction, je suis toute à mon sujet. J'apprends que j'ai fait du bien, et moi je n'ai rien senti. » La perfection des religieuses confiées à ses soins est sa pensée dominante. « Je ne sais quelle impulsion elle nous donnait pour notre perfection, » disent ses filles dévouées, « et pour cela elle n'eût absolument rien épargné. » Enfin, elle ne cesse de vivifier ses travaux par une entière attention sur elle-même. Elle écrit : « Dans l'exercice de l'autorité, je crains toujours d'agir plutôt par raison, par philosophie humaine, que par esprit de foi. Je suis naturellement raisonnable, et j'ai peine à supporter la déraison. » — « Ma tentation la plus fréquente, » continue-t-elle, « celle qui se retrouve dans toutes mes confessions, parce qu'elle me fait commettre des fautes, c'est le découragement. J'aime extrêmement ma vocation. J'ai faim et soif de la perfection religieuse. Je voudrais être une âme d'oraison, ne jamais sortir de la pensée de Dieu. Impossible d'y parvenir. »

Elle prend toutes les mesures pour assurer le succès de son action sur la communauté : « Je veux regarder Notre-Seigneur sans cesse, » dit-elle, « et m'unir à lui en toute chose... Oh ! comme je voudrais ne jamais sortir de la présence de Dieu... Les oraisons jaculatoires m'y aident. » — Elle dit encore : « Je me suis promis de jeter toujours un regard sur Notre-Seigneur avant de reprendre. Je l'ai oublié quelquefois, et j'ai eu toujours lieu de m'en repentir ensuite. »

D'un autre côté, elle répand une sève de vie extraordinaire dans toutes les œuvres auxquelles, à chaque instant, elle est appelée à donner son concours. C'étaient l'Apostolat de la prière, les mères chrétiennes, les vocations sacerdotales sous le nom de l'œuvre du Sacré-Cœur, le tiers Ordre de Saint-François d'Assise, dont les réunions se faisaient dans la chapelle ou au parloir du couvent ; et pour les jeunes filles confiées aux Ursulines, c'étaient l'association de la Couronne d'or, de la Sainte-Vierge, de sainte Angèle, des saints Anges, de l'enfant Jésus ; les mois de saint Joseph, de Marie, du Sacré-Cœur. La mère Sainte Claire s'occupait avec zèle de toutes ces œuvres. Elle faisait aussi donner aux fêtes de la chapelle le plus d'éclat possible, et encourageait la belle musique. A Pâques, on chanta la messe du P. Hermann. Elle fut tout le temps transportée. « Oh ! oui, on était vraiment au ciel, » disait-elle après, « j'aurais voulu y rester. » — « Puisque vous y seriez allée par ma faute, » répondit la mère Saint Bernard qui était l'âme de ce concert angélique, « soyez sûre que je serais allée vous chercher. » Elle dit à la mère Saint Bernard : « Vous la ferez chanter encore l'année prochaine. » Elle ne savait pas que cette fête serait célébrée dans les larmes, et n'aurait pour toute mélodie que les sanglots de ses filles pressées autour de sa dépouille mortelle.

Plus que jamais les enfants la préoccupaient. Elle disait : « Je suis Ursuline du fond de l'âme ; j'aime les enfants de tout mon cœur. » Ses rapports avec les anciennes élèves continuent. On lui écrit, on veut la voir. Elle exerce un véritable apostolat. « Je la visitai à cette époque, » écrit une jeune fille. « Elle me parla de son attrait pour la pénitence, sans m'initier à toutes ses austérités que je ne connus qu'après sa mort ; et elle termina en me disant : Si vous saviez, mon enfant, comme une certaine roideur pour son corps fait plier plus facilement le cœur au sacrifice que la Providence impose ! »

Ainsi accablée par le travail, les souffrances du corps, les peines de l'âme, la mère Sainte Claire éprouvait le besoin de s'enfermer avec Dieu dans la retraite ; et elle espérait pouvoir réaliser ce désir en novembre au plus tard. Toujours, nous l'avons dit, ses retraites la préoccupaient longtemps à l'avance ; elle s'ingéniait pour trouver la meilleure manière de les faire, cherchait de bons plans, et demandait aux serviteurs de Dieu qui la dirigeaient des indications. Cette année elle y pensa tout particulièrement. Le 15 octobre elle écrivit au P. Bouleau : « Je vais faire ma retraite bientôt, et je voudrais que vous eussiez la bonté de m'envoyer mes sujets de méditation, sur un plan nouveau. »

Le pieux bénédictin lui ayant répondu qu'elle trouverait dans l'ouvrage du P. Nouet quelque chose d'excellent pour l'état actuel de son âme, la vénérable mère s'empressa de le remercier : « Combien je vous suis reconnaissante de votre charité ! Je ne saurais vous dire jusqu'à quel point mon cœur en est touché. Heureusement nous avons à la bibliothèque tout le P. Nouet. Je suis allée bien vite chercher ce que vous m'indiquez ; et je crois, en effet, que la deuxième retraite du second volume est celle qui me conviendra le mieux. Si j'arrive à faire mon bonheur de la volonté de Dieu, je serai *joliment parfaite,* n'est-ce pas ? » Elle met en post-scriptum : « J'ai bien pensé à vous le 19 octobre, à neuf heures du soir. J'entends encore votre dernier adieu auprès de la voiture. Vous le rappelez-vous ? Quarante ans, mon Dieu ! Hélas ! que je devrais être sainte et que je le suis peu ! Ah ! priez pour moi, mon père ; aidez-moi de toute manière, je vous en supplie. Le temps s'avance. L'éternité approche, et je suis effrayée de me voir si misérable... Adieu, mon révérend Père, adieu. Confiez-moi à son amour. Renfermez mon âme dans le Sacré Cœur de Jésus. » 24 octobre 1879.

Il ne lui fut pas possible, à cause de ses occupations, d'entrer en retraite au mois de novembre. L'éminent religieux qu'elle consultait toujours dans les circonstances importantes, lui écrivit en décembre : « Par une circonstance exceptionnelle, c'est seulement à cette heure, ou plutôt à ce troisième jour de décembre, que je viens de lire votre lettre.

Je le regrette vivement ; car de telles lignes auraient mérité lecture et réponse immédiates ; mais ainsi Notre-Seigneur dispose les choses... De plus en plus, je vois qu'il vous aime ; oh ! profonde humilité et non moins ardente reconnaissance, et confiance, s'il se pouvait, plus grande encore.

« Entrez dans votre retraite, avec pleine tradition de vous-même et total abandon aux inspirations de la grâce... Que toute méthode ne vous soit qu'un aide, que sans peine vous laissiez, si l'Esprit veut vous saisir, emporter et mener par une voie qui sera toute sienne. Je ne vois que ce conseil à vous donner...

« Je prierai pour ces pauvres enfants... et pour vous aussi, spécialement du 16 au 25. A Dieu... son œuvre... se refera singulièrement par vos souffrances du corps, du cœur et peut-être de l'âme. »

Elle se mit en retraite le 16 décembre.

A la consolatation des précieux encouragements du Père ***, Dieu en joignit une autre qui fut très-douce pour la mère Sainte Claire. Mgr Laborde la dirigea dans ses exercices. Cette faveur du nouvel évêque de Blois avait bien quelque chose de touchant. Par cette attention délicate il laissait voir que les sentiments de son vénérable prédécesseur pour la communauté revivaient en lui. Le pieux évêque vint chaque jour, avec une grande bonté, constater l'action de la grâce dans sa pénitente ; et la mère Sainte Claire conserva le plus reconnaissant souvenir de ses conseils remplis d'onction et de sagesse.

Elle passa toute la retraite sous l'impression de l'amour de la volonté divine. « Vouloir ce que Dieu veut, est-ce assez ? » se disait-elle ; « non ; aimer ce que Dieu veut est meilleur et bien plus doux. » Elle demanda l'amour de la volonté divine. Et ses heures s'écoulaient à goûter la beauté de cette volonté adorable ; à identifier son cœur avec elle ; à couper jusqu'aux moindres fibres de volonté propre qui pouvaient encore demeurer en elle.

Tandis qu'elle était plongée dans ces saintes pensées, un prêtre qui la connaissait depuis plus de vingt-cinq ans, passant par Blois, vint au monastère et la demanda. On lui dit : « Elle fait sa retraite, et vous savez que, durant ses huit jours d'exercices spirituels, elle ne reçoit jamais personne. » Puis, tout-à-coup, pensant que la vénérable mère était toujours heureuse de parler de Dieu avec cet ecclésiastique, les sœurs du tour ajoutèrent : « Elle regrettera peut-être de ne pas vous avoir vu. Nous allons l'avertir que vous êtes là. » — « Ne le faites pas, » répondit le prêtre ; « elle est avec Dieu, ses moments sont sacrés ; je ne veux pas lui en dérober un seul. » Et il partit.

Quelque chose cependant lui disait intérieurement que Dieu allait lui ménager une entrevue importante avec elle. Il ne fit pas cas de cette pensée tout d'abord ; mais il commença à voir qu'elle pouvait être vraie, quand, le lendemain matin, sur le point de quitter Blois, on vint le prier en toute hâte de passer au couvent, parce que la mère Sainte Claire désirait lui parler.

Le prêtre la trouva profondément recueillie en Dieu ; et, après quelques mots échangés, il vit tout-à-coup dans cette âme, tout imprégnée de l'onction de l'Esprit-Saint, comme les allures de quelqu'un qui va bientôt quitter la terre. Quand on arrive près du ciel, le langage prend parfois de ces accents qui annoncent clairement le départ comme prochain. La vénérée mère parlait au prêtre de l'identification définitive de sa volonté avec celle de Dieu. « N'avoir plus aucune volonté ; laisser Dieu vouloir en soi ; se livrer sans réserve à cette volonté et y vivre tout abandonnée ; n'aimer absolument rien si ce n'est le plaisir du bien-aimé, voilà une chose qui avait fait toute l'ambition de ma vie et l'objet de bien des efforts de ma part, je vous assure... Il me semble enfin que j'y suis ; et je n'ai plus d'autre trésor ici-bas que cette volonté. » Elle lui parla encore de la douceur qu'on goûte quand la volonté tout anéantie en elle-même est convertie en celle de Dieu. « Ce n'est même plus, » poursuivit-elle, « cette approbation aimante à tout ce que Dieu fait et veut; cette complaisance que l'âme prend à tous ses bons plaisirs, que je constate en moi ; mais c'est l'identification de ma volonté avec la sienne, identification qui me fait lui dire : Nous n'avons pourtant plus qu'une seule âme à nous deux. » Et elle s'écria avec vivacité : « C'est le commencement du ciel; oui, c'en est le commencement et vraiment la substance. »

Le prêtre, saisi autant par ces paroles dont rien n'est capable de rendre l'accent, que par je ne sais quel rayonnement ou clarté dont elle parut enveloppée pendant quelques minutes, l'arrêta et lui dit : « Ma mère, vous parlez comme quelqu'un qui s'en va. Si vos chères filles vous entendaient, elles pleureraient; car elles comprendraient trop que vous allez les quitter. » La mère Sainte Claire ne croyait pas mourir encore. Elle répondit aussitôt avec gaieté : « Oh! non, je ne pense pas à mourir en ce moment, je vous l'assure. » Et elle reprit son langage élevé, et parla encore de l'adorable volonté de Dieu. « Vous ne voulez pas me croire, ma mère, » lui dit le prêtre en la quittant, « et cependant rien n'est plus sûr, vous allez mourir. C'est la dernière fois que je converse avec vous. » Il s'arrêta un instant ; puis il reprit : « Je m'explique maintenant pourquoi j'avais la certitude de vous voir avant de partir, quoique vous fussiez en retraite, et que j'eusse recommandé de ne pas même vous dire que je m'était présenté au couvent. Dieu voulait vous faire connaître que votre fin approche... Je vous laisse à peu de journées du ciel; encore quelques mois et vous y serez. » Le prêtre la bénit pour la dernière fois, et, quelques mois après, il apprit sa mort. C'est par cette admirable scène que furent couronnés les rapports spirituels qu'avait eus l'ecclésiastique avec cette grande âme. Après avoir été l'instrument de la divine miséricorde pour la réconforter en maintes circonstances, il devint le messager de Dieu auprès d'elle pour lui annoncer sa fin prochaine. Elle pouvait maintenant mourir sans s'en apercevoir, et passer pour ainsi dire de plein pied, sans les angoisses ordinaires, de la vie du temps à celle de l'éternité. Elle était avertie.

La mère Sainte Claire sortit de retraite pour la fête de Noël, trois jours après cet incident. « J'étais heureuse, » écrit-elle, « très heureuse, mais souffrant au delà de ce que je pourrais dire d'un refroidissement. Quel trésor que cette volonté de Dieu, étudiée ainsi dans le silence et la prière ! J'ai passé des jours dans le ciel. » Elle dit encore : « Mon cœur plein de cette vérité ressent une joie ineffable. » Ce moment de bonheur fut de courte durée. Plus elle allait, plus Jésus abandonné sur la croix l'associait à ses douleurs. Le 29 décembre, son état de souffrance augmenta par suite d'une chute. Elle se rendait à la salle des examens trimestriels où les élèves l'atendaient pour la séance, lorsque son pied glissa sur la glace. Il n'y eut pas de fracture, mais la commotion fut violente et elle éprouva de grandes douleurs. « Dans cette chute, » écrit-elle, « j'aurais dû me tuer, ou au moins me casser bras et jambes. Je n'ai pas eu de fracture, mais la secousse a été telle que depuis ce jour je ne saurais prendre de nourriture. Le médecin dit qu'il n'y a rien de grave, que cela passera, et il m'a réduite à trois tasses de lait par jour, quoique je les vomisse aussi quelquefois. J'en prends mon parti et je dis *amen* de tout mon cœur. » Cet accident contribua à rendre plus fréquents les vomissements qui s'étaient annoncés un peu auparavant. Jusqu'au 6 janvier elle ne put faire aucune lettre, ni recevoir aucune visite.

Voici, en quelques traits rapides, comment pour elle se passa le reste du mois de janvier. La souffrance du corps la tortura presque tous les jours ; de cruelles peines de cœur et d'esprit l'affligèrent à peu près sans relâche. Loin de s'affaisser sous ce double fardeau, elle se tint debout intrépidement, et fut constamment au travail dès cinq heures du matin, malgré les crises et les vomissements qui se produisaient régulièrement deux ou trois fois la semaine. Nous la voyons tous les jours donner une bonne partie de son temps à la direction intime des religieuses, aux instructions des jeunes professes, des novices, de la communauté tout entière. La plume ne lui tombe pas des mains. Elle passe de longues heures à sa correspondance. Elle prépare et rend les comptes de l'année, tout cela au milieu du plus grand recueillement. Enfin les enfants des classes auprès desquelles on la voit se multiplier ressentent son influence. Elle est partout, répandant la vie, la joie. Elle aurait voulu faire plus encore, et avoir toujours assez de santé pour suivre tous les exercices. Sans doute elle savait bien qu'il n'y avait pas faute à manquer à quelques-uns quand ses forces la trahissaient; mais elle en souffrait malgré tous les raisonnements qu'elle se faisait à elle-même. Elle écrit au P. Bouleau à la fin de janvier : « J'ai passé un si triste mois de janvier que je ne suis nullement contente de moi. J'avais pris pour résolution un parfait abandon à la volonté de Dieu. J'y ai manqué. Quand je me vois obligée par la souffrance à omettre quelque exercice, je suis triste, ennuyée, presque découragée. J'ai beau me raisonner, me fâcher contre moi-même, rien n'y fait. Grondez-moi donc bien fort. Dites-moi que je n'ai pas le sens commun. Je recevrai tout avec une reconnaissance filiale, je vous le promets. Mais me guérirez-vous ? Oui, si Dieu le veut. »

Pour son âme, les épreuves continuent. Elle est déjà très-loin du bonheur qu'elle goûtait dans sa retraite de Noël. Ses notes nous offrent des phrases comme celle-ci : « Journée languissante de toute manière. Tristesse invincible. » Et encore : « Journée très triste. » Chaque jour, on la voit faire le chemin de la croix ; mais, à son grand regret, il lui est impossible de se mettre à genoux aux stations. Tout en s'acquittant de ce pieux exercice par une tendre commisération pour les âmes du purgatoire auxquelles elle donne ses indulgences, la mère Sainte Claire puise dans les souffrances du divin Jésus une force très grande ; et là peut-être est le secret de cette énergie que rien ne peut faire fléchir.

Au mois de février, ses épreuves s'accrurent. Dans son corps et dans son cœur elle est torturée. Elle prend le dessus avec un grand courage, et n'interrompt pas ses travaux. Les trois premiers jours, elle s'occupa de la retraite de cinq jeunes novices qui allaient faire profession, et de deux postulantes qui devaient, en même temps que ces dernières, recevoir le saint habit. Elle leur fit les instructions. On la vit, le 3 février, accompagner ses enfants à l'autel. Dans cette cérémonie imposante, elle apporta cette dignité et cette céleste joie qui lui étaient ordinaires au moment des professions; mais on remarqua, de plus que les autres fois, dans son regard quelque chose de très-profond, et dans ses traits un éclat inaccoutumé. La douleur lui avait imprimé je ne sais quelle majesté attendrissante. La cérémonie épuisa ses forces, et il lui fut impossible d'assister au dîner. Son absence là était un bonheur de moins pour la pieuse communauté en fête. Les jeunes religieuses qu'elle venait de donner à Dieu le sentaient surtout bien vivement. Son cœur qui en souffrait la porta à faire les derniers efforts pour se présenter au réfectoire vers la fin du repas. Mais il lui fallut sortir au plus tôt. Les souffrances qui l'avaient accablée tout le jour augmentèrent d'intensité, et, les vomissements la reprenant vers cinq heures, elle dut gagner le lit avec le regret de n'avoir pas fait son chemin de croix.

Il lui fallut quelques jours pour se remettre de cette crise occasionnée par les fatigues de la retraite et de la cérémonie de la profession. Le lendemain néanmoins, elle commença courageusement sa journée à six heures, fit son chemin de croix, travailla beaucoup. Mais elle souffrit cruellement, et eut encore des vomissements très-douloureux. Les jours suivants, on la vit à différents exercices. Elle régla avec Mgr l'Evêque toutes les affaires de la communauté. Il lui fallut se résigner à la privation de la communion du premier vendredi du mois. Elle écrit : « C'est un grand sacrifice. » Le Sacré-Cœur était toujours tout pour elle. A cette occasion, elle promit plus que jamais à Jésus souffrant au jardin des Oliviers de s'abandonner à sa volonté divine. Dès le 8 février elle reprit tous ses travaux, s'occupa des directions et instructions de toute sorte. Ses journées sont très-laborieuses, comme au beau temps de sa force. Elle lit assidûment les notes dans les trois établissements d'éducation, et prend toujours un soin touchant des sœurs converses. Le 10 février, anniversaire de sa première communion, elle donne à ce souvenir qui lui était si cher des larmes de tendresse. Depuis de longues années, elle l'avait toujours fêté. Cette fois-ci elle le salua avec une émotion très-vive. La pieuse mère ne devait plus le célébrer sur la terre.

Cependant la mère Sainte Claire se montrait de plus en plus fidèle à la grâce. Ses peines enfin semblaient s'être noyées dans la volonté de Dieu ; désormais, dans ses notes, elle n'en dira presque plus rien.

Le 15 février elle écrivit au P. Bouleau une lettre

qui montre combien elle avait à cœur le soin de sa perfection. L'amour de Notre-Seigneur l'occupe tout entière. Elle termine par ces lignes : « J'ai été un peu mieux cette semaine. Je ne prends presque pas de nourriture, mais néanmoins je me soutiens. » Ce mieux momentané dura quelque temps, quoique les douleurs persistassent toujours ; mais, pour elle, la souffrance ne comptait que quand elle la renversait, et la forçait de se mettre au lit. Elle va au parloir, se dépense, se prodigue pour tout le monde ; et elle est toujours l'âme de la maison. Ses journées sont toutes très-remplies et très-intérieures.

Elle parlait quelquefois de sa mort. Un jour elle dit à une religieuse : « Quand je me verrai assez malade pour penser que je vais mourir, j'aurai bien soin de recommander de laisser approcher de moi toutes celles qui auront besoin de me parler. » Et comme cette religieuse lui répondait que les infirmières, au contraire, voudraient, non sans raison, lui épargner cette fatigue, elle reprit avec fermeté : « Oh ! mais elles ne seront pas les maîtresses : il faudra qu'elles obéissent ; je défendrai de tenir la porte fermée et d'éloigner qui que ce soit. J'y tiendrai, car il ne devra pas être question pour moi d'un peu plus ou d'un peu moins de fatigue. L'essentiel sera encore de faire du bien aux âmes. » La vénérable supérieure n'eut pas besoin de porter cette défense.

Le 23 février, elle donna un souvenir attendri à sa sœur Claire, morte ce jour-là depuis déjà quelques années. Dans la première quinzaine du mois de mars, elle eut plusieurs jours de grande tristesse, d'agitation même ; et, comme si ces souffrances morales eussent été la source de douleurs pour son corps, elle ressentit quatre crises accompagnées de cruels vomissements. Que de nuits terribles alors ! Pouvait-elle résister longtemps encore à de pareilles secousses ? N'étaient-ce pas les premières approches de la mort ? Il est certain que la vaillante femme, après chaque coup qui l'abattait, se relevait aussitôt, et je ne sais quel ressort la remettait de suite debout. C'est cette vigueur toujours renaissante, effet merveilleux d'une indestructible énergie, qui la trompa elle-même, aussi bien que celles qui l'entouraient. La mort était réellement là.

Son activité néanmoins reste toujours la même. Elle commence parfois ses journées de meilleure heure que d'habitude ; et tout son temps se trouve, comme toujours, absorbé par les soins donnés aux religieuses, aux jeunes professes, aux novices, aux élèves, et par de nombreuses séances au parloir. Il est à remarquer qu'elle souffre, qu'elle agit avec un recueillement plus grand que jamais. La résolution prise dans sa retraite de s'abandonner pleinement à la volonté divine a réellement sur sa vie une influence prépondérante.

La seconde moitié du mois de mars fut marquée pour elle par plus de souffrances encore. Il y avait moins d'intervalle entre les crises, et la torture des vomissements était plus cruelle. Les tentations fondaient parfois d'une manière désespérante sur son âme; et on ne peut, sans attendrissement, la voir s'accrocher avec une sainte passion à la céleste branche de salut que la main de Dieu lui a tendue, l'amour de son adorable volonté, et une confiance inébranlable dans sa bonté malgré tout. Elle se « trouve consolée, » dit-elle, « de ce que Dieu lui a permis encore de faire quelque chose pour sa chère maison. » Ce quelque chose est une expression véritablement touchante, quand on pense que son action ne se ralentit pas; qu'elle est toujours debout; qu'elle parle, qu'elle encourage, qu'elle assiste aux examens, et tient en haleine sa maison d'éducation. Par tous ses actes elle traduit éloquemment ces paroles d'un pieux et savant auteur : « Notre âme n'est-elle jamais plus libre, plus vaillante, plus aguerrie, plus sainement, plus saintement ardente, qu'après des jours victorieusement, c'est-à-dire patiemment passés dans la douleur ? »

CHAPITRE VINGTIÈME

L'amour de la mère Sainte Claire pour les élèves éclata jusqu'à la fin. Des procédés d'une infinie délicatesse le révélaient à chaque instant. Voici un trait qui semblera en soi bien peu de chose, mais le cœur se voit surtout dans ce qui est simple. Plusieurs enfants malades se trouvaient à l'infirmerie. On ne pouvait les laisser seules pendant le saint sacrifice. Un jour qu'il n'y avait qu'une messe au couvent, une religieuse dut consentir à en être privée pour rester près d'elles. Cette religieuse fut la mère Sainte Claire. « Mais c'est moi, » dit-elle vivement quand il fut question de trouver quelqu'un pour remplir ce pieux office, « c'est moi qui garderai les enfants. » Quels sentiments de reconnaissance éprouvèrent les jeunes malades !

Sous la souffrance et sous les coups du ciel, la mère Sainte Claire, la plupart du temps, fut calme et paisible. On lui voyait presque toujours sa gaieté ordinaire, et il transpirait peu de chose de ses douleurs. Ayant un grand empire sur elle-même, elle retenait la nature qu'une plainte eût soulagée. Dieu permit cependant, pour favoriser en elle l'accroissement de l'humilité, qu'à de rares intervalles il lui échappât quelque chose. Un jour que son cœur était plus meurtri que de coutume, et qu'elle souffrait cruellement, s'oubliant un instant, elle dit quelques mots avec vivacité à une de ses filles.

Que ce souvenir la rendit malheureuse! On cherchait à l'en consoler : « Non, non, » répondait la mère avec un soupir de tristesse, « j'ai eu tort. » Inutile de dire qu'elle s'humilia auprès de la sœur à qui elle avait ainsi parlé : « Je vous fais mes excuses, mon enfant; je vous demande pardon. Oh! obtenez-moi, je vous en prie, la grâce de me vaincre plus généreusement. » Elle eut cette peine longtemps sur le cœur. S'entretenant plus tard avec une religieuse qui se plaignait des surprises de la nature, elle mit sous ses yeux une gracieuse miniature du portrait moral de saint Ignace de Loyola : « Se gouvernant en toutes choses, grandes et petites, par des raisons très hautes; seigneur de toutes ses passions, propriétaire des premiers mouvements de son âme, et par là même manifestant, sans altération pour le dehors, l'imperturbable calme en lequel son âme naviguait, sans retardement, vers les rives éternelles. » Et regardant la sœur en souriant, elle lui dit : « Voilà qui nous convient à toutes deux. » La mère Sainte Claire ensuite lut et relut avec complaisance devant sa fille ces belles lignes. A la fin elle ajouta : « Peut-on dire des vérités d'une manière plus délicate? Comme je suis loin de cette perfection! »

Cette science pratique de la souffrance que la mère Sainte Claire possédait depuis son berceau, lui donna toujours une pente de cœur très marquée vers ceux que les peines visitaient. A cette époque surtout, au prix des plus grands sacrifices, elle allait leur porter la consolation. Un jour qu'elle avait enduré des douleurs intolérables, après avoir passé la soirée au lit, elle fut rencontrée par une sœur dans l'escalier, où elle se traînait. La sœur lui exprima sa vive surprise : « Ma chère enfant, » lui fut-il répondu, « je ne ferais peut-être pas cette démarche pour toute autre, mais je sais que là-haut telle religieuse est malade ; et, avant de me coucher, j'ai tenu à aller la voir ; car je ne veux pas que, de mon côté, quelque chose puisse contribuer à lui faire de la peine. » Dans ces mêmes jours, une religieuse désirait lui dire un mot avant la communion du lendemain. La mère Sainte Claire l'invita à revenir à quatre heures. « J'arrivai, » écrit la sœur, « à l'heure convenue ; mais l'infirmière vint au même moment et me dit : « Notre mère m'envoie vous prévenir qu'elle ne peut vous voir maintenant. Elle a été obligée d'aller se coucher, parce qu'elle sentait les vomissements près de commencer ; mais elle dit que vous veniez la trouver à six heures et demie ou à sept heures ; elle pense alors être assez bien pour vous parler. » Je fus occupée à six heures et demie ; je ne pus donc monter chez notre mère qu'à sept heures. Je frappai légèrement à la porte de sa chambre, désirant presque n'être pas entendue, car je craignais de la fatiguer. Mais elle me dit : « Entrez » ; et quand j'eus ouvert la porte : « Allons, ma chère enfant, je vous attendais. » — « Ma mère, j'espérais presque vous trouver endormie, » lui dis-je, « cela vous aurait fait du bien. » — « Oh ! moi, je ne l'aurais pas voulu, car vous seriez partie sans me dire vos affaires ; aussi je me suis empêchée de dormir en vous attendant. »

La fête de saint Joseph approchait. On supplia la vénérée mère de demander sa guérison. Pour l'y décider, on lui représenta que ses grandes souffrances pouvaient à la fin l'empêcher de s'occuper de la communauté comme elle le voudrait ; et que, puisqu'elle était revêtue de la charge de supérieure, il fallait qu'elle fût capable d'en remplir les devoirs jusqu'au bout. « Vous le désirez, » dit-elle à ses filles, « eh bien oui, je demanderai ma guérison à saint Joseph ; on verra sa réponse, et vous saurez à quoi vous en tenir. » Persuadée que le saint n'accorderait que ce qui serait conforme aux desseins de Dieu sur elle, le 19 mars, elle le pria de la guérir. Dans la journée, elle dit à une religieuse : « Jamais je n'ai prié pour ma guérison ; mais aujourd'hui je la demande de tout mon cœur. Il est impossible que les choses restent ainsi. Ma présence aux exercices de la règle est si nécessaire ; et pourtant je n'y puis aller comme je voudrais. Je ne sais pas ce que Dieu va faire. Nous verrons ce que sa sainte volonté décidera. » Saint Joseph répondit en effet, et sa réponse fut comme une confirmation de ce qui avait été dit à la vénérée mère quand ellle faisait sa dernière retraite. A sept heures du soir, les vomissements la reprirent. « La volonté divine, » dit une religieuse; « décida que notre mère ne devait pas guérir. »

Tout près d'elle, dans l'infirmerie voisine de sa chambre, une jeune religieuse se mourait. Croyant ses derniers moments arrivés, elle demanda à voir sa mère supérieure. L'infirmière, qui connaissait l'état de la mère Sainte Claire, voyant que la sœur ne mourrait pas encore cette nuit, essaya de lui faire comprendre que sa mère qu'elle réclamait souffrait terriblement ; et qu'il serait encore temps de l'appeler le lendemain matin. La mère Sainte Claire apprit cela. N'écoutant que son cœur et son zèle pour le bien des âmes, elle n'hésita pas à se rendre à l'infirmerie pour consoler la malade qui se plaignait de ce que Notre-Seigneur la laissait encore languir, après qu'elle « avait reçu », disait-elle « tous ses *passeports*. » Mais la souffrance jointe aux vomissements obligea bientôt la vénérable supérieure à se retirer, en faisant cette réflexion à la bonne sœur qui l'assistait alors : « Oh! qu'on a de peine à comprendre ce que sont les tourments du Purgatoire! Cette pauvre enfant, si près de paraître devant Dieu, ne pense pas encore qu'elle peut abréger les supplices de l'autre vie par l'acceptation de ses souffrances, qui se prolongent. » — « Ah! que j'ai peur du Purgatoire! » ajouta-t-elle.

Cette nuit, qui ne devait pas être la dernière pour la jeune religieuse, fut pour notre vénérée mère une nuit terrible. Les vomissements qui s'étaient produits de deux heures en deux heures se calmèrent le matin; mais ses forces ne lui permirent pas de se lever pour la messe; et la journée qui suivit fut l'une de celles où la malade souffrit le plus.

Elle ne fit aucune prière, resta au lit jusque vers trois heures et demie, et se leva pour assister au salut. C'était la fête de la Compassion de la Sainte Vierge.

Le soir avant de se coucher elle alla, comme à l'ordinaire, faire sa visite à l'infirmerie.

CHAPITRE VINGT-UNIÈME

Dimanche des Rameaux, mort de la sœur Sainte Ursule. — La mère Sainte Claire lui ferme les yeux et l'ensevelit. — Journée du lundi saint. — Conseil pour la formation d'une bibliothèque. — Cruelles souffrances — La mère Sainte Claire toujours à l'œuvre. — Elle demande la grâce d'une bonne mort. — Le jeudi saint elle fait la communion pascale, lave les pieds à ses filles, préside le chemin de la croix. — Elle passe le vendredi saint au lit. — Toujours des douleurs intolérables. — Sa dernière nuit. — Elle meurt doucement pendant la messe du samedi saint. — Grand concours à son enterrement et hommages rendus à sa mémoire.

MALGRÉ son état de souffrance, le dimanche des Rameaux, elle se leva à six heures, fit la sainte communion dans le plus grand recueillement, puis assista à la bénédiction des palmes et à la procession. La mère Saint Bernard, sous-prieure, la voyant très-fatiguée, la pria de s'asseoir, tandis qu'on chantait au retour dans l'avant-chœur les strophes du *Gloria laus*. Il fallut de touchantes insistances de la part de la mère sous-prieure, pour la faire consentir à prendre une chaise; car, au premier abord, elle s'y refusa gracieusement. La mère Sainte Claire entendit la messe « avec un recueillement profond », ainsi qu'elle le constate dans ses notes. A peine remise des fatigues de la cérémonie, une vive émotion l'attendait; et elle allait avoir besoin de forces qu'elle ne pouvait plus désormais puiser que dans l'énergie de son caractère. La sœur Sainte Ursule, cette jeune religieuse qu'elle avait visitée avec tant de charité le jour de saint Joseph, touchait à ses derniers moments. Il était environ dix heures. La mère Sainte Claire avertie monte à l'infirmerie. Elle reçoit le dernier soupir de son enfant, essuie les sueurs de son front, lui ferme les yeux, et se met à genoux près d'elle. On fut longtemps sans pouvoir la faire sortir de sa contemplation. Ses pieuses filles souffraient visiblement de la voir dans cette posture, qui d'ordinaire la fatiguait beaucoup. Leurs efforts ne réussissaient pas à la tirer de son recueillement. Enfin, cédant à tant de tendresse, elle se releva. Vers une heure, la mère Sainte Claire ensevelit elle-même sa fille. D'autres qu'elle revêtir son enfant morte de ses habits bénits, elle ne l'eût jamais souffert ! Elle était mère ; cela lui appartenait. Ses souffrances n'eussent pas été capables de l'arrêter. Elle régla tout pour le convoi et la sépulture, et fixa les offices et les services qui suivent le décès des religieuses.

Une sœur ayant eu l'occasion de s'approcher de la mère Sainte Claire, peu de temps après cette scène de l'ensevelissement, fut vivement frappée de son air triste. La vénérable mère lui dit : « Ah ! qu'elles sont heureuses celles qui peuvent pleurer ; je le voudrais et ne le puis pas. » La même reli-

CHAPITRE VINGT-UNIÈME

gieuse ayant eu besoin de la voir encore dans la journée, lui dit avec cette simplicité que la mère Sainte Claire faisait en quelque sorte éclore dans les âmes : « Ma mère, ne croyez-vous pas que c'est moi qui suivrai la première la sœur Sainte Ursule chez le bon Dieu? Cette idée-là me vient. » La mère Sainte Claire prit un air préoccupé et, après un instant de pause, elle lui dit : « Qui sait? c'est peut-être celle qui a le plus d'apparence de santé qui mourra la première. » Et, avec un soupir, elle ajouta : « C'est demain l'anniversaire de l'élection. » Le fardeau de sa charge lui pesa toute sa vie, on le voit, et elle ne s'y accoutuma jamais. « Chère mère, » lui répondit cette religieuse, « ne pensez pas à cela, vous en avez trop de peine. » — « Ah! ma bonne petite, » répliqua-t-elle aussitôt, « comment voulez-vous que je n'y pense pas?.. » Et ses yeux s'emplirent de larmes. « Enfin, » continua-t-elle, « souffrons tant que le bon Dieu voudra! » Elle fut obligée de se coucher à cinq heures. Les novices à la récréation allèrent la voir. On parla naturellement de la défunte qui était étendue sur son lit funèbre; et la mère Sainte Claire leur dit : « Depuis ma première élection comme supérieure, je n'ai pas manqué d'ensevelir une seule de mes chères mortes. » Toute la journée, on vit percer l'impression que lui fit la mort de cette sœur.

La faiblesse ne lui permit pas de réciter d'autres prières que celle du Rosaire.

Le lundi saint, elle fut debout à cinq heures et demie. Les souffrances persistantes, l'affaiblissement, les émotions de la veille ne pouvaient vaincre son énergie. Mgr l'évêque devait venir célébrer le saint Sacrifice et parler aux élèves. Cela lui causa une grande joie. Elle entendit la messe à la tribune. La douce parole épiscopale la ravit; et dans ses notes, nous trouvons ces mots : « Aujourd'hui allocution charmante de Monseigneur aux enfants ; trois pensées pour la semaine sainte : douleur des péchés passés, pénitence pour les expier, prière plus fervente et plus fréquente que jamais. »

Dans la matinée, la mère Sainte Claire appela près d'elle une religieuse pour lui lire une lettre dont ses yeux ne parvenaient plus à déchiffrer l'écriture trop fine. Ses forces la trahissaient. « J'eus, » dit cette sœur, « un instant de sérieuse inquiétude, et je sentis mon cœur se serrer douloureusement; car, ma tâche accomplie, je m'aperçus que la bonne mère avait les yeux fermés, et qu'elle restait immobile. Je lui parlai sans obtenir de réponse, et nous demeurâmes ainsi en silence quelques minutes qui me parurent fort longues ; je fus heureuse quand j'entendis de nouveau sa voix. Mais un cruel pressentiment entra dans mon cœur. » La mère Sainte Claire fit le chemin de la croix à neuf heures et demie ; elle voulut parcourir à genoux les stations afin d'essayer ses forces pour la cérémonie du lavement des pieds le jeudi saint ; puis elle présida l'examen des moyennes et des petites élèves. Vers cinq heures, au moment où elle allait prendre l'échaudé qui faisait à peu près tout son dîner, on la demanda au parloir. C'était une personne souffrante depuis quelque temps. L'excellente mère, toujours oublieuse d'elle-même et sachant cependant, par une fâcheuse expérience, ce qu'il lui en coûtait de différer ses repas, laissa tout aussitôt pour aller accomplir cet acte de charité.

Un peu plus tard, elle retournait au parloir, afin de prendre part à un conseil réuni dans le but de choisir les livres utiles pour la formation d'une bibliothèque à l'usage de la jeunesse. Une pareille question ne pouvait manquer de l'intéresser au plus haut point, d'autant plus que la solution en est aussi urgente que difficile. Tout le monde est d'accord qu'il faut opposer aux productions immorales, toujours trop intéressantes, aux principes mauvais toujours trop faciles à goûter, la propagation des bons livres. Mais ce qui n'est pas du tout facile à résoudre, c'est le problème de la réalisation de cette idée. La mère Sainte Claire le répétait souvent, avec son grand bon sens pratique. Un livre où les principes sont maintenus dans leur pureté, où les idées sont saines, où la mesure est toujours gardée, ne se trouve pas à tout instant sous la main ; surtout si on le veut récréatif, gracieux, intéressant et mouvementé, qualités que nécessairement il doit avoir pour être lu de la jeunesse. La mère Sainte Claire pensait que si l'on ne pouvait avoir beaucoup de volumes de ce genre, au moins on devait choisir ceux qui s'en rapprochent le plus. Sa conviction, au reste, fut toujours que la réforme ici devait plutôt encore porter sur les esprits que sur les livres, à cause du nombre restreint de ces derniers, si on les veut excellents ; et elle croyait à l'éducation une grande mission, parmi toutes les tâches si nobles qu'elle remplit déjà, celle de former les esprits au goût du sérieux ; de leur rendre antipathique tout ce qui n'est pas le vrai, le beau simple et la vertu. « Quelqu'un, » disait-elle, « que choquent instinctivement, par suite de cette éducation, les idées fausses, exagérées, mauvaises, laissera avec dégoût de côté toute la presse dangereuse ; la fièvre de la lecture ne le possèdera pas ; et avec calme il se nourrira des meilleurs auteurs, dont il aura un choix, en petit nombre, comme on fait pour ses amis. » La mère Sainte Claire fut heureuse de s'éclairer dans cette réunion, des sages avis y furent émis, et elle bénit Dieu de l'avoir fait concourir à la bonne œuvre. Après cette séance qui fût longue, elle sentit le besoin de se reposer.

Le soir elle dit à une religieuse : « Je ne vivrai pas longtemps maintenant, » — et à une autre : « C'est fini, ma petite sœur. » Et comme celle-ci se désolait et la suppliait de ne pas parler ainsi, elle essaya de donner un autre sens à ses paroles : « Allons, ne vous tourmentez pas de la sorte ; ce sont les vomissements qui sont finis. » Le mardi saint elle ne put se lever qu'à six heures. Elle fut très-recueillie pendant la sainte messe et la communion. C'était le jour de l'enterrement de la sœur Sainte Ursule. Depuis quelque temps l'autorisation d'inhumer dans l'enclos du monastère avait été retirée. Il fallut donc que la mère Sainte Claire se résignât à se voir enlever sa fille bien-aimée. Elle s'occupa des préparatifs, et conduisit jusqu'à la porte de la clôture le cher cercueil. Après l'enterrement, elle fit le chemin de croix, et reçut en direction les religieuses. Elle alla ensuite à la récréation. Une mère ancienne lui dit : « Comme c'est triste de voir ainsi emporter nos pauvres mortes ! » — « Ne m'en parlez pas, » dit la mère Sainte Claire, « j'en suis malade ; » puis elle ajouta : « Comme elle a traîné longtemps, la pauvre petite sœur ! Oh ! je veux tout ce que le bon Dieu voudra pour moi ; mais j'avoue que si je lui faisais une demande par rapport à ma mort, ce serait celle de ne pas traîner longtemps, afin de ne point fatiguer celles qui me soigneront. » Puis elle alla lire les bulletins, et fut prise aussitôt après par de grandes souffrances qui durèrent quatre heures. On remarqua qu'elle continuait d'être toujours vivement impressionnée de la mort de la sœur Sainte Ursule. Le mal l'avait obligée de gagner le lit. Vers huit heures, un peu de répit lui étant donné, elle se releva. Il s'agissait d'accorder une douceur à laquelle ses filles malades étaient depuis longtemps accoutumées, nous voulons dire sa bénédiction. Toujours par le cœur avec elles, il lui en eût coûté ce soir-là de ne pas aller à l'infirmerie pour la leur donner. « Je me trouvai là, par hasard, » dit une religieuse qui n'était pas malade, « et je ne fus pas peu surprise de la voir entrer. Elle s'amusa de mon étonnement et me bénit aussi. »

La journée du mercredi, commencée dès cinq heures, fut remplie jusque dans tous ses plus petits instants. On l'a vu maintefois, pour que cette femme vaillante, aguerrie par la souffrance, s'arrêtât, il fallait la défaillance absolue du corps et un refus total de son service. Elle fait successivement le chapitre des novices, l'instruction des jeunes professes. A huit heures et demie, elle assiste à la messe des apprenties, heureuse de donner par là une douce marque de sympathie à ces chères petites filles du peuple qu'elle aimait tant, et que son rêve était de voir heureuses par la vertu. C'était la veille de la communion pascale. Elle fit au réfectoire une pénitence pour s'y préparer. Les novices remarquèrent avec émotion qu'elle demanda la grâce d'une bonne mort. Dieu qui voulait la prendre sans qu'elle s'en aperçût, puisqu'il savait à quel point la pensée du terrible passage l'alarmait, après l'avoir fait avertir, lui mettait, par une attention toute paternelle, cette prière au cœur et l'exauçait.

Après différentes autres occupations qui exigèrent d'elle une grande activité, vaincue par le mal, elle dut se coucher. Mais son cœur restait toujours intact; et, réduite à l'immobilité, elle le prodigua à ses enfants. Les religieuses qui avaient besoin de ses encouragements la trouvèrent toute à elles sur son lit de douleur. « J'allai la trouver vers la fin des prières du soir, » dit une religieuse, « elle était couchée. J'avais de la peine, elle m'écouta, me consola, me promit de m'entendre, de me consoler plus longuement le lendemain. L'excellente mère me demanda de me retirer pour la laisser encourager par écrit d'autres âmes qui avaient aussi besoin d'elle. »

Le jeudi saint, la mère Sainte Claire, malgré sa grande fatigue, voulut faire la communion avec les autres durant la messe. Elle eût pu après prendre quelque chose. Pour une plus grande édification, elle préféra attendre que l'office fût complètement terminé. Un instant elle hésita devant ce qui lui était servi. On se le rappelle, depuis quatre mois, sa seule nourriture consistait en un échaudé. Mais comme il entre des œufs dans la composition de cet aliment si léger, elle n'en voulut pas. M. Richaudeau vint calmer ses craintes. « Votre position est assez grave, » lui dit-il, « pour que vous preniez des échaudés. Fussent-ils formés de biftecks, vous ne devriez pas y faire attention. » La malade se soumit. Et après ce petit repas, elle se rendit au chœur pour faire en particulier le chemin de croix. A dix heures, elle vint procéder au lavement des pieds. On s'efforça de l'en détourner, parce qu'on prévoyait l'extrême fatigue que cet office lui causerait; mais cette cérémonie tenait trop à son cœur, et aucune considération ne put l'arrêter. Elle accomplit son pieux devoir avec dignité, et le rayonnement d'humilité dont elle fut comme entourée frappa tout le monde. On voyait que sa consolation était extrême de se prosterner aux pieds de ses filles, de les baiser, de les bénir. Elle dut aussitôt après gagner le lit; et là encore elle ouvrit son cœur pour consoler toutes les religieuses qui eurent besoin d'elle.

Une sœur habituellement souffrante désirait

qu'on lui permît quelque mortification au moins la veille de la mort de Notre-Seigneur. Elle demanda donc à la mère Sainte Claire à faire quelque chose la nuit. « Ma pauvre petite, » lui dit-elle, « vous savez bien que vous ne le pouvez pas. » Et, pour la consoler, elle lui traça une croix sur le front. Une autre religieuse raconte ceci : « Je vins près d'elle un instant pour avoir certaines permissions, relatives à la veille de la nuit. La vénérable mère m'accorda bien peu de chose ; je lui dis : « Vous ne me permettez que ce que j'ai fait ce matin. » Aussitôt elle me regarda en souriant et me répondit : « Ma chère petite, si vous désirez faire quelque chose que vous n'avez pas fait aujourd'hui, eh bien ! ne vous levez qu'à six heures. » Elle savait, au reste, toujours accompagner ses refus d'une parole aimable.

Plus d'une religieuse se rappelle les derniers conseils qu'elle reçut alors. « Aimez bien le bon Dieu ! Aimez bien le bon Dieu ! Ne vous attachez à rien. Evitez, empêchez toutes les fautes que vous pourrez. » Et encore : « L'offense de Dieu, c'est le plus grand des malheurs, et la faute est si longue à expier ! » Une des religieuses lui dit : « Ma mère, les enfants coûtent toujours beaucoup de larmes à leur mère... même les meilleures... Pour être notre mère, il vous a fallu endurer de grandes douleurs. Que pourrions-nous donc faire pour vous dédommager ? » — « Rien, chère enfant ! Ces douleurs, une mère les aime toujours, et les enfants qui l'ont fait le plus souffrir, sont ceux-là qui lui sont les plus chers... Demandez au bon Dieu qu'il me donne la force de souffrir pour mes enfants, et de faire le bien que je dois faire. »

Elle se leva vers une heure pour le chapitre, et le chemin de croix qu'elle fit à genoux, récitant toutes les prières à haute voix. On l'entendit chanter, entre chaque station, la strophe *Sancta Mater*. Ce pieux exercice terminé, elle reprit son travail ordinaire, s'occupa de sa correspondance, de ses comptes et reçut ses filles. On la demanda au parloir. Elle s'y rendit, pour aller de là aux Ténèbres, épuisée par des souffrances continuelles. Après l'office elle se trouva si malade qu'il lui fallut se coucher de nouveau. Elle eut de la difficulté pour gagner sa cellule. Des douleurs atroces d'estomac la déchiraient. Les vomissements commencèrent vers dix heures du soir, et cependant elle ne voulut pas consentir à être veillée. La sœur de l'Assomption, qui ne la quittait pas, alla, sur son ordre, se reposer dans une cellule près de la sienne. Elle obéissait à contre-cœur, la voyant si malade; mais les vomissements se reproduisant une demi-heure plus tard, elle dut se lever. Huit à dix fois durant la nuit ces crises se présentèrent sans que rien ne pût les diminuer ou les ralentir.

Le matin du vendredi saint, après une nuit si cruelle, on n'eut rien de plus pressé que de faire venir le médecin. Celui-ci déclara l'état grave. Il prescrivit à la malade, qui lui demandait la permission de se lever dans le courant du jour, le repos le plus complet, et, après avoir fait une ordonnance, il se retira plein d'inquiétude. Les remèdes ne produisirent aucun effet. Les vomissements ne cessant pas, la mère Sainte Claire elle-même ne put s'empêcher de voir en tout cela un caractère alarmant. Après un de ces vomissements, elle dit : « Me voilà prise comme la mère de l'Immaculée Conception. » Cette religieuse était morte deux ans auparavant d'un cancer à l'intérieur. Ce matin-là, elle dit aussi à la mère Marie Henri, sa nièce : « Il y a longtemps que j'ai dit que je mourrai de la même maladie que ma pauvre Claire. On ne veut pas me croire. Eh bien ! on verra. »

Toute la journée, les vomissements continuèrent terribles et fréquents, et aux souffrances physiques s'ajoutaient encore les peines morales. Elle était complètement crucifiée avec Notre-Seigneur. Elle vit néanmoins plusieurs de ses filles ; et dit à l'une d'elles : « J'ai été bien malade cette nuit, mais je pensais à votre âme. » Le vendredi soir, à neuf heures, le médecin constata des ulcérations dans l'estomac, et proposa une injection de morphine pour calmer les douleurs internes. La malade devint plus calme après cette opération. Elle dit au docteur avec beaucoup de sang-froid : « Monsieur, je vous en prie, dites-moi bien la vérité ; on ne parle pas à une religieuse comme à une personne du monde ; dites-moi si je suis en danger. » — « Madame, » répondit le docteur, non sans émotion, « votre position est très grave ; mais j'espère bien qu'avec des soins et du repos, vous pourrez vous remettre. » Il lui ordonna de ne prendre que de la glace. Les douleurs s'étant calmées, les vomissements ne reparurent pas, et la malade goûta quelques moments de repos. Une religieuse lui offrait de temps en temps une potion. La vénérable mère lui témoignait à chaque fois une très-vive reconnaissance, la remerciait gracieusement et s'entretenait gaîment avec elle. Voyant arrivée l'heure de se retirer, cette religieuse voulut éveiller la mère infirmière. La malade le lui défendit. « La sœur de l'Assomption qui repose dans la cellule près de moi suffira. Si j'ai besoin, elle viendra. » La bonne religieuse partit. Mais, un instant après, les douleurs recommencèrent. La sœur qui était près d'elle accourut. D'autres religieuses vinrent aussi et s'offrirent à la malade pour rester près d'elle. Voyant que, en effet, elle ne pouvait demeurer seule, la mère Sainte Claire dit à la mère

Marie Henri : « Puisqu'il faut que quelqu'un me veille, je désire beaucoup que ce soit vous. » La mère Marie Henri s'y prêta avec bonheur, et reçut d'elle les plus touchantes marques d'affection. La douleur redoublant d'intensité, produisait dans la malade une agitation au milieu de laquelle on l'entendait s'écrier : « Oh ! priez pour moi, je souffre tant que j'ai peur de perdre patience !... » Mais, dès que la plus grande violence était passée, elle souriait à celles qui l'entouraient et songeait à leur fatigue, plus encore qu'à la sienne. Le calme et la sérénité de son âme reprenaient toujours le dessus. A un moment, elle rit beaucoup d'une réflexion de la sœur de l'Assomption. « Je vous crois, ma mère, bien plus malade que saint Ignace, ce jour de vendredi saint où on lui fit manger du poulet ; et on ne vous traite pas comme lui. Tout le bouillon que je vous accorde, c'est de l'eau de glace. » — « Eh oui, mon enfant, et je me crois plus sérieusement atteinte que lui, en effet. »

Dans un moment de grande souffrance, on l'entendit s'écrier : « Mon Dieu, que je souffre ! Que votre volonté soit faite !... » Elle assura plusieurs fois qu'elle n'en reviendrait pas. « Mais si, notre mère, » lui répétait-on, « le bon Dieu sait bien que nous avons grand besoin de vous. » — « Non », répondait-elle. « Il saura s'arranger autrement ; je ne suis pas nécessaire, et Notre-Seigneur sera là. » Puis elle se reprenait à dire : « C'est fini ! je n'en reviendrai pas... »

Le samedi matin arrivé, son attention se porta avec charité sur les religieuses qui avaient passé la nuit près d'elle. La sœur de l'Assomption se trouvant encore là, la mère Sainte Claire lui dit : « Je vous en prie, ma petite sœur, allez prendre quelque chose. » — « Mais, ma mère, je ne suis pas fatiguée, » lui répondit la sœur, « souffrez que je reste près de vous. » Elle lui dit encore : « Je vous en prie, allez de suite. » Tandis qu'elle se rendait au réfectoire, une sœur du tour resta avec la malade. La mère Sainte Claire pria celle-ci d'aller chercher le médecin. La pensée de son état l'occupait, et elle voulait savoir si réellement le dernier moment approchait pour elle. Avant d'aller faire cette commission, la tourière, sœur Marie Thérèse, lui dit : « Si vous vouliez aussi qu'on avertisse Mgr l'Evêque. Il serait heureux de venir pour vous bénir et vous encourager dans vos souffrances. » La mère Sainte Claire répondit avec énergie : « Non certes... Déranger Monseigneur pour moi... y pensez-vous !... Soyez calme. Pourquoi jeter l'alarme ?... Il n'y a pas de motif. Je n'en vaux pas la peine. » La pauvre sœur en entendant ces paroles sanglotait. La malade lui dit : « Mon enfant, soyez courageuse. » Faisant un effort sur sa douleur, la sœur lui dit : « Je vous le promets, ma mère; mais avant que je parte, donnez-moi votre bénédiction. » La mère Sainte Claire la bénit avec deux autres religieuses qui, étant arrivées sur ces entrefaites, se mirent aussi à genoux auprès de son lit.

Le médecin se présenta peu de temps après. Les progrès si rapides du mal l'étonnèrent, et la mort lui parut inévitable. Cependant, conservant encore quelque espoir, il exprima le désir de se concerter avec un autre docteur, et fixa la consultation pour le milieu du jour. La mère Sainte Claire lui témoigna de nouveau avec délicatesse toute sa gratitude; et le médecin partit tout ravi de la sérénité de la malade au milieu de si cruelles souffrances. Il ne pouvait s'en taire auprès de la mère infirmière, et lui répétait : « Quel calme en face de la mort ! »

A sept heures et demie, M. l'Aumônier se rendit près d'elle et lui donna l'absolution. L'office du samedi saint allait commencer. Elle voulut que toutes les religieuses allassent au chœur. Il ne resta que la sœur de l'Assomption, la mère Marie de Saint Jean, infirmière, et la mère Marie Henri. Comme d'autres lui proposaient de demeurer auprès d'elle : « Allez, allez, » leur dit-elle, « je ne suis pas malade. » Elle ne sentait réellement pas la mort venir ; et la communauté, de son coté, ne s'attendait point à la perdre, du moins si tôt.

Un des médecins de la maison vint pendant l'office. « Il n'y a plus à se le dissimuler, » dit-il, « la pauvre mère touche à sa fin. » Il tenta comme dernier remède un moxa ou application d'une mèche enflammée que la malade parut ne pas même sentir. Mais la vénérée mère avait un vif sentiment de tout ce qu'on cherchait à faire pour elle ; et elle remercia le médecin avec effusion. « Il est grand temps, » dit le docteur discrètement à l'infirmière « de faire venir un prêtre pour l'administrer. »

A ce moment, dans la chapelle, on chantait les litanies des Saints. Une sœur tourière vint prévenir M. l'Aumônier qui déposa en toute hâte ses vêtements sacerdotaux. Le digne prêtre, toujours si maître de lui-même, contint avec grand'peine son émotion. Il proposa, comme il put, à la malade de recevoir le sacrement d'Extrême-Onction. « Oh ! non, mon père, » dit-elle, « je n'en suis pas encore là. Demain, la communauté sera plus libre ; ce sera plus facile. » — « La messe sera longue, » lui dit M. l'Aumônier, « je serai plus tranquille si je vous administre. Acceptez par obéissance. » Elle joignit les mains et dit : « Oui, mon père, je le veux. » Les trois religieuses qui la gardaient se retirèrent un instant pour la laisser seule avec son confesseur.

CHAPITRE VINGT-UNIÈME

Quand on lui administra l'Extrême-Onction, elle parut attentive à tout, se présentant elle-même aux onctions, répondant aux prières d'une voix ferme encore. La cérémonie terminée, elle dit à M. Richaudeau : « Mon père, revenez tantôt, j'ai beaucoup de choses à vous dire. » M. l'Aumônier partit en lui promettant d'accourir aussitôt la messe terminée.

Cette interruption de l'office tenait les sœurs au chœur dans un état d'angoisses indicibles. « Ces pas précipités dans les corridors, » écrit l'une d'elles, « ces allées et venues qui ne pouvaient échapper à notre légitime sollicitude, produisirent bientôt une anxiété qui se trahit par des larmes et des sanglots. Nous devinions qu'un affreux malheur allait nous frapper, et nous étions là, loin de cette mère bien-aimée, dont nous aurions tant souhaité recueillir le dernier regard, la dernière parole, la dernière bénédiction !... »

La malade s'affaissait. La mère Saint Bernard qui avait assisté à l'Extrême-Onction, lui demanda si elle devait réciter les prières des agonisants. Elle répondit : « Non, non ; vous serez en retard. Allez à la messe ; » et portant ses yeux autour de sa chambre : « Mes enfants, » répétait-elle aux quelques religieuses présentes, « allez à la messe, allez à la messe. » Telles furent ses dernières paroles ;

elle mourait en prêchant la fidélité à la règle. Pour ne pas la fatiguer, la mère Saint Bernard se retira dans la cellule voisine afin de dire les prières de l'agonie avec deux ou trois religieuses seulement. La mère infirmière, restée auprès de la sainte mourante, lui demanda si elle n'avait point à adresser quelques recommandations à la communauté. Elle fit signe que non. Un instant on la crut morte; son souffle était devenu insensible. On avait oublié de lui mettre entre les mains le cierge du Rosaire. La mère Marie Henri y pensa et dit : « Oh! il faut le faire. » L'infirmière, avec un geste douloureux, exprima que c'était inutile. « Allumons-le cependant, » dit la mère Marie Henri. La respiration revint alors, et la mère Saint Jean lui mit le cierge dans la main. Quelques instants après, on lui proposa de baiser le petit crucifix qui avait reçu le dernier soupir d'une de ses sœurs. Elle inclina la tête pour exprimer son désir, et colla ses lèvres sur les plaies du Sauveur. Puis son regard s'éleva tout à coup vers le ciel et y demeura fixé; tandis que, tenant d'une main son crucifix, de l'autre son chapelet, les bras croisés sur la poitrine, elle rendait le dernier soupir au moment où la communauté répondait à la prière du *Pater : Sed libera nos a malo*. Comme elle dut goûter cette délivrance, elle qui avait tant et tant souffert!.... Ainsi elle devançait de quelques minutes cet *alleluia* que ses chères filles allaient chanter dans les larmes, et qui ouvrait pour elle l'éternité du bonheur.

La mère Sainte Claire mourut comme on s'endort, sans s'en apercevoir; et ses traits conservèrent le calme d'un doux sommeil. C'est ainsi que Dieu épargna à sa servante les frayeurs des derniers instants, et lui ôta de dessous les yeux le spectacle de sa famille en pleurs qu'elle allait laisser orpheline. « La rupture des liens qui nous unissaient à elle, » écrit une religieuse, « eût été trop violente pour son cœur maternel et pour nous. » Cette religieuse ajoute : « La douceur toute céleste qu'elle nous témoigna cette dernière semaine, fut son touchant adieu. »

La messe terminée, les religieuses apprirent que leur mère était morte! « Est-ce possible, » s'écriait-on, « est-ce vrai? » C'étaient des cris, des larmes, une émotion inexprimable. On allait à la cellule mortuaire; on se précipitait auprès du lit funèbre; on voulait voir cette mère chérie, retrouver les traces de ce bon sourire qui portait avec lui la consolation. Et, après l'avoir contemplée, on se demandait encore : « Est-ce possible? est-il bien vrai que le bon Dieu nous l'a prise? »

Mgr l'Evêque qu'on avait averti quand la mort parut imminente, s'était lui-même hâté de venir.

Mais il arriva trop tard. Il se rendit pourtant auprès de la pieuse mère et, en présence d'une dizaine de religieuses, il lui fit des adieux touchants : « Chère mère, » dit-il, « ah ! je vous aimais bien durant votre vie ; mais il me semble que maintenant je vous aimerai encore davantage. Vous me léguez l'amour que vous aviez pour cette communauté. Je recueille cet héritage béni. Je serai doublement le père de ces pauvres enfants qui vous pleurent ; et du haut du ciel où vous êtes, j'en ai bien l'espérance, vous prierez encore pour cette maison qui vous doit tant, et pour cette famille si désolée. Nous prierons aussi pour vous ; et, s'il vous restait quelque petite dette à payer, nous nous ferons un pieux devoir de vous témoigner notre affection et notre reconnaissance en contribuant à votre félicité prochaine. » Monseigneur pria quelque temps et donna sa bénédiction.

Ce jour-là, les cloches du monastère n'avaient point encore sonné en signe de réjouissance. On avait voulu éviter cette fatigue à la mourante. La première fois qu'elles se firent entendre après le deuil du Calvaire, ce fut pour annoncer aux religieuses ce trépas qui les associait si peu aux joies de la résurrection. Appelée par les sons lugubres, la communauté se rendit au chœur pour réciter, selon l'usage, l'office des morts à l'intention de la

CHAPITRE VINGT-UNIÈME

défunte. Mais comment les voix eussent-elles pu soutenir la psalmodie sans trahir le brisement de tant de cœurs ? Aussi y eut-il tout-à-coup une interruption pendant laquelle les larmes furent la seule prière des pauvres filles de la mère Sainte Claire.

On revêtit son corps des habits bénits de la religion ; on la couronna de roses blanches comme pour le jour de la profession, et on l'exposa dans la salle du chapitre. Des fleurs furent répandues autour d'elle. On eut dit qu'elle dormait sur ce lit gracieux. Sa physionomie était calme, bonne, et gardait cette expression spéciale qui faisait autrefois épanouir autour d'elle la confiance et le plus doux contentement. On ne se lassait pas de faire toucher aux précieuses dépouilles des objets de piété pour les religieuses et pour les enfants. La mort commença vite sur ce corps béni son mystérieux et navrant travail ; et il fallut, dans la matinée du jour de Pâques, songer à déposer la chère mère dans son berceau d'immortalité ; c'est ainsi qu'aux grands siècles de foi on appelait les cercueils. Toutes les fleurs sur lesquelles le corps avait reposé, furent emportées avec dévotion.

Le lendemain de Pâques, la messe de *Requiem* fut célébrée au milieu d'une foule d'élite visiblement émue. Le chant des religieuses était saisissant ; les notes tombaient comme des pleurs. Mgr l'Evêque donna l'absoute. « Une dernière épreuve, » écrit une religieuse, « vint s'ajouter à celles qui nous avaient déjà broyées. Il fallut nous séparer des restes de cette mère vénérée et chérie. Il nous était interdit de déposer nos mortes dans le caveau tumulaire. Notre mère qui avait tant fait pour obtenir ce privilège, n'en put jouir. » On comprend quels déchirements de cœur ce fut pour les religieuses de voir partir la chère dépouille qui était pour elles une relique. « Nous vîmes donc son cercueil, » continue la même religieuse, « franchir les murs de notre clôture bénie, et ce fut à des mains étrangères qu'il fallut confier ce dépôt que nous ne pouvions plus suivre que de nos prières et de nos regrets. » Les anciennes élèves au moins se trouvaient là bien nombreuses pour l'accompagner, ainsi qu'une assistance considérable et recueillie dont la sympathie eût assurément adouci tant de douleur, si dans un pareil deuil, les Ursulines n'eussent pas été inconsolables.

Quand on revint dans la cellule vide pour examiner les affaires de la mère Sainte Claire, on trouva en tout l'ordre le plus parfait. Correspondance, comptes, cahiers de retraite, tout était à sa place, et admirablement tenu. Son livre des règles portait le signet à la page 180, 181, dans la partie qui traite des fautes que la supérieure peut commettre.

La mort de la mère Sainte Claire fit couler des larmes sur tous les points de la France, et même dans le monde entier. De partout arrivèrent bientôt sur sa tombe des hommages émus. Communautés d'Ursulines, personnages éminents dans la magistrature, l'armée, le sacerdoce; élèves par milliers témoignèrent leur douleur. Parmi tant de lettres qu'on envoya au monastère désolé, nous trouvons des lignes comme celles-ci : « Voilà un coup de foudre, et il aura retenti dans bien des cœurs, en dehors de vos murs comme dans l'enceinte du monastère : mort impévue pour tous, excepté pour celle que vous pleurez, et qui se tenait toujours prête, ayant à la main sa lampe ardente. » ... Et ces autres lignes : « Le bon Dieu l'a voulu... Ah ! pourtant comme on s'habitue à croire que des êtres si chers et si nécessaires sont immortels ! » — « C'est une sainte au ciel, » écrit le P. Bouleau. « Ses lettres étaient pour moi un grand sujet d'édification. Elle était toute à Dieu, toute en Dieu. Ses deux dernières retraites montraient une âme arrivée au sommet de la perfection... » Un dominicain écrit : « Je comprends tout ce que perd cette communauté... Mais quelle moisson de bonnes œuvres emporte au ciel cette grande religieuse ! Pour ne l'avoir vue qu'en deux circonstances, je lui ai gardé une si profonde estime ! » — « Je ne devais pas être des derniers, » écrit un Père de la Compagnie de Jésus, « à prendre ma part de ce grand deuil. Pendant cette période prospère que la maison vient de traverser, son histoire et l'histoire de la mère Sainte Claire ne font qu'un. Dieu n'avait pas été pour elle avare de ses dons ; mais aussi elle s'est bien gardée de les tenir enfouis. Que de saintes religieuses formées et soutenues par elle, affermies dans leur vocation, conduites doucement et énergiquement à la perfection de leur état ! Au dehors quelle puissante influence mise tout entière au service de la sainte cause. Aussi sa récompense ne sera pas médiocre. »

Voici quelques lignes d'un vicaire général qui avait prêché une retraite à la communauté : « Vous perdez une mère, et quelle mère !... J'avais admiré son éminente piété, son tact, son jugement exquis, avec tant de simplicité religieuse. Comme son autorité douce et maternelle était respectée ! Quel rayonnement de bonté ! Quelle salutaire influence elle conservait sur ses anciennes élèves ! »

Le père d'une des anciennes élèves les plus remarquables, appartenant à la classe la plus élevée de la société, écrit : « Je reçois avec une grande peine la triste nouvelle. Ma vénération et ma profonde reconnaissance pour madame Sainte Claire sont liées à la mémoire de ma chère fille, qui vivra dans mon cœur jusqu'à mon dernier soupir. Depuis que Dieu me l'a reprise, les prières et le bienveillant intérêt de madame Sainte Claire ne m'ont manqué dans aucune des nombreuses afflictions de ma vieillesse..... C'est donc avec les respectueux souvenirs de plus de trente années que je m'associe à l'affliction de votre sainte maison, et aussi à la consolante conviction que sa très-pieuse mère a reçu de Dieu la glorieuse récompense de tant de mérites et de tout le bien accompli par elle. »

Les anciennes élèves de la mère Sainte Claire envoient, de leur côté, des lettres pleines de larmes. Voici quelques lignes qui respirent à travers les regrets une douce confiance. « J'invoque cette âme bien-aimée, beaucoup plus que je ne prie à son intention ; car il m'est presque impossible d'intercéder pour elle ; et bien souvent, depuis son départ pour la patrie, je me surprends à l'appeler à mon aide, lui demandant l'aumône pour moi et pour les miens. Et je suis intimement convaincue que le bon Dieu m'a déjà accordé bien des choses par son intercession. » Une autre dit à propos de cette perte immense : « J'en ai écrit à notre pieux Evêque; il a eu la charité de me répondre immédiatement

pour me consoler et me faire voir que Notre-Seigneur veut que le « Dieu seul » s'accentue de plus en plus en nous, à mesure que nous avançons dans notre course. Il sait bien que j'ai perdu une mère dont l'affection et les conseils m'étaient précieux. »
— « Elle était donc au ciel dimanche, » dit une autre, « alors que je lui écrivais... Je comprends toute l'étendue de la perte des Ursulines ; mais la mienne est immense, irréparable. On ne trouve pas deux fois dans la vie un tel dévouement, une telle affection que le temps, loin d'affaiblir, ne semblait que fortifier. » — « Oui, j'avais été heureuse et édifiée, » écrit une autre, « du spectacle de ses vertus, si douces, si religieuses, si généreuses. Que d'âmes à qui elle a fait grand bien s'unissent à vous pour la bénir, non-seulement à Blois, mais de tous les points de la France ! Vos monastères à l'étranger auront vivement ressenti cette perte. Elle si humble était cependant si connue, si vénérée ! Il y avait dans cette chère mère comme un cachet de douce sainteté. »

On écrit de Grèce : « Non, je ne puis me faire à l'idée qu'elle n'est plus ; que si un jour je retourne dans cette chère communauté de Blois, je ne retrouverai plus celle que mon cœur et ma reconnaissance y chercheront... Chaque fois que je pense à celle que nous avons perdue, mes yeux se remplissent de larmes, et je suis obligée de renouveler mon *fiat* en me disant : Non ce n'est pas possible, je ne puis le croire. »

Ces passages sont extraits au hasard des milliers de lettres toutes plus touchantes les unes que les autres, dans lesquelles chaque personne épanche son âme attristée par cette mort inattendue. Il faudrait tout citer. Ici c'est un père qui s'efforce de consoler sa fille religieuse au couvent de Blois : « J'espère, ma chère enfant, que dans cette douloureuse épreuve tu seras forte, courageuse et résignée. Quels regrets et quelle douleur me cause ce triste événement! » Là c'est une communauté d'Ursulines qui exprime la peine que ce coup imprévu lui apporte : « Nous la regardions comme une personne dont la vertu, le mérite étaient au-dessus de tout éloge et que le ciel donne rarement à la terre. Quel coup! » Nous lisons dans une autre lettre : « Ma pensée se reporte plus de vingt ans en arrière; et mon cœur ressent de nouveau toutes les bontés qu'elle m'a témoignées, à moi ainsi qu'aux miens. Quel grand cœur, mais aussi quelle sagesse! » Il est dit pieusement dans une autre lettre : « Elle avait certainement bien gagné sa couronne, par sa vie d'abnégation perpétuelle; mais on voudrait pouvoir conserver de telles âmes sur la terre, où elles sont appelées à faire tant de bien. » Voici deux lignes remplies d'émotion : « Je n'ai jamais tant pleuré de ma vie qu'à cette mort. » Ceux qui ne l'ont pas connue comprendront cela sans peine en lisant ces autres lignes d'un des plus éminents religieux de notre époque : « A mon humble avis, il est très rare de trouver des supérieures aussi accomplies. Cette mère avait une belle intelligence, un esprit très cultivé, une âme grande et élevée, un cœur plein de délicatesse et de force, une admirable capacité de gouvernement, et par-dessus tout peut-être, un sens religieux exquis, et un amour profond, généreux et dévoué pour le Sacré-Cœur de Jésus et pour les âmes qu'il lui avait confiées. »

Avec quel regret nous fermons ce livre sur ces citations, en pensant à toutes celles qu'il faudrait faire encore ! Mais alors un autre volume deviendrait nécessaire. Assurément ce nouveau volume serait une touchante couronne du premier, en ce sens qu'il dirait avec des larmes ce qui a été dit avec la plume, dans le calme, le recueillement, la sincérité d'une simple narration.

TABLE DES MATIÈRES

	Pages.
Préface	VII

Chapitre premier. — Famille de la Mère Sainte Claire. — Angélique piété de Mme Boutros. — Mélanie perd sa mère à l'âge de deux ans. — Immense désolation du pauvre père. — Les petits orphelins sont abandonnés aux mains d'une gouvernante qui les fait cruellement souffrir. — Ils pleurent tous les jours leur mère. — Mélanie malheureuse. — Son portrait. — Vive affection que ses frères et ses sœurs ont pour elle. — Mélanie et ses deux tantes religieuses. — Elle passe quelque temps à Ernée. — Restauration du couvent du Calvaire à Angers. — Aimée, Mélanie et Claire auprès de leur tante au pensionnat. — Amour de Mélanie pour le travail. — Qualités de son esprit. — Quelques petites fautes. — Sa grande générosité. — Ses succès. — Notre-Seigneur la convie à la lutte le jour de sa première Communion. — Elle s'attache le cœur de ses compagnes par sa bonté et son aimable enjouement. — Premier appel de Dieu à la vie religieuse. — Son père la retire du Calvaire d'Angers.................................... 1

Chapitre deuxième. — Mélanie de retour à la maison paternelle en 1826. — Sa tendre amitié pour son frère Félix. — Elle étudie avec lui. — Sa mortification. — Vie laborieuse de Mélanie. — Son amabilité lui crée de nombreuses relations. — Sa douleur quand son frère part pour les Indes. — Mélanie au milieu des plaisirs du monde. — Encore la voix de Dieu. — Elle y cède en partie. — Il n'y a pas d'esprit sans malice. — Mélanie à Saint-Georges avec son père en 1831. — Elle y vit en vraie sœur de charité. — Sa piété. — Elle refuse des partis avantageux... 21

CHAPITRE TROISIÈME. — Souveraine délicatesse de Dieu par rapport à notre liberté. — Sacrifice de l'amour fraternel. — Mélanie est résolue de se faire religieuse. — Différents motifs la portent à se hâter. — Consolations abondantes. — La vocation sans attrait. — Pensées de la mère Sainte Claire à ce sujet. — M. l'abbé Bouleau et M. Archanger Drouault. — Travail intérieur de l'âme sous l'action de la grâce. — Mélanie se décide à entrer au couvent des Ursulines de Blois. — Derniers mois passés dans sa famille. — Elle part, le 19 octobre 1839. 32

CHAPITRE QUATRIÈME. — Le monastère des Ursulines se relevait péniblement de ses ruines. — Glorieuse pauvreté et mâle vertu des religieuses. — Le pensionnat est peu fréquenté. — Impression douloureuse de Mélanie. On l'emploie aux classes pauvres. — Douce fermeté. — Ses premiers succès. — Découragements passagers. — M. de Belot. — Mélanie à l'externat. — Sa retraite de prise d'habit; ses résolutions. — Le 21 novembre 1840. Ineffables consolations 55

CHAPITRE CINQUIÈME. — Le noviciat. — Souffrances de la sœur Sainte Claire. — Les travaux à l'externat. — Bonté pour les enfants. — La sœur Sainte Claire au premier pensionnat. — Tentations. — Elle fait d'elle-même à Notre-Seigneur une donation anticipée. — Résolutions d'abnégation. — Ses mortifications, son obéissance. — La sœur Sainte Claire répand autour d'elle la plus douce allégresse... 68

CHAPITRE SIXIÈME. — La sœur Sainte Claire prononce ses vœux le 18 janvier 1840. — Elle est résolue à ne vivre que pour la gloire de Dieu. — Son bonheur de se don-

TABLE DES MATIÈRES

ner de la peine pour lui. — Caractère de ses leçons au pensionnat. — Ses catéchismes. — La sœur Sainte Claire servant comme une mère les enfants au réfectoire, et veillant la nuit sur leur sommeil. — Sa grande prévenance. — Confiance des enfants en elle. — L'éducation du cœur. — Elle apprend aux élèves à se vaincre. — Sa prédilection pour les offices humbles............ 83

CHAPITRE SEPTIÈME. — L'ascendant de la sœur Sainte Claire sur les élèves grandit chaque jour. — Commencement d'une correspondance considérable. — Ses conseils aux jeunes filles dans le monde. — Préventions dissipées, et satisfaction générale. — La révolution de 1848. — Amour de la sœur Sainte Claire pour sa famille. — Dieu la prépare à porter le fardeau de l'autorité. — M. l'abbé Richaudeau. — Cahier de retraite, année 1850. — Portrait moral et physique de la sœur Sainte Claire... 108

CHAPITRE HUITIÈME. — La sœur Sainte Claire est élue supérieure. — Sa désolation. — Elle appuie son gouvernement sur l'humilité. — L'habitation de ses filles la préoccupe. — Combien les Ursulines savaient s'oublier elles-mêmes. — Précieuses innovations. — La mère Sainte Claire fait fleurir autour d'elle le meilleur esprit. — Appui dévoué de M. l'abbé Morisset. — Quelques traits de la physionomie de ce prêtre éminent. — La mère Sainte Claire opère l'union des âmes. — Différentes fonctions de la supérieure. — Les conférences, le chapitre, la direction. — La mère Sainte Claire et les sœurs converses. — Ses relations avec les enfants des classes et leurs familles. — Démarches pour obtenir l'inhumation des religieuses dans l'enclos du monastère. — Mort de son père.. 124

CHAPITRE NEUVIÈME. — Prolongation du gouvernement de la mère Sainte Claire jusqu'au mois de mars 1855. —

Mgr Pallu du Parc. — Baptême de deux jeunes filles adultes. — La mère Sainte Claire est de nouveau élue supérieure en 1855. — La perspective d'une vie pleine de croix la console. — Elle s'applique à pénétrer ses filles de l'esprit religieux. — La Sainte-Ecriture. — Les prières liturgiques. — L'Imitation. — Les exercices de saint Ignace et la Perfection chrétienne de Rodriguez. — Tact et perspicacité de la mère Sainte Claire. — Son idéal est d'élever les âmes à la perfection de l'Homme Dieu. — Ses moyens et son genre d'action. — Différents conseils. — Esquisse du caractère de sa direction. — Le pensionnat et le parloir. — Surchargée, elle ne néglige pas sa perfection. — Son amour pour l'obéissance. — Elle fait vœu d'accomplir toujours ce qui lui semblera le plus agréable à Notre-Seigneur. — Elle ne cesse un instant de se combattre elle-même. — La mère Sainte Claire fait le vœu héroïque en faveur des âmes du purgatoire. — Ses aspirations vers l'humilité. — Mortification.. 147

Chapitre dixième. — Les fêtes de la mère Sainte Claire. — Autorisation du gouvernement pour la construction d'un caveau tumulaire. — Instances pressantes de Mgr Pallu du Parc pour obtenir de la mère Sainte Claire qu'elle consente à gouverner la communauté après son second triennat. — Le Prélat est sur le point de faire au Pape la demande d'une dispense. — La mère Sainte Claire se montre inflexible. — Election de la mère Sainte Ursule, 24 mars 1858......................... 166

Chapitre onzième. — Fonctions de la mère sous-prieure. — La mère Sainte Claire se rassasie du bonheur de l'obéissance. — Les jeunes professes. — Soins éclairés et tendres que leur donnait la mère Sainte Claire. — La dilatation du cœur. — Bonté de la mère Sainte Claire pour les novices. — Sainteté que son cœur rêvait pour elles. — Le langage surnaturel. — Confiance sans bornes qu'on avait en elle. — Ses corrections. — Sa manière d'imposer les sacrifices. — Sa grande discrétion vis-à-vis de la grâce. — Physionomie de ses conférences aux novices. — Elle ne voulait au noviciat que les âmes désignées de Dieu. — Un de ses axiomes à ce sujet. — Son extrême réserve quand une jeune fille lui demandait à être Ursuline.—Les novices de faible santé. — La sagesse de ses conseils aux jeunes personnes qui ne pouvaient entrer en religion, aussitôt que l'appel divin était constaté. — Son attention à ne pas froisser les familles. — Comment la mère Sainte Claire au noviciat fortifiait ses filles dans les tentations contre la vocation... 181

Chapitre douzième. — La mère Sainte Claire dans ses fonctions de directrice générale des pensionnats et des classes pauvres. — Ses préoccupations constantes au sujet de la santé des élèves. — Comment elle entend qu'une jeune fille soit instruite. — Encore l'éducation du cœur. — Sa difficulté.—La mère Sainte Claire y excelle.—Avis de la mère Sainte Claire. — Elle élève ses enfants pour le monde. — Comme elle est heureuse de se mettre tout entière à leur disposition. — Les enfants difficiles. — La préparation à la première communion. — La mère Sainte Claire en récréation. — Comme elle prémunissait contre les dangers du monde les élèves qui allaient quitter le pensionnat.—Correspondance de plus en plus considérable de la mère Sainte Claire avec les élèves revenues dans leur famille........................... 199

Chapitre treizième. — La mère Sainte Claire succède à la mère Sainte Ursule, 23 mars 1861. — L'office de Sainte Angèle devient obligatoire pour l'Église universelle. — Les Ursulines du monde entier s'associent au projet de l'érection d'une statue à leur fondatrice dans la basilique du Vatican. — Une jeune protestante convertie au catholicisme. — La bonté de la mère Sainte Claire envers sa famille religieuse s'accroît de jour en jour. — Sa sympathie pour celles qui souffrent. — Attachement inébranlable à la règle. — Sa manière de commander... 225

Chapitre quatorzième. — On retranche à la mère Sainte Claire, en 1863, quelques-unes de ses pénitences. — Dieu veut qu'elle souffre. — Nouveau triennat en 1864. — Elle perd son frère. — Comment les élèves suivaient les leçons de la mère Sainte Claire. — Sa grande tristesse quand l'une d'elles venait à mourir. — Une fête jubilaire.. 242

Chapitre quinzième. — Piété de la mère Sainte Claire envers la sainte Eucharistie. — Elle pensait depuis longtemps à faire construire une nouvelle chapelle. — Les fondements sont jetés en 1866. — La mère Sainte Claire refuse de nouveau la charge de supérieure. — Elle tombe malade. — Bénédiction de la première pierre de la chapelle. — Apostolat de la mère Sainte Claire. — Epreuves. — Son amour pour la France et pour l'Église.. 260

Chapitre seizième. — La mère Sainte Claire est élue de nouveau. — Bénédiction de la chapelle, 8 avril 1870. Joie de la mère Sainte Claire. — Elle tombe sérieusement malade. — Il lui faut renoncer à ses mortifications. — Manière dont elle se compense. — La mère Sainte Claire au chœur. — Ses recommandations sur la déférence mutuelle. — Toujours l'allégresse et la dilatation du cœur. — La mère Sainte Claire en récréation. — Emploi de ses journées........................... 280

Chapitre dix-septième. — La guerre. — Inquiétudes de la mère Sainte Claire. — La prophétie de Blois. — Mort de différentes religieuses. — Fête de la mère

TABLE DES MATIÈRES

Pages.

Sainte Claire cette année-là. — Sacrifice touchant. — Différentes améliorations dans la maison. — Mort de M. Morisset. — Abjuration. — Autres pertes très-sensibles à la mère Sainte Claire. — Nouvelle abjuration. — Consécration de la chapelle. — La mère du Saint Sacrement.. 298

CHAPITRE DIX-HUITIÈME. — La mère Sainte Claire dans ses rapports avec Dieu. — Son genre d'oraison. — On ne peut la ranger parmi les âmes contemplatives. — Son attrait pour les prières de l'Eglise. — Dévotion au Sacré-Cœur et à la sainte Vierge. — Sa netteté dans les affaires de son âme. — Habitude de lutte indomptable. — Esprit de foi. — Véritable humilité. — Ses retraites. — La mère Sainte Claire dans ses rapports avec la communauté. — Sa vive sensibilité. — Son esprit d'ordre. — Sa parole. — Témoignage de son directeur..... 324

CHAPITRE DIX-NEUVIÈME. — 25 mars 1876. — La mère Sainte Claire sous-prieure. — Elle tombe malade. — La prière de Pie IX et le mois de Marie. — Le 11 août. — Souffrances. — Retraite en décembre. — Ses travaux toujours considérables. — Elle perd sa sœur Claire. — Dieu appelle à lui Mgr Pallu du Parc. — Une novice âgée. — Retraite sur la mort. — La mère Sainte Claire et Jésus crucifié. — Prière pour l'élection qui approche. — Bénédiction du Saint-Père.................... 338

CHAPITRE VINGTIÈME. — La mère Sainte Claire élue supérieure pour la septième fois. — Motif qui la porte à accepter la charge. — Dieu se réserve à lui-même de récompenser ses serviteurs. — La mère Sainte Claire associée aux souffrances du divin Jésus dans le jardin des Oliviers et sur la croix. — Son activité ne se ralentit pas un instant. — Retraite de Noël. — La volonté de Dieu. — Incident remarquable. — La vénérée mère toujours sur la croix. — Indomptable énergie. — Portrait

TABLE DES MATIÈRES

Pages.

moral de saint Ignace de Loyola. — Le 19 mars, saint Joseph semble confirmer que la mère Sainte Claire doit bientôt mourir... 353

CHAPITRE VINGT-UNIÈME. — Dimanche des Rameaux, mort de la sœur Sainte Ursule. — La mère Sainte Claire lui ferme les yeux et l'ensevelit. — Journée du lundi saint. — Conseil pour la formation d'une bibliothèque. — Cruelles souffrances. — La mère Sainte Claire toujours à l'œuvre. — Elle demande la grâce d'une bonne mort. — Le jeudi saint elle fait la communion pascale, lave les pieds à ses filles, préside le chemin de la croix. — Elle passe le vendredi saint au lit. — Toujours des douleurs intolérables. — Sa dernière nuit. — Elle meurt doucement pendant la messe du samedi saint. — Grand concours à son enterrement et hommages rendus à sa mémoire.. 387

FIN DE LA TABLE

LE PUY. — TYPOGRAPHIE MARCHESSOU FILS

www.ingramcontent.com/pod-product-compliance
Lightning Source LLC
Chambersburg PA
CBHW070617230426
43670CB00010B/1563